O caminho se faz caminhando

Dados Internacionais de Catalogação na Publicação (CIP)
(Câmara Brasileira do Livro, SP, Brasil)

Horton, Myles, 1905-1990
  O caminho se faz caminhando : conversas sobre educação e mudança social / Myles Horton, Paulo Freire : organizado por Brenda Bell, John Gaventa e John Peters ; tradução de Vera Josceline ; notas de Ana Maria Araújo Freire. 6. ed. – Petrópolis, RJ : Vozes, 2011.

  6ª reimpressão, 2023.

  ISBN 978-85-326-2815-2
  Título original : We make the road by walking
  Bibliografia.

  1. Educação – Aspectos sociais – Brasil 2. Educação – Filosofia 3. Educação de adultos – Aspectos sociais 4. Freire, Paulo, 1921-1977 – Pontos de vista sobre ação social 5. Horton, Myles, 1905-1990 Pontos de vista sobre ação social 6. Mudança social I. Freire, Paulo, 1921-1977, II. Bell, Brenda. III. Gaventa, John, 1949-. IV. Peters, John Marshall, 1941- V. Freire, Ana Maria Araújo. VI. Título. VII. Título: Conversas sobre educação e mudança social.

02-5894   CDD-370.1

Índices para catálogo sistemático:

1. Educação : Filosofia   370.1

Paulo Freire e Myles Horton

Organizado por
Brenda Bell, John Gaventa e John Peters

O caminho se faz caminhando

Conversas sobre educação e mudança social

Tradução de Vera Josceline
Notas de Ana Maria Araújo Freire

Petrópolis

© 2002 Ana Maria Araújo Freire

Direitos de publicação:
2003, Editora Vozes Ltda.
Rua Frei Luís, 100
25689-900 Petrópolis, RJ
www.vozes.com.br
Brasil

Todos os direitos reservados. Nenhuma parte desta obra poderá ser reproduzida
ou transmitida por qualquer forma e/ou quaisquer meios (eletrônico ou mecânico,
incluindo fotocópia e gravação) ou arquivada em qualquer sistema
ou banco de dados sem permissão escrita da editora.

CONSELHO EDITORIAL

Diretor
Volney J. Berkenbrock

Editores
Aline dos Santos Carneiro
Edrian Josué Pasini
Marilac Loraine Oleniki
Welder Lancieri Marchini

Conselheiros
Elói Dionísio Piva
Francisco Morás
Gilberto Gonçalves Garcia
Ludovico Garmus
Teobaldo Heidemann

Secretário executivo
Leonardo A.R.T. dos Santos

Editoração e org. literária: Sheila Ferreira Neiva
Revisão gráfica: Nilton Braz da Rocha/Nivaldo S. Menezes

ISBN 978-85-326-2815-2

Este livro foi composto e impresso pela Editora Vozes Ltda.

Sumário

Prefácio da edição brasileira – Paulo Freire e Myles Horton: compromisso com a libertação, 7

Prefácio dos organizadores, 13

Agradecimentos dos organizadores, 17

Introdução dos editores americanos: Myles Horton e Paulo Freire: breve histórico dos homens, dos movimentos e das reuniões, 19

Os homens, 21

Os movimentos, 25

As reuniões, 31

1. Introdução, 35

"O caminho se faz caminhando", 35

2. Anos de formação, 41

"Eu sempre tinha problemas porque ficava lendo na escola", 41

"É preciso que a leitura seja um ato de amor", 52

"Eu não tinha utilidade para todo esse aprendizado de livros", 64

"Estou sempre no começo, como você", 78

"Focos de esperança": alfabetização e cidadania, 86

3. Ideias, 111

"Sem prática não há conhecimento", 111

"Biologia: é possível apenas ensiná-la?", 115

"Sempre fui ambivalente com relação a líderes carismáticos", 120

"A diferença entre educação e organização", 125

"Minha especialidade é saber não ser um especialista", 135

"Meu respeito pela alma da cultura", 138

"Aprendi muito com a paternidade", 144

4. A prática educacional, 149

"Quanto mais as pessoas se tornam elas mesmas,
melhor será a democracia", 149

"A Highlander é uma tapeçaria de muitas cores", 163

"Os conflitos são a parteira da consciência", 177

5. Educação e mudança social, 191

"É preciso contrabandear a educação", 191

"As pessoas começam a agarrar sua história com as próprias mãos e,
com isso, o papel da educação muda", 203

6. Reflexões, 213

"Picos e vales, colinas e montanhas", 213

"É preciso rir com as pessoas", 222

Epílogo, 231

Prefácio da edição brasileira

Paulo Freire e Myles Horton: compromisso com a libertação

Ana Maria Araújo Freire*

Gostaria de, ao entregar mais um livro, um "livro falado" de Paulo Freire, meu marido, com um parceiro ainda muito pouco conhecido no Brasil, Myles Horton, fazer algumas pequenas ponderações acerca de seus autores e desta obra.

Paulo provocou este livro, e discretamente, como sempre o fazia, incentivou que Myles falasse para que ele saísse de sua timidez e modéstia e deixasse para o mundo o seu testemunho de vida ética e politicamente comprometida. Dissesse de si, das condições e circunstâncias em que viveu, interferiu e lutou para que o "seu mundo" de pobreza e alienação não fosse aceito mecanicamente pelas comunidades pobres de sua região, o Sul dos Estados Unidos. Para que ele falasse de seus sonhos de ver o seu povo mais crítico, mais atento às artimanhas do poder, através de seus próprios pensares. Ele tinha muito o que dizer acerca do que tinha pensado e feito para a organização dos sindicatos, para o movimento da cidadania e contra o racismo. Assim, desde que Paulo o conheceu, entendeu que deveria fazê-lo falar para perenizar sua maneira crítica de entender e de agir no mundo.

---

* Doutora em Educação pela PUC/SP. É viúva do educador Paulo Freire e vem, desde o seu falecimento em 1997, na qualidade de sua sucessora legal, dando continuidade à sua obra inédita.

O caminho se faz caminhando

Que era necessário socializar com ativistas do mundo a prática desse incrível homem que foi Myles Horton.

Sem dúvida, Myles foi um homem ímpar entre os norte-americanos por ter percebido desde os anos 20, do século XX, tão lucidamente, as fragilidades de sua sociedade e ter lutado destemidamente a favor dos explorados e destituídos. Myles praticou verdadeiramente a desobediência civil e assim abriu trincheiras fundamentais de luta, sobretudo para o fim do *apartheid* legal nos Estados Unidos. Contra a nefasta e cruel condição branca, contra a pretensa superioridade intrínseca do branco sobre o negro; concepções distorcidas do real tão arraigadas na sua sociedade. O exemplo de humanismo de Myles nos acrescenta lições de cidadania. Este foi, fundamentalmente, o objetivo dessa "conversa" quando Paulo convidou Myles – e precisou insistir – para que "falassem este livro".

Considero desnecessário falar quem foi Paulo, e que ele comungava desses ideais e posturas libertárias de Myles, pois, muitos de nós brasileiros conhecemos muito bem a práxis ético-político-educativa desse nordestino, desse não menos incrível homem do Recife, a favor dos oprimidos e oprimidas e contra as condições e as relações que geram e reproduzem as opressões de toda natureza. Paulo é, sem dúvida alguma, a expressão maior do pensamento educacional mundial do século XX, que vem alongando-se, talvez com mais força ainda, neste século.

Coincidentemente, ambos convergiram as suas ações educativas, tiveram como campo privilegiado de suas práticas ético-políticas a educação de adultos e a educação popular, intencionalmente pensadas como a possibilidade viável da concretização do *sonho possível* da construção de um mundo mais justo. Ambos foram criticamente ávidos para mudar o mundo para melhor, para transformar as sociedades injustas e perversas em sociedades democráticas.

O diálogo entre esses dois homens, militantes autênticos, que, jamais perderam a esperança, é, portanto, pleno da preocupação que ambos tiveram no decorrer de suas vidas em resgatar a humanidade roubada dos oprimidos e oprimidas, explorados e exploradas e excluídos e excluídas do mundo. As leituras de mundo dos dois, em fase de

Prefácio da edição brasileira

maturidade, são de uma lucidez e sabedoria que nos apaixonam, sobretudo por constatarmos que eles, homens já "em idade avançada", permaneceram rebeldes e ousados diante das injustiças, quando o mais comum nas pessoas da faixa etária deles seria estarem acomodados nas suas cadeiras de balanço, no *status quo* vigente.

O diálogo deles vai das coisas mais simples de suas vidas pessoais às mais complexas sofridas pelos oprimidos e oprimidas, explorados e exploradas, destituídos e destituídas e excluídos e excluídas do mundo determinadas pelo que é próprio do modo de produção capitalista. Diálogo, que, entretanto, embora denso e tenso sobre as injustiças, exala cumplicidade, amorosidade e respeito pelos seres humanos. Paulo, preocupado em fazer o vínculo necessário entre a prática, já exercida por ele ou por Myles, com a teoria para resgatar a práxis que dava sentido às ações anteriormente praticadas por eles dois por mais de meio século. Myles, mais pragmático, sempre atento para dizer do quanto instigou no outro e na outra se verem como sujeitos capazes de pensar. Do pensar certo para o agir certo, como nos dizem os dois. Assim, ambos preocupados, pois, com a conscientização que possibilitasse as ações que garantiriam os direitos civis para além da simples alfabetização da palavra. Para uma leitura certa do mundo. Para a cidadania real e plena, para a participação efetiva nos seus próprios destinos e no da humanidade planetária, para a busca de felicidade que se encontra ao inserirmo-nos pelo conhecimento crítico do real no processo de fazermo-nos sujeitos da história. Sujeitos capazes de transformar a história e não para nela acomodarmo-nos.

Todo o discurso deles dois está, pois, "empapado", como dizia Paulo, da não aceitação, da não acomodação às injustiças, verbalizado explicitamente e, com convicção, a necessidade da transgressão sem a qual não se darão as mudanças radicais. Entretanto, ao falarem da antieticidade das misérias do mundo – e elas existem para que os dominantes se locupletem como querem – e, de seus próprios atos de rebeldia contra as condições que geravam e perpetuavam esse estado de injustiças, Paulo e Myles foram tecendo e aprofundando suas ideias e práticas de libertação com mansidão, com prudência e equilíbrio. Apesar dos dissabores vividos por ambos em suas lutas político-ideológicas, eles não demonstraram rancor ou ressentimento de quem ou

O caminho se faz caminhando

do que quer que seja. Ao contrário, criaram e mantiveram entre eles durante o tempo todo o clima pelo qual lutaram para prevalecer no mundo: o de amizade, respeito e ternura. O clima de *gente*, profundamente humana, criado ao falarem de suas experiências e pensares, está no ar, à flor da pele deles. E esse clima se transmite a todos e todas que *com* eles querem estar. Sem dúvida é isso que embebe toda a narrativa dialógica deste livro. Todo o teor axiológico desta obra.

Há nesse diálogo convergências e divergências de entendimento e postura diante da compreensão de educação e de outras instâncias da vida. Mas o humanismo autêntico deles não deixou nenhum dos dois resvalar para o equívoco de que teriam pensares antagônicos. Até porque não os tinham e eles sabiam disso. Os seus conflitos demonstram apenas que eles eram diferentes. Nos momentos de dissenso há respeito, compreensão e tolerância diante de suas culturas distintas. De seus tempos histórico-sociais diferentes, separados que estiveram por alguns anos de diferença espaçotemporais. Assim, os momentos de consenso ou os de dissenso, podemos constatar, não os levaram aos elogios ou às desavenças recíprocas; ao contrário, aumentaram o poder de crítica, tanto em um como no outro. Continuaram trabalhando alegremente, com a mesma coerência, magnanimidade e disposição com as quais viveram as suas vidas.

Assim, com diferenças pessoais e culturais e com afinidades e semelhanças políticas e éticas importantes, os dois, com extrema simplicidade, nos mostram que coisas fizeram para tornar as vidas de homens e mulheres – conhecidos, ou não; compatriotas, ou não; da mesma raça, gênero, religião, classe social, ou não – verdadeiramente marcadas pela dignidade como um direito inalienável de todos e todas. E não como um privilégio de poucas e de poucos brancos, ricos, proprietários – os donos do poder.

Paulo e Myles surpreendem-nos a cada momento pela grandeza de alma e pela generosidade de *gente* com as quais viveram, se relacionaram e trabalharam, e pela humildade com a qual mudando tantas coisas no mundo não se vangloriaram jamais de as terem feito, mesmo para os que tiveram, como eu, o privilégio de ter com eles convivido.

Prefácio da edição brasileira

Enfim, uma coisa os uniu fundamentalmente: os seus projetos de vida. Ambos lutaram muito. Agiram com obstinação e com *compromisso pela libertação* dos homens e das mulheres, mostrando-nos, claramente, que para cada um ou uma de nós que queremos continuar essa luta precisamos entender como eles que *o caminho se faz caminhando.*

NITA
Ana Maria Araújo Freire
São Paulo, julho de 2002.

Post scriptum. Considerei atender ao desejo de Paulo cuidar para que na tradução dessa obra do inglês (idioma na qual foi falada) para o português ou para o "brasileiro", como preferia ele dizer, fosse considerada a questão de gênero. Assim, sempre que possível introduzi o feminino ao lado do masculino. Fiz também algumas mudanças necessárias nos dados biográficos de meu marido.

Prefácio dos organizadores

Myles Horton e Paulo Freire já se conheciam de nome há mais de vinte anos. Paulo tinha lido parte da literatura, cada vez mais abundante, sobre Myles e a Highlander e Myles tinha lido as primeiras obras de Paulo. Ambos explicavam a seus admiradores como suas ideias eram, ao mesmo tempo, semelhantes e diferentes. Os dois finalmente se falaram pela primeira vez em 1973, quando foram convidados a participar de uma conferência sobre educação em Chicago. Encontraram-se outra vez em circunstâncias semelhantes em Nova York, na Califórnia e em uma conferência na Nicarágua. No entanto, essas reuniões eram para outras pessoas e sobre outros assuntos e deram a Myles e a Paulo poucas oportunidades para confirmar aquilo que cada um deles tinha chegado a crer sobre o outro e suas ideias. No entanto, quando se encontraram em uma conferência na Califórnia, no verão de 1987, decidiram que tinha chegado o momento para uma conversa que lhes permitisse explorar ideias e se conhecer mutuamente – verdadeiramente conhecer um ao outro. Era também chegado o momento para deixar que o mundo soubesse o que cada um desses homens, cujo trabalho já era muito conhecido, tinha para dizer ao outro.

Paulo foi a Los Angeles para participar de uma conferência em homenagem a sua falecida esposa, Elza. Myles estava visitando a fi-

O caminho se faz caminhando

lha e convalescendo de uma operação de câncer de cólon. Paulo perguntou a Myles se aceitaria "falar um livro". Como sabem as pessoas familiarizadas com seu trabalho, Paulo tinha usado esse método para colocar suas próprias ideias no papel. Myles que não publicava suas próprias ideias soltou sua característica gargalhada, talvez por ter percebido a ironia da situação, ou mais provavelmente porque imediatamente se deu conta da alegria que tal experiência traria para ambos. Outras pessoas a seu redor, inclusive Sue Thrasher da Highlander, viram as possibilidades históricas da ideia e começaram a trabalhar para torná-la realidade.

Brenda Bell sabia do interesse que John Peters tinha em trazer Paulo à Universidade do Tennessee como professor visitante e, através de Brenda, ele soube do desejo de Sue de trazer Paulo para a Highlander. Com a ajuda de nossos colegas na Universidade e na Highlander, foram feitos os arranjos financeiros, organizados planos de viagem e um cronograma, e a expectativa começou a crescer.

Pouco tempo depois, um pequeno grupo de funcionários da Highlander e da universidade começou a se reunir para organizar uma semana de eventos que teria como foco as conversas entre Paulo e Myles. Esses planos incluíam simpósios e aulas na universidade para alunos e alunas, professores e professoras, e duas reuniões na Highlander para ativistas comunitários e outros amigos e amigas da instituição. A demanda por parte do público pelo tempo de Paulo e Myles era enorme, mas os organizadores conseguiram manter o evento principal sem alterações, e as conversações tiveram início.

Os dias claros e frescos do princípio de dezembro de 1987 foram generosos para com as montanhas ao redor da Highlander, permitindo que os participantes conversassem naquele idílico topo de colina onde Myles vivia. Paulo gostava sobretudo de, às vezes, olhar através da janela a enorme vista que se estendia ampla e longamente além do reduto de Myles. Podiam relaxar, explorar suas histórias e sentir a textura e a profundidade das experiências mútuas à medida que iam se aproximando um do outro e a amizade ia crescendo. As conversas entre os dois logo começaram a parecer uma dança entre velhos companheiros acostumados às sugestões sutis e às reações primeiro de um, depois do outro.

Membros do quadro de funcionários da Highlander e amigos participavam das conversas, algumas vezes atrelando-se ao diálogo, ou-

Prefácio dos organizadores

tras buscando esclarecer uma diferença nas ideias, outras ainda tentando entender um pensamento de difícil compreensão que necessitava de um exemplo. Apesar disso, nunca interrompiam o ritmo da conversa. As falas de Myles, Paulo e dos "terceiros" participantes das conversas foram gravadas em cassetes e transcritas por extenso. A partir daí, começou o longo processo de edição.

Como editores, esforçamo-nos para dar às conversas alguma estrutura apresentando-as em uma série de capítulos que estão bem próximos da ordem em que os temas foram surgindo nas conversas. No entanto, tentamos preservar a sutileza dos comentários que cada um deles fez sobre as ideias do outro, o frescor dos diálogos, as descontinuidades ocasionais nos temas de conversação, a espontaneidade das observações e os saltos cognitivos revelados nas conversas. Queríamos que outros e outras se sentissem parte dessa conversa extraordinária, assim como nós o fizemos quando lemos as transcrições, e sentissem aquilo a que Paulo frequentemente se referia como "o sensualismo da leitura, cheio de sentimentos, de emoções, de sabores".

O livro foi dividido em seis capítulos que contêm seções da conversa que focalizam tópicos diferentes. Cada seção é encabeçada por uma citação do texto escolhida pelos organizadores para representar aquilo que se segue e para manter a qualidade lírica da própria conversação. Talvez seja melhor ler o livro como uma série de conversações e não como um todo firmemente estruturado.

A "Introdução" contém uma discussão entre Myles e Paulo acerca da razão pela qual decidiram "falar" um livro e como isso deveria ser feito, dando o tom inicial para os vários dias de diálogo que se seguiram. "Anos de formação" é sobre juventude, suas famílias, seus contextos culturais e algumas de suas primeiras experiências, tais como o trabalho de Myles nas Escolas de Cidadania. Esse capítulo enfatiza a conexão entre as biografias desses homens e a natureza de suas experiências e práticas.

O capítulo seguinte é sobre suas ideias, muitas das quais foram partilhadas por Myles e Paulo em outros locais. Consideram, por exemplo, se a educação pode ou não ser neutra, como o conceito de autoridade se encaixa com seu pensamento e sua prática, sua visão da liderança carismática, e o que consideram como diferenças entre educar e organizar. O capítulo é ricamente condimentado com histórias e ca-

O caminho se faz caminhando

sos. Muitos desses já foram contados antes, mas nunca da maneira como se desdobram aqui, na interação de dois contadores de histórias.

Em "A prática educacional" Myles e Paulo discutem elementos específicos de seu trabalho nas comunidades, oficinas, salas de aula e em uma variedade de ambientes culturais. Descrevem o papel do educador e da educadora, a intervenção nas experiências de aprendizado de outros e outras, e o relacionamento da teoria e da prática no contexto do aprendizado de adultos. Mais uma vez, o capítulo é amplamente ilustrado com histórias e exemplos, a maioria deles expressando o que havia de comum nas experiências dos dois homens.

"Educação e mudança social" é, ao mesmo tempo, um capítulo abstrato, porém recheado de exemplos concretos das lutas dos dois educadores para mudar sistemas. Talvez esteja aqui a mais clara ilustração da divergência entre as visões dos dois pensadores quando discutem os prós e os contras de trabalhar no interior de sistemas em vez de provocar mudanças a partir do exterior desses mesmos sistemas. Exemplos da América Latina e da América do Norte ilustram as diferenças em contextos culturais que contribuem para justificar a distinção entre os pensamentos e estratégias dos dois homens.

O capítulo final, "Reflexões", é uma recordação das pessoas, literatura e eventos que influenciaram o pensamento e a obra dos dois autores. Inclui uma discussão rápida de ideias mais amplas sobre assuntos mundiais. O capítulo também captura muito daquilo que é brilhantemente simples no pensamento dos dois homens e como esse pensamento foi modelado por mais de cem anos se somarmos as práticas educacionais deles dois.

Dois anos depois de as conversas terem ocorrido, Myles e Paulo se reencontraram na Highlander, na visita que Paulo fez à instituição para rever a primeira versão do manuscrito e, infelizmente, para ver Myles naquela que acabou sendo a última vez. Três dias depois, Myles entrou em coma, tendo vindo a falecer dia 19 de janeiro de 1990[1]. Em sua última reunião, Paulo e Myles expressaram sua alegria por terem percorrido esse caminho juntos.

Os organizadores

---

1. Paulo faleceu em 2 de maio de 1997, na cidade de São Paulo [Nota de Ana Maria Araújo Freire].

Agradecimentos dos organizadores

As preparações para as conversas e o desenvolvimento deste livro foram realmente um esforço de grupo. Sue Thrasher, membro do quadro de funcionários da Highlander, realizou uma grande parte do trabalho logístico inicial para que tudo começasse. Vicki Creed e Candie Carwan, também membros dos quadros da Highlander, organizaram eventos na instituição e trabalharam com os funcionários da Universidade do Tennessee para realizar os eventos no campus. Sue Thrasher, John Gaventa, Helen Lewis, Vicki Creed, Linda Martin, Thorsten Horton, Maria Acevedo e Candie Carawan participaram todos como "terceiros" nas conversas entre Myles e Paulo. Mike Lemonds ajudou na primeira fase da edição do manuscrito e Becky Allen, Herb Koh e Colin Greer leram as primeiras versões do manuscrito e nos repassaram suas opiniões que foram muito úteis. Wanda Chastee e Janie Bean realizaram o exaustivo trabalho de digitar as transcrições das gravações. Mary Nickell contribuiu com um número considerável de horas de trabalho administrativo durante os eventos que levaram as conversações. Karen Jones e Loretta McHan secretariaram o processo de edição. Um número de ativistas comunitários e amigos da Highlander participaram em uma oficina de um dia inteiro que ajudou a estimular parte das conversas. Muitos outros membros

O *caminho se faz caminhando*

do quadro de funcionários e dos amigos da Highlander – bem assim como nossas próprias famílias e amigos – dedicaram tempo e energia durante fases diferentes do projeto. Finalmente, a maior parte dos custos associados com as atividades e com a preparação do manuscrito foi paga pela Universidade do Tennessee, o Diretório dos Homeland Ministries da United Church of Christ e pelo Fundo Zilphia Horton do Centro de Pesquisa e Educação da Highlander. Em nome de todos aqueles que serão influenciados por essas conversas entre Myles e Paulo, expressamos nosso profundo agradecimento pelas contribuições daqueles que mencionamos acima.

Os organizadores

Introdução dos editores americanos

Myles Horton e Paulo Freire:
breve histórico dos homens, dos movimentos
e das reuniões

Em dezembro de 1987, Myles Horton e Paulo Freire, dois pioneiros da educação para a mudança social, se reuniram para "falar um livro" sobre suas experiências e ideias. Embora vindos de contextos muito diferentes – um das montanhas rurais da região dos Apalaches, o outro de São Paulo, a maior cidade do Brasil – Myles e Paulo compartilhavam uma visão e uma história que utilizavam a educação participativa como um instrumento para dar poder aos pobres e destituídos. Suas extraordinárias experiências em comum representam mais de cem anos de práxis educacional.

À primeira vista, pareceria que, em muitos de seus atributos, Myles e Paulo não teriam muito que ver um com o outro. Os dois começaram seu trabalho em épocas diferentes. Horton começou na Highlander Folk School, no Platô de Cumberland, em Tennessee, em 1932. Paulo começou seus programas de alfabetização em Recife, no Nordeste brasileiro, uns vinte e cinco anos mais tarde. Paulo sempre foi mais teórico em seus escritos e em seu discurso. Myles se expressava de uma maneira mais simples, muitas vezes através de casos e histórias extraídas de seus anos de luta. O trabalho de Paulo, pelo menos no início, era fruto de sua posição na universidade e mais tarde como

O caminho se faz caminhando

responsável por programas de alfabetização por todo o Brasil[1]. Myles sempre trabalhou fora das instituições universitárias e governamentais, usando como base a Highlander Folk School (Escola Comunitária Highlander, mais tarde Centro de Pesquisa e Educação Highlander), um centro independente que realizava programas de educação de adultos nas bases comunitárias. Em parte, como resultado das circunstâncias políticas – foi obrigado a exilar-se, em 1964 –, Paulo Freire trabalhou em muitos países e é uma figura internacional. Myles também teve que enfrentar reações políticas – especialmente os ataques, espancamentos e investigações durante a era do macarthismo e do movimento de direitos civis –, mas escolheu (e pôde) permanecer enraizado em uma única região do sul dos Estados Unidos por mais de cinco décadas.

Paulo Freire dizia com frequência que uma das razões que o levaram a querer "falar um livro" com Myles era que já estava cansado de ouvir norte-americanos lhe dizerem que suas ideias só eram aplicáveis às condições do Terceiro Mundo. "Não", dizia ele, "as histórias de Myles e do Centro Highlander mostram que essas ideias se aplicam também ao Primeiro Mundo".

Como é possível que dois homens, trabalhando em espaços sociais e épocas tão diferentes, pudessem ter chegado a ideias e métodos tão semelhantes? Subjacente à filosofia dos dois está a ideia de que o conhecimento se origina da experiência social e é um reflexo dessa experiência. É importante, portanto, que essas conversas e as ideias desses dois homens também sejam associadas ao contexto social de onde surgiram. Talvez, mais importante que suas raízes primeiro ou terceiromundistas, é o fato de que tanto Myles quanto Paulo vieram das regiões mais pobres do interior de seus próprios países, regiões que tinham em comum muitas características em seus relacionamentos com a economia política do país como um todo. Nesse contexto, eles também partilharam similaridades em suas histórias de vida e em seu envolvimento em movimentos sociais, fatores que contribuíram para moldar sua visão de mundo e sua prática.

---

1. Seria importante não esquecermos de incluir a experiência de Paulo no Sesi-PE por ele mesmo considerada fundante para sua leitura crítica do mundo [Nota de Ana Maria Araújo Freire].

Os homens

Myles Horton nasceu em 1905 no Delta do Tennessee ocidental, uma área cuja história teve como base as plantações agrícolas, uma economia escravocrata, proprietários ausentes e pobreza rural severa. Fundou a Highlander Folk School no Condado de Grundy, Tennessee, um dos condados apalachianos mais pobres e uma região dominada por poderosos interesses relacionados com o carvão. Nos anos de 1930, à época da fundação da Highlander, a região estava sendo varrida pela industrialização. Myles e a Highlander começaram seus programas com trabalhadores rurais, que estavam sendo expulsos da terra e forçados a trabalhar nas fábricas de tecidos, nas minas e em outras fábricas que faziam parte do "desenvolvimento" do sul rural.

Paulo Freire nasceu em 1921, no Recife, no Nordeste brasileiro, uma das regiões mais pobres do país. Como os Apalaches e o sul rural dos Estados Unidos, a região vem sendo castigada pela "miséria, pela fome e pelo analfabetismo por muitos anos. O Nordeste tem o índice de natalidade mais alto do Brasil, os índices menores de expectativa de vida, os índices mais baixos de alfabetização e os mais altos índices de desemprego e subemprego"[2]. Existem outras características comuns às duas regiões. As áreas rurais do Nordeste do Brasil foram dominadas pelas fazendas de açúcar e pelo trabalho escravo e rural, não muito diferente da economia de plantações de algodão do sul americano. Esquemas de industrialização e "desenvolvimento" transformaram a economia de base rural, obrigando os trabalhadores rurais a migrarem do campo para as cidades pequenas e grandes como Recife. Ambas regiões eram dependentes de interesses econômicos poderosos, inicialmente os proprietários das plantações e mais tarde das multinacionais; e eram caracterizadas por dicotomias agudas entre ricos e pobres, poderosos e impotentes.

Myles e Paulo também tiveram contextos familiares bastante parecidos. Ambos nasceram de pais que eram um pouco mais educados e bem de vida que muitos dos pobres a seu redor. Mas, nas duas famílias, as mudanças econômicas no país levaram à adversidade pessoal.

---

2. WESSINGER, Carroll L. *Parallel Characteristics* – Northeast Brazil/Appalachia. Philadelphia: Lutheran Church of America, n.d., 6.

O caminho se faz caminhando

O pai e a mãe de Myles, que tinham estudado em colégios públicos, eram professores primários. No entanto, mais tarde, quando os diplomas passaram a ser obrigatórios, ambos perderam seus empregos como professores. Trabalhando ora como lavrador boia-fria, ora como empregado de escritório e mais tarde como meeiro, o pai de Myles sobreviveu como pôde. Myles recorda: "Lembro muito bem que nunca senti pena de mim mesmo. Simplesmente aceitei o fato que as condições eram aquelas e que eu era uma vítima daquelas condições, mas nunca tive um sentimento de inferioridade em relação a outras pessoas. Acho que aprendi isso com meus pais, porque, embora eles vivessem lutando e fossem pobres, nunca aceitaram a ideia de que fossem inferiores a qualquer pessoa ou de que qualquer pessoa fosse inferior a eles."

O pai de Paulo era um oficial de baixa patente na Polícia Militar, onde "o salário era baixo, mas o prestígio era alto"[3]. Foi durante a Depressão, por motivo de saúde, que seu pai teve de aposentar-se, assim como o pai de Myles tinha perdido o seu emprego, e a família deixou o Recife e foi para a cidade vizinha de Jaboatão. Lá, diz Paulo: "Tive a possibilidade de sentir fome. E digo possibilidade porque acho que essa experiência me foi muito útil".

Embora tanto os pais de Myles quanto os de Paulo estivessem constantemente à beira da pobreza, lutando para sobreviver, os dois apoiavam fortemente a educação de seus filhos. Paulo lembra-se de seu pai lhe ensinando a ler "debaixo de uma mangueira" enquanto Myles descreve o amor que tinha pelos livros e como lia qualquer coisa que pudesse pedir emprestado a vizinhos, amigos e parentes na cidadezinha mais próxima, que, coincidentemente, chamava-se Brazil!

Os pais de Myles e a mãe de Paulo conseguiram enviar seus respectivos filhos para o ginásio em cidades próximas quando estes tinham 15 ou 16 anos de idade respectivamente. Myles descreve como detestava fazer o dever rotineiro, que era obrigatório, e, em vez de fazê-lo, lia escondido outros livros, o que o levou "a ter problemas por ler na escola".

Ao contrário de muitos de seus amigos em circunstâncias semelhantes, tanto Myles quanto Paulo fizeram o terceiro grau, Myles em

---

3. JERIA, J. *Vagabond of the obvious*: a bibliography of Paulo Freire. Vitae Scholasticae, The Bulletin of Educational Biography 5, n. 1-2, 1986.

Introdução dos editores americanos

uma pequena universidade de Tennessee chamada Cumberland Presbiteriana, Paulo na Universidade de Recife[4], onde se formou em Direito, embora logo em seguida tenha abandonado a advocacia. Ambos se sentiam atraídos pelos aspectos sociais da Cristandade, entre outras influências intelectuais iniciais. Da universidade, Myles foi para o Seminário Union, no final da década de 1920, onde foi influenciado por Reinhold Niebuhr, o socialista e crítico social cristão. Foi também estudar Sociologia por um breve período na Universidade de Chicago, onde trabalhou com Jane Addams no movimento conhecido como Settlement House.

Freire também foi profundamente influenciado por um movimento de ação católica em expansão, que veio a lançar as bases para aquilo que se tornou conhecido, mais tarde, como o movimento da Teologia da Libertação. Como estudante, ele entrou para o grupo da Ação Católica na universidade, que, ao contrário da maior parte da Igreja, estava "mais preocupado com o conceito de sociedade e de mudança social, e extremamente consciente das condições de pobreza e de fome do Nordeste"[5]. Enquanto Myles se distanciou de suas raízes teológicas, Freire continuou a atuar no movimento católico radical e a ser profundamente influenciado por ele[6].

Myles e Paulo também foram modelados por suas próprias famílias e relacionamentos pessoais, especialmente suas esposas. Em 1935, Myles casou-se com Zilphia Mae Johnson, música e cantora de grande talento, que contribuiu para que tanto Myles quanto a Highlander compreendessem o papel que a música e a cultura podem desempenhar na mudança social[7]. Em 1943, Paulo casou-se com Elza Maria Costa de Oliveira a quem atribuía o constante papel de ajudá-lo a desenvolver suas ideias e métodos educacionais. Myles sofreu uma tragédia pessoal quando Zilphia morreu em 1956. Elza morreu em 1987, antes da visita que Paulo fez a Highlander para realizar essas

---

4. Hoje, Universidade Federal de Pernambuco [Nota de Ana Maria Araújo Freire].

5. JERIA, J. *Vagabond*, 13.

6. KADT, Emanuel de. *Catholic Radicals in Brazil.* Londres: Oxford University Press, 1970.

7. Atribui-se a Zilphia Horton o fato de ter ajudado a gravar e adaptar a canção *We Shall Overcome* que foi levada à Highlander por um grupo de lavradores de tabaco no final da década de 1940 e mais tarde foi levada para o movimento de direitos civis por Guy Carawan, Pete Seeger e outros.

conversações. Tanto Myles quanto Paulo casaram-se outra vez. Myles com Aimee Isgrig, que trabalhava no mesmo grupo que ele e que escreveu sua tese sobre a Highlander[8], e Paulo com Ana Maria Araújo Hasche, uma de suas alunas, que sob sua orientação fez sua tese sobre a história do analfabetismo no Brasil[9].

Embora Myles e Paulo tivessem todos esses fatos em comum em termos de contexto familiar, escolheram caminhos muito diferentes para dar início às suas obras educacionais.

Após sua graduação em Sociologia na Universidade de Chicago, Myles foi para a Dinamarca estudar o movimento dinamarquês de escolas comunitárias (Danish Folk High School Movement), com a esperança de obter *insights* sobre sua própria ideia ainda embrionária de uma escola comunitária nos Estados Unidos. Lá, ele aprendeu mais sobre as ideias do Bispo Grundtvig, fundador do movimento – ideias tais como a importância de aprender de companheiros, em ambientes não formais e livres de regulamentação governamental. Em Copenhague, na noite de Natal de 1931, Myles escreveu sobre seu sonho de começar uma escola nas montanhas de Tennessee:

"Não consigo dormir, mas tenho sonhos. O que é preciso fazer é retornar, arranjar um lugar simples, mudar e estaremos lá. A situação está lá. Você começa com isso e deixa que as coisas cresçam. Você sabe sua meta. Ela desenvolverá sua própria estrutura e tomará sua própria forma. Você pode estar na escola a vida toda, mas nunca descobrirá essas coisas porque está tentando obter uma resposta que só poderá vir do povo em uma determinada condição de vida"[10].

Com essa visão em mente, Myles voltou para Tennessee em 1932 e com Don West começou a Highlander Folk School. Embora tivesse deixado a Highlander por períodos curtos para desenvolver programas educacionais para sindicatos, Myles ficou como diretor da escola durante quarenta anos, até aposentar-se, em 1972.

---

8. A dissertação foi publicada como: HORTON, A.I. *The Highlander Folk School*: A History of Its Major Programs, 1932-1961. Brooklyn, Nova York: Carlson, 1989.

9. FREIRE, A.M.A. *Analfabetismo no Brasil*.

10. Apud PETERS, J.M. & BELL, B. Horton of Highlander. In: JARVIS, P. (org.). *Twentieth Century Thinkers in Adult Education*. Londres: Croom Helm, 1987.

Introdução dos editores americanos

Depois de abandonar o Direito, Paulo Freire começou a trabalhar em uma agência de assistência social do Estado de Pernambuco[11]. Era diretor dos programas de educação para a população pobre da área rural e para operários de Pernambuco. Aqui, interessou-se pela primeira vez pelo problema de alfabetização de adultos e de educação popular, começou a ler sobre o assunto e a elaborar suas ideias. Enquanto isso, foi professor de História e Filosofia da Educação na Universidade de Recife.

Freire foi um dos fundadores do Movimento de Cultura Popular (MCP), um programa ativo de educação de adultos. Ao mesmo tempo, obteve seu doutorado pela Universidade de Recife, onde, em sua tese, esboçou suas ideias emergentes sobre educação de adultos. Em 1962, foi nomeado diretor de um novo serviço de extensão cultural[12] estabelecido para levar a cabo a educação popular na região. E após uma mudança no governo federal de João Goulart, Freire, cujos métodos, a essa altura, já tinham se tornado conhecidos, foi convidado em 1963 para dirigir o Programa Nacional de Alfabetização do Ministério de Educação e Cultura – posto que o levou ao exílio em 1964.

Os *movimentos*

Assim, as ideias de Myles e de Paulo iriam se desenvolver através de duas formas muito diferentes de práxis – Myles a partir de um pequeno centro de educação residencial e independente situado fora do sistema escolar formal ou do Estado, e Paulo de dentro da universidade e de programas, algumas vezes, patrocinados pelo Estado. Suas ideias iriam convergir não através de um conjunto de deduções teóricas, mas sim através de sua interação com o contexto social e seu envolvimento com as lutas populares mais amplas por participação e liberdade. Embora ambos frequentemente recebam crédito por sua contribuição para esses movimentos, talvez ainda mais significativa

---

11. Trata-se do Sesi-PE. Cf nota n. 5 da obra *Pedagogia da Esperança*. Rio de Janeiro: Paz e Terra, 1992. Obra na qual eu aponto o trabalho de caráter não assistencialista de Paulo no Sesi [Nota de Ana Maria Araújo Freire].

12. SEC – Serviço de Extensão Cultural criado por Paulo na Universidade do Recife (hoje UFPE) dentro do qual ele sistematizou o *Método de alfabetização Paulo Freire* [Nota de Ana Maria Araújo Freire].

O caminho se faz caminhando

seja a maneira pela qual suas carreiras foram, na verdade, modeladas pelos próprios movimentos sociais.

Quando Myles e os demais fundaram a Highlander no Platô de Cumberland em 1932, tinham uma visão de mudança, mas nenhuma ideia clara do movimento que ela iria gerar. Sua intenção era simplesmente "fornecer um centro educacional no Sul para a formação de líderes rurais e industriais, e para a manutenção e enriquecimento dos valores culturais indígenas das montanhas"[13]. A primeira carta da escola para angariar fundos, enviada por Reinhold Niebuhr, declarava que a escola se propunha a "usar a educação como um dos instrumentos para implementar uma nova ordem social"[14]. As sementes da ideia se estabeleceram no solo fértil da industrialização que varria o sul rural, trazendo consigo demandas por justiça econômica para os trabalhadores sulistas. Os funcionários da Highlander rapidamente começaram a dar auxílio aos trabalhadores e utilizaram essas experiências para formular suas ideias educacionais. Durante uma greve, após reuniões com mineiros de carvão em Wilder, Tennessee, Myles foi preso pela Guarda Nacional e acusado de "vir aqui, conseguir informação, retornar e ensiná-la"[15]. Na década de 1940 a Highlander já tinha se transformado em um centro de educação residencial para o Congresso de Organizações Industriais (CIO) fornecendo escolas para os líderes sindicais de todo o Sul.

No início da década de 1950, sentindo que a justiça racial deveria acompanhar a justiça econômica, a Highlander voltou sua atenção para o problema da segregação no Sul. Durante a próxima década a escola passou a ser um local para reuniões e projetos educacionais para o movimento de direitos civis que surgia. Dezenas de reuniões e oficinas na Highlander foram acompanhadas de atividades sobre direitos humanos que iriam trazer mudanças importantes para as relações raciais nos Estados Unidos. Rosa Parks, que tinha estado na Highlander poucos meses antes, lançou a faísca para o *bus boycott* em Montgomery, quando se recusou a dar seu lugar em um ônibus

---

13. Apud Peters & Bell. *Horton of Highlander*, 250.

14. Ibid.

15. Cf. ADAMS, F. Highlander Folk School: Getting Information, Going Back and Teaching It. *Harvard Education Review* 42, n. 4, 1972.

Introdução dos editores americanos

para um homem branco. Por sua vez, esse boicote contribuiu para o surgimento da liderança de Martin Luther King Jr., também um visitante na Highlander e colega de Myles Horton.

Nos primeiros dias do movimento de direitos civis, um dos programas da Highlander de maior repercussão foi o desenvolvimento das Escolas de Cidadania. Tendo sido iniciadas na Ilha Johns, na Carolina do Sul, em resposta a uma solicitação de Esau Jenkins, um líder comunitário negro, as Escolas de Cidadania ensinavam membros da população negra a ler e a escrever para que pudessem obter o voto e poder político. Ao fazê-lo, desenvolveram também princípios de alfabetização que usavam líderes negros como professores e os ensinavam a ler com um método baseado nas necessidades e desejos dos alunos de alcançarem a liberdade. Nos anos de 1960, a direção desse programa extremamente bem-sucedido passou para a Conferência da Liderança Cristã do Sul (SCLC). Em 1970, a SCLC já avaliava que aproximadamente cem mil negros tinham aprendido a ler e a escrever através das Escolas de Cidadania[16].

Em seu livro *The Origins of the Civil Rights Movement* (As origens do Movimento dos Direitos Civis), Aldon Morris investiga essa conexão entre as Escolas de Cidadania e a mobilização do movimento dos direitos civis. Ele argumenta que "as escolas de cidadania foram provavelmente a contribuição mais profunda de todas aquelas feitas à luz dos direitos civis que surgia" por movimentos *intermediários*[17] como a Highlander[18] – As Escolas de Cidadania são discutidas extensivamente por Horton e Freire no capítulo 2 deste livro –.

As ideias de Freire encontraram uma base semelhante nos movimentos para a educação democrática no Nordeste brasileiro. Durante o crescimento desses movimentos, no final da década de 1950, a estrutura social tradicional estava mudando, a dependência na economia dos engenhos de açúcar diminuindo e a industrialização ocorren-

---

16. Bell & Peters. *Horton of Highlander* apud Adams, "Highlander Folk School".

17. No original, *movement halfway houses*. Segundo o Concise Oxford Dictionary *in midway between two towns*, ou seja, hospedaria entre duas cidades. Em sentido figurado, algo assim como um meio-termo, solução conciliatória, 1984 [Nota do Tradutor].

18. MORRIS, A.D. *Origins of the Civil Rights Movement*: black communities organizing for change. Nova York: Free Press, 1984.

O caminho se faz caminhando

do a um ritmo muito rápido. Com a emergência de um governo reformista e popular em Pernambuco, o Nordeste brasileiro tornou-se um laboratório para o surgimento de novas demandas por participação pelo povo em seu próprio desenvolvimento. Dois movimentos em particular formaram o contexto para o programa de educação popular e alfabetização do qual Freire fazia parte. Um desses era o crescimento dos sindicatos rurais ou associações de camponeses conhecidas como Ligas Camponesas. Em 1960, a estimativa era de que oitenta mil trabalhadores já pertenciam a essas ligas no Nordeste. Entre suas reivindicações, além do direito de organizar cooperativas para um programa de reforma agrária, estava o direito de voto para analfabetos e analfabetas, um direito que à época era negado aos camponeses porque não sabiam ler nem escrever. O segundo movimento surgiu dos militantes católicos, e incluía o Movimento de Educação de Base, ou MEB, e grupos radicais católicos, tais como a Ação Popular e a Juventude Universitária Católica, à qual Freire tinha pertencido.

Em 1959, Miguel Arraes, um democrata nacionalista e radical, foi eleito prefeito de Recife. Na esperança de implementar mudanças fundamentais, ele compreendeu que teria primeiro de educar a população pobre rural que, embora constituindo a maioria da população do estado, não podia votar porque era, em sua maior parte, analfabeta. Arraes endossou a criação do Movimento Cultural Popular (MCP)[19] de Recife, que levaria a cabo um programa de educação comunitária, alfabetização de adultos e desenvolvimento de uma consciência crítica no povo. A iniciativa ajudaria a mobilizar os trabalhadores rurais e urbanos para que exercessem seu poder político e Freire foi convidado a coordenar o projeto de educação de adultos. Seu primeiro passo foi desenvolver logo uma série de centros e círculos culturais que passaram a ser a base para o processo de alfabetização de adultos. Recife e as áreas a seu redor tornaram-se, assim, um microcosmo para o desenvolvimento das ideias de Freire, ideias essas que estavam profundamente relacionadas com as demandas populares e os movimentos políticos da época.

O período foi de um grande despertar e mudanças por todo o país. "Forças distintas estavam em movimento e o processo era irreversí-

---

19. Sobre o MCP ler detalhes em: FREIRE, P. *Cartas a Cristina*. Rio de Janeiro: Paz e Terra, 1994. 12ª carta, 141-180 [Nota de Ana Maria Araújo Freire].

Introdução dos editores americanos

vel. Era o rompimento de uma velha sociedade e a emergência de uma ordem social mais pluralista e mais democrática"[20]. Com a eleição do novo governo nacional popular em 1960, foram iniciados vários programas de educação e cultura popular. Freire foi nomeado coordenador do novo Programa Nacional de Alfabetização, que adotaria seus métodos e que deveria alcançar cinco milhões de analfabetos e analfabetas em todo o país. O MEB, organização nacional de educação de adultos da Igreja Católica, também adotou os métodos de Freire.

Os projetos não foram totalmente realizados. Em 1964, um golpe militar derrubou o governo de Goulart. O Programa Nacional de Alfabetização foi extinto. O governo proclamou novas leis "que privaram de seus direitos, por mais de uma década, uma centena de membros influentes do antigo governo"[21]. Entre eles estava Paulo Freire, que foi obrigado a deixar o país junto com centenas de outros militantes e líderes do antigo governo.

Tanto para Freire quanto para Horton, a conexão de alfabetização com o direito ao voto constituía uma ameaça importante às estruturas de poder enraizadas, uma ameaça que provocou repercussões. Como observou Freire:

"Era tão extraordinário, que não podiam deixar que continuasse. Em um estado como Pernambuco, que, à época, tinha uns 800 mil eleitores, seria possível ter, em um ano, cerca de um milhão e trezentos novos eleitores [...]. Ora, isso teve uma enorme repercussão na estrutura de poder vigente. Era um jogo demasiado arriscado para a classe dominante"[22].

No Brasil, o jornal *O Globo* acusou Freire de "espalhar ideias estrangeiras pelo país"[23]. Ele foi preso, encarcerado por setenta e cinco dias e interrogado durante oitenta e três horas. O governo militar o

---

20. JERIA, J. *Vagabond*, 33.

21. Ibid, 45.

22. "Paulo Freire no exílio ficou mais brasileiro ainda", *Pasquim*, Rio de Janeiro, n. 462, 5 e 11 de maio de 1978; apud SCHELLING, V. *Culture and Underdevelopment in Brazil with Particular Reference to Mario de Andrade and Paulo Freire.* University of Sussex, 1984 [Ph.D. Thesis].

23. JERIA, J. *Vagabond*, 44, citando relatos de Skidmore, T. *The Politics of Brazil, 1930-1964.* Nova York: Oxford University Press, 1967.

declarou um "subversivo internacional, um traidor de Cristo e do povo brasileiro, além de ser um total ignorante e analfabeto"[24].

Da mesma forma, no momento em que a Highlander começou a surgir como uma força significativa no fortalecimento político da população negra no Sul, começou também a ficar sob ataque. A estrutura do poder branco sulista tentou usar a virulenta retórica anticomunista do período do macarthismo para desacreditar Horton e a escola. Em 1954, Horton foi investigado, por suas supostas conexões comunistas, pelo Senador James Eastland, um rico fazendeiro do Mississípi e defensor da supremacia branca. Em outro famoso incidente, o governador segregacionista da Geórgia, Marvin Griffin, enviou espiões para a celebração do aniversário de vinte e cinco anos da Highlander, onde Martin Luther King Jr. era o orador principal. Foram tiradas fotos de King, Horton e outros, que, preparadas no formato de cartazes, foram coladas por todo o Sul com a legenda: "King em uma escola de treinamento comunista". Em 1959, a Highlander Folk School foi invadida por agentes do Tennessee e seus bens móveis e imóveis foram confiscados[25]. Argumentando que era possível trancar a escola, mas não a ideia, Horton deu à escola o novo nome de *Highlander Research and Education Center* (Centro de Pesquisa e Educação Highlander) e transferiu-a para Knoxville – e, mais tarde, para New Market, onde está até hoje.

Apesar dessas adversidades, os dois homens sempre exibiram o mesmo otimismo, que é a base de muitas de suas crenças educacionais. Os ataques, embora muitas vezes com grandes custos pessoais, se transformavam em instrumentos de aprendizagem para novas atividades. Depois de um curto período na Bolívia, onde foi surpreendido por outro golpe de Estado, Freire foi para o Chile, onde ajudou no desenvolvimento de programas educacionais em nome da reforma agrária. De lá foi para Harvard, onde escreveu e deu aulas. Suas ideias começaram a ser alvo de muito mais atenção internacional, especialmente após a publicação da *Pedagogia do oprimido* em inglês (*Peda-*

---

24. JERIA, J. *Vagabond*, 48, citando relatos de MOREIRA, M. *A Grain of Mustard Seed*: The Awakening of the Brazilian Revolution. Nova York: Anchor, 1973.

25. Existem poucos relatos desses ataques na Highlander. Cf. GLEN, J.M. *Highlander*: no ordinary school 1932-1962. Lexington: University Press of Kentucky, 1988.

Introdução dos editores americanos

gogy of the Oppressed) em 1970[26]. Nesse mesmo ano, entrou para o Conselho Mundial de Igrejas, em Genebra. Continuou a viajar, a contribuir para o desenvolvimento de programas e a escrever até que pôde voltar ao Brasil em 1980.

À medida que o movimento dos direitos civis norte-americano começou a crescer, nos meados da década de 1960, as Escolas de Cidadania foram incorporadas a *Southern Christian Leadership Conference* (Conferência de Liderança Cristã do Sul). Myles tentou dar continuidade ao desenvolvimento de programas educacionais em outras partes dos Apalaches e do Sul. Mais tarde, repassando a liderança do Centro de Pesquisa e Educação Highlander para membros mais jovens, concentrou-se em viajar, fazer palestras e realizar oficinas nos Estados Unidos e no exterior. Hoje, o centro continua seu trabalho por toda a Apalachia e pelo Sul. Embora os temas tenham mudado – atualmente incluem abuso do meio ambiente, pobreza, justiça econômica, fortalecimento da juventude e desenvolvimento de lideranças –, a Filosofia da Educação como instrumento de poder político ainda permanece.

As reuniões

Dados seus contextos, talvez fosse inevitável que Horton e Freire tivessem que se encontrar um dia. Quando eles finalmente se encontraram, na casa de Myles na Highlander, foi um momento de grande importância para os dois. No fim do ano de 1986, a esposa de Paulo, Elza, morreu, e Paulo ainda estava em estado de tristeza e depressão. Myles tinha se recuperado de uma operação para retirar um câncer do cólon naquele verão, e embora estivesse indo bem, estava obviamente preocupado em partilhar suas ideias enquanto isso era possível.

Neste livro, os dois homens relacionam, de uma maneira nova, suas vidas, suas ideias sobre educação radical e suas experiências. Depois de ler o manuscrito organizado, Paulo diria que, de todos os temas sobre os quais ele e Myles discutiram, duas ideias subjacentes foram as mais importantes. A primeira é uma crença essencial na importância da liberdade das pessoas em qualquer parte do mundo, e a

---

26. Disponível em inúmeras edições e idiomas, o livro já teve mais de duzentas mil cópias vendidas [Nota de Ana Maria Araújo Freire].

O caminho se faz caminhando

luta por essa liberdade é observada por todos os lados à medida que se abre a década de 1990 – no Brasil, no Leste Europeu, na União Soviética, no sul da África. A segunda é a crença radical democrática na capacidade e no direito de todas as pessoas de conseguirem essa liberdade através da própria emancipação.

Os dois homens acreditam, então, que a verdadeira libertação é realizada através da participação popular. Por sua vez, essa participação é realizada através de uma prática educacional que é, por si mesma, tanto libertadora quanto participativa, que simultaneamente cria uma nova sociedade e envolve as próprias pessoas na criação de seu próprio conhecimento.

De maior importância para Myles e Paulo, essas ideias não são abstrações, elas crescem de suas lutas para unir a teoria à prática em suas próprias vidas. Por sua vez, suas discussões iluminam questões enfrentadas por educadores e ativistas no mundo todo, que desejam relacionar educação participativa com libertação e mudanças sociais.

Ao tratar de temas como: Qual é o papel do professor? Do organizador? Do educador? Como é que a educação se relaciona com a mobilização e a cultura para criar uma nova sociedade? A sociedade pode ser transformada por meio da educação ou é preciso que a própria educação seja transformada primeiro? Existe espaço para educação libertadora no sistema educacional patrocinado pelo Estado, como Paulo tentou demonstrar, ou a mudança deverá vir de alguma iniciativa, como a Highlander criada por Myles? As conversações de Paulo e Myles nos dão, como disse Henry Giroux sobre Freire, tanto "uma linguagem da crítica" das relações de poder existentes quanto uma "linguagem da possibilidade" para criar uma nova sociedade através de uma nova prática social e educacional[27].

O processo de "falar um livro" passou a ser, para os dois homens, intensamente pessoal. Eles não só aprofundaram sua crítica do conhecimento e do poder, mas também desenvolveram e renovaram seu próprio vigor. No decorrer das conversas, compartilharam respeito e

---

27. GIROUX, H.A. Introduction. In: FREIRE, P. *The Politics of Education*: Culture, Power and Liberation. South Hadley, Mass, Bergin & Garvey, 1985.

Introdução dos editores americanos

afeição pessoal um pelo outro de tal forma que isso deu a cada um deles um novo sentido de possibilidade e de esperança.

Paulo atribui as reflexões que teve com Myles à capacidade de tê-lo tirado do desespero em que estava com a morte da esposa Elza. Em seu encontro com Myles em dezembro de 1987, ele viu no outro um homem que era dezesseis anos mais velho que ele – Myles tinha então 82 anos de idade, mas ainda estava cheio de energia e de visão. Disse Freire: "Na Highlander eu comecei a ler e a escrever outra vez". Paulo, tempos depois, também foi convidado a se envolver mais uma vez com a luta pela participação popular no Brasil. Quando a candidata popular socialista foi eleita prefeita de São Paulo em 1988[28], Paulo tornou-se secretário da Educação e aceitou o novo desafio de transformar um sistema educacional tradicional na cidade maior e mais industrializada da América Latina.

No ano de 1988, nas primeiras eleições gerais em vinte e nove anos, Paulo apoiou Luiz Inácio Lula da Silva, o Lula, o sindicalista do Partido dos Trabalhadores (PT) que quase ganhou as eleições presidenciais. Se isso houvesse ocorrido, teria sido um novo momento histórico na política brasileira e Paulo Freire teria sido nomeado ministro da Educação.

"Diga a Myles que talvez eu não possa ir em janeiro", Freire nos falou quando tentávamos organizar o último encontro. "Diz a ele que pode ser que eu esteja no poder."

"Essa", concedeu Horton, "seria uma justificativa razoável".

Lula ficou bastante próximo da vitória nas eleições. No início de janeiro de 1990, Paulo e Nita, sua segunda esposa, foram à Highlander para uma revisão final do manuscrito e, como depois ficou claro, para o último encontro com Myles. No outono americano de 1989, Myles tinha sido submetido a uma cirurgia para a retirada de um tumor no cérebro, dois anos após seu problema inicial com o câncer de cólon. À medida que sua força mental e física iam se escoando, ele se concentrava na releitura da transcrição já editada e na possibilidade

---

28. Os organizadores se referem à Prefeita Luíza Erundina de Souza (1-01-1989 a 31-12-1992) e ao Partido dos Trabalhadores – PT [Nota de Ana Maria Araújo Freire].

de uma outra reunião com Freire para as mudanças finais. À época dessa segunda reunião, outro tumor já tinha se formado no cérebro de Myles, e ele temia não estar alerta o suficiente para discutir o manuscrito com Paulo. Ele recuperou suas forças para o encontro. Os dois homens puderam ter várias conversas breves, concordar que o manuscrito estava quase pronto e expressar sua satisfação com ele. Quando conversavam e comiam juntos na casa de Myles, o clima era de intensa emoção. Olhando para as montanhas a distância e para os pássaros no alimentador, Paulo comentou: "É triste, mas a morte é uma parte necessária da vida. É maravilhoso que Myles possa morrer aqui. Morrer aqui é morrer no meio da vida".

Três dias depois da última visita de Paulo e Nita, Myles Horton entrou em coma. Morreu uma semana depois, com 84 anos de idade. "É incrível", disse Paulo, "que no momento que Myles morreu, eu fui encarregado de dirigir o sistema de educação pública de São Paulo [...]. Para mim foi uma honra participar com ele deste livro. Ele era um homem extraordinário. A história desse homem, sua presença individual no mundo é algo que justifica o mundo". Estamos certos de que, se Myles pudesse, teria dito o mesmo de Paulo.

I
Introdução

"O caminho se faz caminhando"

Paulo: O que é bonito é como somos parecidos, Myles e eu. Aqui estamos entre amigos, assim, posso dizer isso. Posso falar sobre como me pareço com Myles – sendo Paulo Freire um brasileiro com um contexto diferente – sobre as maneiras como eu me descubro em seu pensamento e em nossas conversas neste livro.

Em julho de 1987, quando Myles e eu nos encontramos em Los Angeles, em um simpósio em memória de Elza Freire, eu tinha um sonho: pensei que seria interessante tentar "falar um livro" com ele. Pedi ao Myles que fizesse isso comigo, e ele riu! Mas entramos em um acordo.

É como se eu estivesse começando tudo agora, falando com Myles. Isso é o começo de um momento diferente em minha vida. Depois da morte de Elza, depois da morte de minha esposa de quarenta e dois anos, estou fazendo um esforço incrível para continuar a ser quem eu era antes de ela morrer e também para ser uma pessoa diferente porque, sem ela, descobri que não sou mais a mesma pessoa. Não é possível ser eu mesmo sem ela. Assim, necessariamente, tenho que ser diferente, mas você me entende [...]. Veja bem, estou tentando me renovar e, conversando com Myles, tentando "falar um livro" com ele, é para mim uma das dimensões mais

O caminho se faz caminhando

importantes desta segunda fase, ou última fase, de minha vida, que espero será longa!

Myles: Uma razão pela qual fazer isso com você é importante para mim, Paulo, é que as pessoas irão se beneficiar de nossa conversa porque provavelmente têm os mesmos tipos de perguntas que nós temos um para o outro. Esse tipo de conversa não foi possível antes porque, ainda que estivéssemos juntos em várias ocasiões, o formato era que outros nos faziam perguntas. Nunca tivemos a oportunidade de fazer perguntas um ao outro. Esta é uma boa oportunidade para nós!

Paulo: Deixe-me lhe dizer como trabalhei em situações como essa. Comecei a fazer isso com outros amigos meus, outros educadores, no Brasil, talvez há uns cinco anos atrás. Eu os chamei de "livros falados". Em vez de escrever um livro, "falamos o livro" e depois outras pessoas podem transcrevê-lo, mas primeiro deveremos ter um roteiro dos temas a falar. Faremos um diálogo coloquial, mas sem perder de vista a seriedade de pensar enquanto falamos. O objetivo é ter uma boa conversa, mas em um tipo de estilo que torna mais fácil ler as palavras.

Neste livro, podemos capturar esse movimento da conversa. O leitor e leitora vão e vêm com o movimento da conversa. Não quero perder nem uma só expressão de Myles. Todas as vezes que eu não entender, pedirei a Myles que pare, e um de vocês pode me dizer outra vez [...], mas não com o sotaque de Myles!

Myles: Às vezes eu vi que você muda para o português porque você pode pensar melhor em português. Eu também posso pensar melhor da maneira que eu falo.

Paulo: É claro. Você precisa fazer isso porque é muito bom. Eu também falaria português se você pudesse entender. É melhor para mim. Não quero perder nada de sua livre-expressão.

Myles: Eu posso fazer da minha maneira, mas você não pode falar da sua porque não temos serviço de tradutor.

Paulo: Myles, acho que podemos começar nossa conversa dizendo alguma coisa um ao outro sobre nossa própria existência no mun-

I. Introdução

do. Não devemos começar, por exemplo, falando sobre os objetivos da educação. Você pode falar um pouquinho sobre sua vida e seu trabalho e eu direi alguma coisa sobre a minha vida. Depois podemos interagir em alguns momentos da conversa, como ponto de partida. Depois, acho que podemos começar lidando com algumas questões mais gerais – educação, educação popular, políticas educacionais. É assim que estou pensando sobre esses temas para organizar os capítulos como a gente faz quando escreve. Em vez disso, começamos a criar questões factuais sem localizá-las em categorias, páginas ou capítulos. Uma frase central forte de um diálogo pode ajudar os leitores e leitoras a começarem entender algumas das questões principais da conversa. Que é que você acha disso?

Myles: Gosto da maneira como você está esboçando nosso projeto. Essa é a primeira vez que entendi o que você tinha em mente. Mas não sabia o suficiente para dizer que para mim não daria certo ficar ligado a assuntos e temas. Eu não faria isso dessa maneira.

Paulo: É muito importante para leitores brasileiros terem informação sobre Myles. Sobre mim eles já têm, mas acerca de Myles não têm, e é muito, muito importante que tenham.

Myles: É verdade, mas as pessoas neste país precisam também saber as mesmas coisas sobre você.

Paulo: As mesmas coisas, sim, claro. Eu diria que as gerações mais jovens precisam agarrar a informação enquanto estamos por aqui, porque a falta de memória histórica é incrível. Há uma geração no Brasil que me conhece. A próxima talvez já não. E a que vier depois, precisará de uma nova edição deste livro.

Myles: Bem, quando falamos sobre esse tipo de contexto, é principalmente sobre as coisas que ajudariam as pessoas a entender de onde venho, em termos de minhas ideias e de meu pensamento, quais são minhas raízes. É essa a ideia?

Paulo: É. Tudo que você considerar importante. Acho que, embora seja preciso ter algum esboço, estou certo de que faremos o ca-

O caminho se faz caminhando

minho caminhando[1]. Tem que ver com esta casa (a Highlander), com esta experiência aqui. Você está dizendo que, para começar, é preciso começar.

Myles: Nunca descobri qualquer outra maneira de começar.

Paulo: A questão, para mim, é como é possível que nós, no processo de fazer o caminho, estejamos conscientes sobre nosso próprio processo de fazer o caminho, e possamos deixá-lo claro a quem nos vai ler. Isto é, esclarecer algumas questões teóricas sobre a educação na ótica mais ampla de educação. Isso é necessário. Mas não me preocupo em não ter agora a lista dessas questões, porque acho que elas irão surgindo da própria conversa.

Myles: Sem saber o que você tinha em mente, Paulo, estive pensando sobre algumas das coisas que eu gostaria de ver, não necessariamente incluídas no livro, mas resolvidas na conversa – entendidas, para meu próprio esclarecimento. Por isso, eu botei no papel uma porção de perguntas. Gostaria de saber sua reação. Terei sempre muitas perguntas na minha mente enquanto estivermos conversando. Onde for apropriado, gostaria de ouvir sua reação a algumas dessas coisas, como você abordaria determinados problemas. Por exemplo, você teve muito mais experiência com acadêmicos do que eu. Além disso, gostaria de saber sua reação sobre nossas Escolas de Cidadania. Essas são apenas coisas que serão incluídas à medida que formos conversando. Aproveitarei para incluir muitas coisas na discussão.

Eu vejo a conversa como algo que irá se desdobrando à medida que formos prosseguindo. Não vejo nada de errado nisso. Concordo com o Paulo; é a maneira natural de fazer a coisa. É o que cresce daquilo que fazemos. Tudo vem do passado e segue adiante. Estabeleceremos as raízes da conversa e depois apenas seguiremos em frente. Acho que o tempo vai acabar antes que as ideias acabem.

---

1. A frase "o caminho se faz caminhando" é uma adaptação de um provérbio do poeta espanhol Antonio Machado, no qual uma linha diz: "se hace al andar", ou "faz-se o caminho à medida que se vai caminhando". Cf. MACHADO, A. *Selected Poems*. Cambridge: Harvard University Press, 1982 [Tradução de Alan S. Trueblood].

I. Introdução

Paulo: É. Enquanto falamos comecei a pensar, por exemplo, que talvez possamos usar até mesmo esta primeira parte da conversa, na qual estamos conversando sobre como falar o livro.

Myles: Acho que será útil para as pessoas saberem o que falamos aqui. Um livro não deve ser um mistério. Não deve ser essa história de separar os livros da vida em vez de fazer com que eles reflitam a vida.

Paulo: Aqui estamos tentando decidir como captar momentos um da vida do outro e trazê-los para um livro, um livro que não perca a essência da vida. Um diálogo é como a vida que vem das fontes da terra. É como se a vida do livro estivesse fazendo isso e sendo transformada em palavras, palavras escritas através de nossa fala, e depois a fala se transforma em fala escrita, mas perde um pouco de energia da vida.

Myles: Concordo que essa forma oral de fazer o livro para mim é a única maneira em que eu realmente posso fazer isso. Quando sento para escrever e as coisas saem de mim, ficam um pouco sem vida. É possível que um escritor criativo não tivesse esse problema, mas eu tenho. E é por isso que gostei dessa ideia.

2
Anos de formação

"Eu sempre tinha problemas porque ficava lendo na escola"

Paulo: Eu gostaria de começar esse novo momento de nossa experiência pedindo a você que dissesse algo sobre sua vida. Como é que você chegou a essa prática maravilhosa que você tem aqui na Highlander? Fale-nos alguma coisa sobre sua vida.

Myles: Bem, eu sempre fugi de uma autobiografia porque sempre achei que eu trabalhava muito mais em conjunto com outras pessoas do que fazendo as coisas de uma maneira individualista. Acho que as pessoas tendem a procurar algo assim como um autorretrato em uma autobiografia. Eu não acho que isso seja assim tão útil, ler sobre outras pessoas. Parece que elas estão fazendo tudo sozinhas.

Paulo: Mas, Myles, você sabe como é que eu vejo isso? Primeiro, reconheço que a sua experiência é uma experiência social. É verdade que não podemos ser explicados por aquilo que fazemos individualmente, mas não há dúvida de que existe uma certa dimensão individual da realização social. Você vê isso? Ou seja, há algo em Myles Horton que é apenas Myles Horton. Não existe um outro Myles no mundo, só você; e o mesmo acontece com todos nós aqui.

Myles: Todo mundo é assim.

Paulo: Todo mundo é assim. E é com isso em mente que eu fiz a pergunta, porque estou curioso sobre como a dimensão individual do ser social, Myles, funciona dentro deste contexto social e histórico.

Myles: Acredito em um outro quadro de referência. Quando falo sobre a Highlander e minhas experiências na Highlander, as pessoas esquecem que no momento que eu estava tendo aquelas experiências e tendo aquelas influências sobre a Highlander, havia outros funcionários que estavam fazendo a mesma coisa. Só posso falar as coisas do jeito que elas pareceram da minha perspectiva. Dá a impressão de que não existiam outras perspectivas.

Paulo: Sim.

Myles: É por isso que eu hesito e, com isso, preferiria poder evitar esse tipo de coisa. E outra coisa que eu também gostaria de fazer é deixar claro que minhas ideias mudaram e mudam constantemente e devem mudar e que estou tão orgulhoso de minhas inconsistências como de minhas consistências. Por isso, eu gostaria de evitar essa ideia que, de alguma maneira, eu tive essas ideias e que elas tiveram esse ou aquele efeito.

Lembro uma vez que eu estava discutindo sobre a Highlander com Robert Lynd, um sociólogo que escreveu Middletown. Bob disse: "Myles, você está contando uma história totalmente diferente daquela que você contava há três ou quatro anos, quando eu o conheci pela primeira vez". E eu disse: "é claro, eu sou uma pessoa diferente em situações diferentes. Não parei de aprender porque já saí da escola". Lynd disse: "Você nunca vai ficar satisfeito. Você é o exemplo perfeito de alguém que vê uma montanha, e diz: aquela é minha meta, é uma meta quase impossível, mas mesmo assim eu vou subir aquela montanha. Vou dedicar tudo que tenho, minha vida e tudo o mais, para realizar essa meta. Quando essa pessoa chega no topo daquela montanha e vê que não é tão alta quanto a próxima montanha, diz que: "Bem, isso não é lá grande coisa; não é um desafio assim tão grande. Vou tentar aquela outra montanha". E mais: "você não vai terminar nunca; quando as montanhas acabam você as imagina". Não tenho qualquer objeção a isso!

2. Anos de formação

Paulo: Ao contrário. Seria muito triste.

Myles: Espere três ou quatro anos e vou estar pensando outra coisa. Mas há consistência, no sentido de que a direção é a mesma.

Paulo: Concordo com você. Também acredito nisso! Acho que uma das melhores maneiras para a gente trabalhar como seres humanos é não só saber que somos seres incompletos, mas também assumir essa incompletude. Existe pouca diferença entre saber intelectualmente que estamos incompletos e assumir a natureza de ser incompleto. Não somos completos. Temos que nos inserir em um processo permanente de busca. Sem isso, morreríamos em vida. O que significa que manter a curiosidade é absolutamente indispensável para que continuemos a ser ou a vir a ser. Isso é o que você disse antes. Felizmente você muda, porque seria muito triste se agora você não soubesse que você mudará, mas apenas presumisse que você poderia mudar.

Terceiro: Como é que você aprendeu isso, Myles, e você também, Paulo? Vocês dois ensinaram a vida toda, tentando fazer outras pessoas inquietas, que aprendessem a nunca abandonar a curiosidade. O que é que fez vocês ficarem assim?

Myles: Bem, eu sei exatamente onde eu nasci porque há uns anos atrás um agente do FBI passou por aqui e disse de uma maneira um pouco constrangida: "Se você algum dia tiver que provar que você nasceu nos Estados Unidos, o FBI tem um registro. Eu fui enviado para investigar se você era ou não um cidadão americano, e descobri o chalé onde você nasceu, e encontrei pessoas que lembravam quando você nasceu, portanto você nasceu aqui". Eu lhe agradeci porque eu já tinha lhe dito que tinha a impressão de ter nascido aqui!
O lugar que ele visitou era um lugarzinho chamado Paulk's Mill, nas imediações de Savannah, Tennessee, às margens do Rio Tennessee, em uma região perdida dos Apalaches. O Tennessee tem uma bacia, e a parte central está cortada por montanhas no leste e contrafortes no oeste e no sul. Paulk's Mill ficava na área dos contrafortes ocidentais, na parte baixa do Rio Tennessee. Muitos membros da família do lado Horton tinham vindo originalmente

O caminho se faz caminhando

da colônia de Watauga, no Tennessee leste, de Elizabethtown, não muito longe daqui. A família da minha mãe era escocesa. Vieram da Carolina do Norte logo depois da Guerra da Independência. Conseguiram uma doação de terra lá, por serviços prestados no exército revolucionário.

Na época em que eu nasci, em 1905, meu pai e minha mãe, que tinham feito o ginásio, eram professores do primário. É claro que naquela época havia tão poucas pessoas com educação superior que ao começarem a tentar conseguir professores para as escolas primárias tinham de empregar pessoas com um pouquinho mais de instrução. Algo assim como a educação popular na Nicarágua; os professores tinham um pouquinho mais de instrução do que as pessoas a quem ensinavam[1]. Isso é importante, porque acho que provavelmente seja essa a base de meu interesse pela educação, ter tido pais que eram professores. Antes de eu chegar à idade escolar, eles já não eram mais professores porque as exigências de qualificações tinham aumentado e era preciso ter pelo menos um ano de escola secundária para ensinar. Eles não tinham dinheiro suficiente para voltar à escola para obter essa qualificação e, portanto, tiveram que parar de ensinar. Mas o interesse continuou.

Meu pai ficou desempregado por uns tempos e aceitava tudo que é tipo de empregos temporários, empregos manuais. Depois se envolveu com política local e virou funcionário público do condado, um escrevente do tribunal itinerante. Foi eleito para aquele posto porque era uma das poucas pessoas no condado que escrevia de forma legível – algo que eu nunca consegui aprender! O condado mantinha todos os registros manuscritos, e ele tinha qualificação para escrever. Quando mais pessoas aprenderam a ler, ele perdeu o emprego e trabalhou como lavrador por dia durante algum tempo. Trabalhou também como vendedor. Aprendeu a consertar máquinas de costura. Enfim, tentava descobrir todos os meios possíveis de sobreviver. Minhas primeiras memórias daquilo que hoje conheço como pobreza – naquela época eu não sabia que o que vivíamos era pobreza, eu achava apenas que era a maneira como as pessoas viviam – foi quando estávamos tentando plantar algodão

---

1. Fato ainda muito comum no Brasil: "os professores leigos" [nota de Ana Maria Araújo Freire].

2. Anos de formação

como meeiros no oeste de Tennessee, onde havia muita terra plana. A escola mais próxima era em uma cidade chamada Brazil.

Paulo: Brazil, que interessante!

Myles: Eu fiz a nona série em Brazil, portanto parte da minha educação foi em Brazil!

Quando fui para a oitava série, era então a última série. Havia três alunos entre nós que estavam prontos para a nona série e com isso arranjaram uma professora para a nona série na escola. Ela só tinha concluído até a décima ou décima primeira série. Eu não tinha muita ajuda dos professores lá, tinha que improvisar muito, tinha que me contentar com seja lá quais fossem os recursos que existiam e isso não incluía livros, porque não havia nenhum livro na biblioteca. Mesmo antes de o ano chegar ao fim, compreendi que não estava aprendendo nada lá, e que literalmente sabia mais do que a professora e, mais importante ainda, eu tinha interesse em aprender e ela não. Então minha família e eu decidimos que eu poderia mudar para a cidade onde tínhamos estado antes, onde havia escolas bastante boas, mas nem eu nem eles tínhamos dinheiro. Eu tinha só 15 anos nessa época, mas dei um jeito de ir para uma cidade chamada Humboldt perto de Brazil, no oeste de Tennessee. Um velho amigo que eu conheci na Igreja Presbiteriana de Cumberland, que minha família frequentava, tinha uma garagem que havia sido preparada como moradia para um empregado doméstico que já não vivia mais lá.

Deixaram que eu dormisse na garagem e eu tinha um fogãozinho para cozinhar. Essa era minha cozinha. Eu estava no segundo grau e conseguia empregos temporários cortando a grama de jardins e coisas desse tipo. Aí, finalmente, consegui um emprego trabalhando meio-expediente em um armazém. Daí em diante, comecei a me sustentar.

Meus pais, que nessa época ainda moravam no campo, vinham em uma carroça com um bando de mulas, por uns vinte e cinco quilômetros, todas as semanas, ou a cada quinze dias, para fazer compras, e se eles tivessem batatas ou alguma coisa semelhante da fazenda, que podiam ser divididas comigo, eles traziam, mas isso era o melhor que podiam fazer. Estavam convencidos de que

O caminho se faz caminhando

eu devia ter a oportunidade de estudar porque isso era importante para eles e eu nunca os questionei. Apenas jamais me ocorreu deixar de frequentar a escola. Era uma dessas coisas que simplesmente nem foi cogitada. A questão era: Como chegar à escola? Que escola frequentar? Acho que foi esse tipo de contexto familiar que foi fundamental para minha curiosidade sobre aprender e meu interesse em obter uma formação.

Posso me lembrar muito bem que nunca senti pena de mim mesmo. Eu meramente aceitava o fato de que as condições eram aquelas e que eu era uma vítima daquelas condições, mas nunca tive qualquer sentimento de inferioridade em relação a outras pessoas. Acho que herdei isso de meus pais também, porque embora eles lutassem para sobreviver e fossem pobres, nunca aceitaram o fato de que eram inferiores a qualquer pessoa ou que qualquer pessoa era inferior a eles. Isso simplesmente não era parte de nosso vocabulário. Não era parte de nossa maneira de pensar. Com isso, eu não tive a desvantagem de sentir pena de mim mesmo, ou de culpar as pessoas que estavam em uma posição melhor que eu, porque acho que, de alguma forma, eu suspeitei logo cedo que era tudo culpa do sistema e não das pessoas. Nunca fui muito inclinado a culpar as pessoas, embora algumas pessoas fossem opressoras, porque elas eram vítimas do sistema da mesma maneira que eu. Não acho que eu fazia esse tipo de análise assim tão claramente, mas sei que isso era o que eu sentia e, com isso, me livrei de perder muita energia sentindo pena de mim mesmo. Enfatizo isso porque, quando eu estava frequentando a escola em Brazil, na área rural perto de Humboldt, tive uma experiência que eliminou esse problema de uma vez por todas.

Eu tinha uns 13 ou 14 anos. E, para chegar à escola, tinha que ou andar seis quilômetros ou ir montado num cavalo muito ossudo. Não tínhamos sela, e eu ficava cansado e todo doído de ir sentado naquele cavalo. Decidi que era melhor andar. Caminhava seis quilômetros na ida e seis quilômetros na volta. Mas nessa época eu pertencia ao chamado Clube 4-H, uma organização de jovens lavradores que ensinava os jovens a cuidarem de uma fazenda. Uma das coisas que eles incentivavam era o orgulho de plantar a melhor abóbora ou de criar as melhores galinhas, ou o melhor porco;

2. Anos de formação

e eu tinha aquilo que parecia que ia ser um vencedor – e eu nunca ganhei prêmio algum por coisa alguma em minha vida –, um porco que eu tinha criado desde pequeno. Alguém tinha me dado o porquinho e eu o alimentei com mamadeira e o criei, e ele virou um porco muito gordo. Pela primeira vez na vida eu estava feliz na expectativa de receber algum reconhecimento por algo que tinha feito. Eu achava que o Clube 4-H ia me dar uma roseta azul por aquele porco.

Mas acontece que nós tivemos que comer o porco porque não tínhamos nada mais para comer. Eu senti como se tivesse sido explorado pela minha família, como se tivessem tirado vantagem de mim. Comecei a ficar com pena de mim mesmo, e fui para trás do celeiro, onde havia um campo cheio de trevos. Era verão, a lua estava brilhando no céu e eu fui para aquele campo de trevos e comecei a chorar, sentindo aquela enorme pena de mim mesmo. Achava que tinha sido destratado. Finalmente, deitei nos trevos, e lá estava eu, no meio dos trevos, soluçando, e lá estavam a lua e as estrelas, tudo em silêncio. De repente, pensei como estava sendo ridículo. Ninguém sabia. A lua não podia me ouvir. As estrelas não podiam me ouvir. Não havia nem um ser humano por perto. E ali estava eu, sentindo pena de mim mesmo e ninguém sabia. Então era isso. E lá, bem no meio daquele campo de trevos, decidi que nunca mais ia ter pena de mim mesmo, que essa não era a maneira certa de proceder. O incidente com o porco realmente me doeu, mas não incomodou ninguém mais. Não mudou nada. Portanto, é absurdo. E, além disso, por que é que eu tinha que ficar com pena de mim mesmo, quando a causa da tristeza era a sobrevivência da família. Não era culpa dos meus pais. Era a culpa de alguma outra coisa.

Quando parei de sentir pena de mim mesmo e comecei a tentar descobrir de quem era a culpa, não de meus pais, mas da situação em que meus pais se encontravam, eu estava começando a entender então que existem fontes não pessoais, que mais tarde identifiquei com um sistema opressor. Naquele momento, eu sabia apenas que meus pais não eram culpados. Eu sabia que meu pai tinha procurado emprego por todos os lados, mas que tinha sido mandado embora de todos os empregos que tinha conseguido. Estava fa-

47

zendo o melhor que podia e minha mãe estava tentando sobreviver com recursos limitados. Eles nos amavam, mas estavam atados. Tinham sido prejudicados pela situação. E daquele momento em diante, nunca mais senti pena de mim mesmo. Nunca senti que isso ia fazer qualquer diferença. Eu era apenas uma unidade mínima nesse lindo céu acima de minha cabeça, no campo de trevos. Minhas preocupações não deviam dominar meu pensamento. Acho que consegui um pouco de objetividade naquele momento.

Houve momentos em que fiquei tentado a sentir pena de mim mesmo, mas sempre tirei o melhor proveito deles. Lembro-me quando estava no segundo grau estudando e trabalhando, pedindo aos outros livros emprestados. Numa noite, havia um concerto de violino que custava vinte e cinco centavos. Bem, eu não tinha os vinte e cinco centavos, mas queria ouvir o concerto. Por isso, fiquei parado do lado de fora, de onde podia ouvir a música. Começou a chover, e eu tentei ficar no umbral da porta da frente para sair da chuva e continuar ouvindo, mas o professor não me deixou porque eu não tinha os vinte e cinco centavos. Posso me lembrar de momentos assim, quando fiquei cheio de ressentimento, muito ressentido mesmo. Mas eu não tinha ressentimento do professor que não me deixou entrar. Eu já tinha passado aquela fase. Eu ficava ressentido com a situação que provocava isso. Por isso, eu acho que eu me libertei com aquela experiência no campo de trevos, e daí eu pude começar a pensar em outras coisas. Como eu não tinha que gastar nem um pouco da minha compaixão comigo mesmo, tinha muito mais compaixão para com outras pessoas.

Paulo: Myles, você sabia ler?

Myles: Eu aprendi a ler antes mesmo de ir para a escola porque tínhamos livros na família. Não tínhamos muitos, mas antes mesmo de termos saído de Savannah, onde eu cresci e onde estive até a sétima ou oitava série, eu já gostava de ler. Eu lia tanto que tinha que pedir livros emprestados a todo o mundo. Não tínhamos dinheiro para comprar livros, então eu lia os livros dos outros. Eu batia de porta em porta e perguntava se tinham livros para me emprestar. Lembro quando um primo meu mudou para a cidade, vindo do campo. Ele era aleijado e sua família era de fazendeiros que esta-

2. Anos de formação

vam bastante bem de vida, que se aposentaram e se mudaram para a cidade. Eles tinham uma estante, uma estante grande e muito bonita, com portas de vidro, com vários metros de livros, em dez ou quinze fileiras. Eu nunca tinha visto tantos livros juntos na casa de uma pessoa. Não havia biblioteca na cidade e a escola não tinha livros, e com isso eu pedi a eles se podia ler aqueles livros e eles disseram: "Tudo bem". Eram vários livros antigos que a família tinha colecionado, dicionários e livros religiosos, livros sobre medicina, sobre criação de animais, enciclopédias – coleções inteiras. Eu disse que os manteria em ordem. Eu ia descendo os livros das prateleiras, um depois do outro, e aquela família ficava espantada de ver alguém ler tantos livros assim.

Eles não sabiam que eu não tinha nenhum gosto especial. Eu simplesmente lia as palavras e nunca tive problemas de ter que fazer escolhas. Nunca me ocorreu que eu devesse pegar um livro em vez de outro. Eu lia todos eles, lia qualquer livro que eu encontrasse. Li dicionários, li enciclopédias, li histórias imorais, li pornografia, li tratados religiosos. Eu lia fosse lá que livro fosse o próximo na prateleira. E eu lia tudo, portanto isso é uma espécie de pano de fundo para a leitura. É por isso que fiz um comentário sobre o fato de que a cidade de Brazil não tinha livros, e eu não tinha livros e nem tinha dinheiro para comprá-los e ninguém naquela parte da cidade tinha livros, e aquele foi, portanto, um ano em que não foi possível conseguir livros.

Paulo: Mas Myles, olha. Você consegue se lembrar se você relacionou sua experiência de antes de ir para a escola com o conhecimento que você tinha antes, com a experiência do estudante Myles? Você se lembra?

Myles: Eu sempre tinha problemas porque lia na escola. Eu lia coisas que não eram parte do dever de casa e me criticavam por isso. Eu costumava botar livros debaixo do livro de geografia porque era um livro grande, e aí eu punha o livro de geografia na carteira. Eu não era inteligente o bastante para achar que a professora ia achar estranho me ver estudando só geografia o tempo todo e nada mais. No final, a professora estava andando pela sala enquanto eu estava concentrado no meu livro e parou atrás de mim. Ela bateu no

O caminho se faz caminhando

meu ombro e eu de repente percebi que ela estava parada atrás de mim vendo o que estava atrás do meu livro de geografia. Lembro exatamente o que estava lendo. Era uma série de livros sobre meninos na Índia e ao redor do mundo. Era um livro de viagens, de histórias sensacionais de aventura. E eu estava na Índia. Eu não estava ali na sala de aula. A professora não gostava que eu lesse porque eu deveria estar estudando, e estudar deveria ocupar todo meu tempo livre, estudando aqueles manuais sem vida que eu já tinha lido. Eu tinha lido o livro de geografia no primeiro dia; já não precisava estudar aquilo. Eu devorei aquele livro como devorava todos os outros. Era apenas um livro a mais para ler. Depois eu li a Bíblia duas vezes, de ponta a ponta, como se fosse um livro qualquer. É um grande livro, um dos melhores que já li na vida. Cresci lendo, e isso foi um grande benefício para mim em muitos momentos da minha vida, mesmo quando eu estava na universidade, mais tarde.

Terceiro: Foi sua mãe que lhe ensinou a ler?

Myles: Eu não sei como aprendi a ler. As pessoas me perguntavam – quando eu morava em Savannah e pedia livros emprestados – como é que eu tinha aprendido a ler ainda tão pequeno, mas não conseguia me lembrar. Não podia dizer a ninguém como aprendi a ler.

Paulo: Eu li em um texto seu[2], aquele que você leu em Copenhague, uma cena muito interessante, o momento exato em que você começou a perceber, de uma maneira muito mais profunda, o valor dos livros. É exatamente aí que a pessoa se aprofunda na leitura da realidade, extraindo de sua experiência. Quanto mais cedo for esse momento, mais a gente começa a refletir sobre a experiência e mais descobre o valor dos livros.

Acho que isso é muito interessante, porque às vezes a gente pode cometer alguns erros, como, por exemplo, o erro de negar o valor dos livros, o valor da leitura, ou negar o valor da prática. Acho que temos que entender de que maneira os livros, como teoria, e a prá-

---

2. HORTON, M. *Influences on Highlander Research and Education Center*. New Market, TN, USA. Trabalho apresentado em uma oficina de Grundtvig, no Colégio Seminário Escandinavo, Dinamarca. 1983; publicado em *Grundtvig's Ideas in North America* – Influences and Parallels. Copenhague, Det Danske Selskab, Instituto Dinamarquês, 1983.

2. Anos de formação

tica, como ação, devem estar constantemente juntos dialeticamente, ou seja, como uma unidade entre prática e teoria. Acho que essa é uma das dimensões mais importantes de nossa própria vida devido ao que ocorreu muitos anos antes quando fomos à escola. Só alguns anos mais tarde começamos a ser desafiados. Você foi para a Dinamarca para ver o que estava acontecendo lá, mas sem dúvida sua experiência de ler, como um menino, antes de ir para essa escola dinamarquesa, e sua experiência depois na escola contribuiu para que você soubesse quão distante a escola estava da experiência da vida, sua maneira de tentar entender constantemente o que é que você estava fazendo. Todas essas coisas têm a ver com as experiências e a teoria que nós encontramos no interior da prática aqui (na Highlander).

Myles: No começo, você sabe, no período sobre o qual eu estava lhe contando, eu não relacionava os livros com a vida. Eu não relacionava livros com a realidade. Eles eram apenas divertimento, eu ia lendo mecanicamente. É por isso que eu não diferenciava um livro do outro. Não tinha gosto ou discriminação. Eu lia por ler. É provável que isso tenha me dado alguma facilidade para ler, mas na verdade eu não tentava ler rápido, eu não tentava entender o que estava lendo. Eu só tentava ler porque eu não tinha nada mais para fazer. Só mais tarde é que comecei a pensar que os livros tinham alguma coisa neles para mim. Nessa época eu já estava no segundo grau, quando comecei a ler para fazer sentido. Antes disso eu lia tudo e não me importava o que tinha no livro. Eu estava começando a aprender que havia coisas nos livros que valiam a pena saber, não só divertimento. Eu estava lendo mais seriamente, mais seletivamente.

Lembro bem que tive prazer em ler Shakespeare e muitos dos clássicos. Os outros alunos detestavam os clássicos porque eles liam apenas passagens e só para os exames. Nessa época eu estava trabalhando e não tinha nenhum dinheiro para comprar livros para o colégio. Então, eu pedia emprestado os livros de meus colegas para não ter que comprá-los. Foi aí que aprendi a ler rápido, porque tinha que pegar os livros, lê-los bem rápido e devolvê-los. Em pagamento, eu passava as respostas das perguntas nos exames para eles. Fazíamos uma troca. Eu lhes dava as respostas das perguntas se eles me emprestassem seus livros.

Paulo: Mas Myles, eu gostaria de voltar a um certo ponto de suas reflexões sobre leitura e prazer e os exames, por exemplo. Eu também gosto de ler, porque nunca pude separar leitura e prazer; mas para mim, tenho a mesma alegria ao ler um bom novelista e ao ler Gramsci. Veja só, para mim, começar a ler um texto é uma tarefa dura, uma tarefa difícil. Não é fácil. Começar não é fácil. Para mim o que é fundamental no papel do professor e professora é ajudar o aluno e aluna a descobrirem que dentro das dificuldades há um momento de prazer, de alegria. É claro, se estou lendo uma novela é mais fácil, porque estou envolvido em um evento estético que não sei como acabará. Quando estou lendo Gramsci, Vygotsky ou Giroux, ou quando eu estava lendo seus escritos hoje de manhã, eu também estou e estava em busca de alguma beleza, que é o conhecimento que tenho. Isto é, tenho que colher, entre as palavras, algum conhecimento que me ajude, não exclusivamente a continuar a leitura e entender o que estou lendo, mas também a entender algo além do livro que estou lendo, além do texto. É um prazer. Para mim há uma certa sensualidade em escrever e ler – e em ensinar, em saber. Não consigo separá-los. Saber, para mim, não é um ato neutro, não só do ponto de vista político, mas também do ponto de vista do meu corpo, meu corpo sensual. É cheio de sentimentos, de emoções, de gostos.

"É preciso que a leitura seja um ato de amor"

Paulo: Aprendi a ler e a escrever com meu pai e minha mãe sob as mangueiras do quintal da minha casa. E eu costumava escrever na terra com um pedacinho de pau. É muito interessante. Eu sabia que as palavras com as quais comecei meu aprendizado eram palavras de meu horizonte, da minha experiência e não as palavras da experiência de meus pais. Eles começaram a fazer isso comigo. É fantástico porque, muitos anos mais tarde, quando eu comecei a trabalhar nessa área como educador, repeti aquilo que meus pais tinham feito comigo. Durante o processo, eu lembrava que tinha sido assim que eu aprendi a ler e a escrever.

2. Anos de formação

Mas apesar disso, eu não tive a mesma riqueza de experiências que o Myles teve. Não lia tanto quanto ele, por exemplo. Nasci uns oito anos antes do grande *crash* – nasci em 1921 – e minha família, de classe média, sofreu muito em consequência disso. Eu tive a possibilidade de sentir fome. E digo que tive a possibilidade porque acho que essa experiência me foi muito útil. Claro, minha infância não foi tão dramática assim. Pelo menos eu podia comer. Milhões de crianças brasileiras hoje não comem, mas pelo menos eu podia comer, algo que fez com que eu pudesse sobreviver. Entrei para a escola secundária bem mais velho do que o estudante médio. Eu tinha 16 anos no primeiro ano da escola secundária, e isso era muito para estudantes normais. Lembro que tinha dificuldade para entender. Às vezes, eu me considerava burro porque tinha tanta dificuldade de entender as lições normais e burocráticas de minha escola. Sofria muito achando que era muito burro. Isto é, eu sabia que as coisas deviam ser melhores, mas eu achava que era burro, e ao pensar que era burro sofria. Na verdade, tinha dificuldade de entender por várias razões, não exclusivamente porque estava com fome, mas principalmente devido ao próprio processo de escolarização, as próprias deficiências de algumas das escolas em que eu estava. Desde aquela época, eu acreditava que era possível aprender, embora eu não estivesse totalmente convencido da minha capacidade de aprender. Eu ria também, mas não gostava da maneira como me ensinavam. Mais tarde, na escola secundária, tive boas experiências com alguns professores que me desafiavam mais que os outros. Pouco a pouco cheguei a esse tipo de descoberta.

Terceiro: O que é que seus pais faziam na época e como é que o *crash* afetou o trabalho deles?

Paulo: Meu pai morreu muito jovem. Tinha 52 anos quando morreu. É uma experiência muito estranha para mim, saber que sou hoje mais velho do que meu pai. Ele era militar, mas democrático, muito democrático. Quando se aposentou, não conseguiu mais nada para fazer, e só recebia uma quantia mínima de aposentadoria. Minha mãe não tinha sido preparada para trabalhar fora de casa. O que meu pai recebia normalmente de sua aposentadoria não era o suficiente para vivermos bem. Em 1934, quando ele morreu, eu tinha 13 anos de idade. Aí, a situação ficou ainda mais difícil. Na época, em Recife, não tínhamos escolas públicas secundárias. Minha mãe teve que tentar encontrar uma escola secundária onde eu pudesse entrar sem pagar. Procurou muito. Todos os dias saía de casa para procurar escola. Eu ficava aguardando, cheio de esperança, mas sem ter certeza, e ela não dizia nada. Mas, um belo dia ela chegou, fui recebê-la na estação do trem e ela estava sorrindo. E me disse: "Hoje consegui uma escola para você". Até hoje sinto uma profunda gratidão pelo casal – o diretor, Aluísio Pessoa de Araújo, e sua esposa, Genove, que me deram a possibilidade de estar aqui hoje, conversando com Myles. Isso tem a ver com estar aqui hoje porque os Araújo possibilitaram minha ida à escola. Ele era diretor de uma escola secundária excelente e muito conhecida em Recife na época[3]. Gosto sempre de expressar-lhe minha gratidão.

Para mim, a virtude da gratidão é fundamental aos seres humanos. Mas, é claro, eu não entendo a gratidão como fazer algo que minha consciência diz para não fazer. Por exemplo, eu nunca votaria em uma pessoa reacionária apenas por gratidão. Mas saindo um pouco do assunto, eu faria qualquer coisa por esse diretor e sua esposa.

Quando comecei a estudar nessa escola, senti-me tão desafiado por alguns dos professores que em três anos eu já podia ensinar a língua e a sintaxe portuguesa. Quanto mais eu era obrigado a ler as boas gramáticas brasileiras e portuguesas, Filologia, Linguística, mais eu descobria essa questão de gosto.

Descobri que ler tinha que ser um ato de amor. Ainda me lembro, quando ainda não havia me casado, estando sozinho na pequena casa onde morava – lendo, anotando, fazendo observações, às duas horas da manhã. Às vezes, minha mãe vinha me dizer: "Isso é demais, você precisa dormir". Mas eu tinha uma conexão quase física com o texto. Foi essa experiência que começou a me ensinar como a leitura também é um ato de beleza porque tem que ver com o leitor reescrevendo o texto. É um evento estético.

---

3. Aluísio Pessoa de Araújo era diretor da Escola Osvaldo Cruz. Em 1988, Paulo casou-se com sua filha, Ana Maria Araújo Hasche, historiadora e autora de *Analfabetismo no Brasil*. São Paulo, Inep. 1989. Novas edições em 1993, 1995 e 2001.

2. Anos de formação

Eu devia ter uns 19 anos. Lembro sempre que foi uma sensação enorme de felicidade. Por causa disso, eu disse ao Myles que para mim não faz diferença se estou lendo poesia ou se estou lendo Marx. Tento obter a beleza no próprio ato de ler. Isso é a meu ver uma coisa que muitas vezes os professores não tentam fazer.

Myles: Na verdade, eles tentam matar essa beleza.

Paulo: Os alunos leem, como Myles disse, porque são obrigados a ler algum texto, cujo relacionamento com o contexto eles não conseguem perceber.

Myles: Eu me lembro que, quando estava na escola secundária, a tristeza que me dava ver meus colegas não gostarem de ler poemas, contos ou literatura. Eu adorava ler, e eles detestavam. Eu sentia que eram os professores que faziam aquilo com eles e isso me dava muito ressentimento. Eu era capaz de distinguir um sistema no qual os professores estavam eliminando qualquer possibilidade de que os alunos um dia chegassem a gostar de literatura. Para eles, a literatura era algo que tinham que aprender, saber de cor, e odiavam ter que fazer aquilo. E me lembro claramente como eu descontava meu ressentimento nos professores. Naquela época eu não me manifestava ou os desafiava, nem tentava organizar campanhas contra eles; eu simplesmente lia nas aulas e os ignorava. Essa era minha maneira de protestar, minha forma de dizer: "Não interfiram na minha leitura. Tenho coisas mais importantes para fazer do que brincar com suas perguntas bobas". Era sempre uma competição. Eu sempre tinha problemas porque os professores se ressentiam da falta de respeito que eu tinha por eles.

Posso me lembrar muito bem da esposa do superintendente, que nunca teria conseguido aquele emprego se não fosse sua esposa. Eu era a pessoa de quem ela menos gostava. Na sua aula, me fazia uma pergunta atrás da outra para me obrigar a prestar atenção. Mas eu me recusava a parar de ler e ela estava sempre tentando me enganar para me forçar a parar. Eu escutava as perguntas com um só ouvido o tempo todo porque sabia que era um jogo. Fosse qual fosse a pergunta, eu ia estar pronto para respondê-la e ao mesmo tempo continuar lendo. Isso a deixava furiosa. Assim, continuei essa batalha com os professores durante todo o curso secundário.

Não os respeitava porque achava que eles matavam toda e qualquer criatividade. Tornei-me muito crítico da maneira como as coisas eram feitas. E eu não tinha meios de expressar esse sentimento, a não ser ignorando os professores para lhes mostrar o que eu pensava. Com isso, realmente desenvolvi uma atitude crítica nessa época.

Em termos de lugares onde eu passava meu tempo, duas coisas foram muito importantes em minha vida: uma foi a escola e a outra a igreja. Naquela cidadezinha onde morávamos, estávamos quase todos interessados na educação e na religião. Era ali que as pessoas estavam. Era ali que a vida social acontecia. Parte de minha vida foi em uma comunidade eclesiástica, parte em uma comunidade escolar, e uma terceira em uma comunidade de trabalho. Quando eu estava no curso secundário aconteceram duas coisas nessa pequena Igreja Presbiteriana Cumberland, em Humboldt, onde ficava minha escola. Uma delas foi uma palestra feita por um missionário sobre o número de almas que ele tinha salvado na África. Fiquei muito impressionado com essa história. No começo, achei maravilhoso salvar almas, até o momento em que ele disse que as almas que não fossem salvas iriam para o inferno. Aí eu disse: "Espere um pouco. Tem alguma coisa errada com esse tipo de pensamento". O que o missionário disse é que, se alguém falasse a essas pessoas sobre Cristo e elas não o aceitassem, então iriam para o inferno; porém, se ninguém lhes falasse sobre o assunto não iriam para o inferno porque não eram responsáveis. Eu, então, fiz um pequeno cálculo mental de aritmética (na qual eu não era nada bom, mas bom o bastante para fazer esse cálculo) e calculei quantas pessoas ele estava condenando ao inferno, quantas pessoas a quem ele tinha falado que não tinham se convertido e quantas pessoas ele tinha enviado para o inferno. Quanto mais eu pensava no assunto, mais furioso ficava com todo esse procedimento, condenando essas pessoas ao inferno. O missionário deu uns momentos para discussão e todos os presentes faziam perguntas teológicas. Eu, no entanto, fiz-lhe uma pergunta de aritmética. Perguntei: "Quantas pessoas o senhor mandou para o inferno? Segundo sua análise, para cada pessoa que o senhor salvou, o senhor mandou centenas para o inferno. Ora, não teria sido melhor se o

2. Anos de formação

senhor tivesse ficado em casa, se o senhor tivesse ficado em casa não haveria mais pessoas no céu?" As pessoas ficaram furiosas! Durante o curso secundário, eu era muito ativo na igreja. Era presidente do grupo de jovens da igreja nessa época e trabalhava ativamente, mas estava começando a ficar muito crítico. Eu tinha coragem de falar porque me sentia confortável ali, sentia-me em casa e achava que podia falar. É claro que depois de ter perguntado muito comecei a descobrir que fazer perguntas – ou até pensar sobre coisas desse tipo – nem sempre era permitido.

Mesmo assim, continuei falando o que pensava naquela época e depois. Eu era presidente do grupo de jovens religiosos da região, e estava presidindo uma reunião. Levantei-me e logo na abertura disse que tínhamos muito trabalho a fazer porque tínhamos que falar de religião seis dias na semana em vez de um só dia. A maioria das pessoas só se preocupa com o domingo, e nós temos que cuidar do resto da semana. O pastor disse: "Veja bem, Myles, isso é um insulto". E eu disse: "Bom, trabalhando na loja onde trabalho eu percebo que as pessoas, muitas delas membros desta igreja, não vivem sua religião durante a semana. Elas mentem, são hipócritas, roubam". Ele disse: "O que você quer dizer com isso?" E eu: "No meu trabalho vejo coisas que o senhor não vê". Eu era alguém na igreja, mas na loja eu era um empregado. Descobri quem pagava as contas para algumas crianças negras, quem roubava nessas contas, quem dizia que a comida estava estragada quando não estava; e eram todos cidadãos importantes. Eu já estava cansado dessa hipocrisia toda e estava pronto para explodir por causa dessa religião de domingo. Muito do meu aprendizado não saiu de livros e sim de trabalhar naquela loja. É interessante que ali eu me sentia livre para falar o que pensava, era capaz de falar o que pensava na igreja, enquanto que, na escola, eu não conseguia encontrar um meio de me expressar, a não ser demonstrando meu desrespeito.

Foi nessa fase que a leitura assumiu um significado completamente diferente para mim, porque eu estava começando a lidar com os problemas reais da vida. Quando lia, eu recebia informações daquela leitura. Eu extraía ideias da leitura, ficava mais corajoso com ela, especialmente com a poesia, e a leitura assumiu um novo sentido. Eu já não lia apenas para passar o tempo. Eu tinha prazer em ler. Pude então conectar livros e leitura com vida. Lembro-me muito bem de que comecei a ser muito mais seletivo, dizendo "já não posso ler este livro só porque é o próximo na prateleira". Eu estava começando a fazer essas conexões, mas ainda estava abordando as coisas do ponto de vista do livro.

Paulo: O que me fascina ao ler bons livros é descobrir o momento em que o livro me possibilita ou ajuda a melhorar o entendimento que tenho da realidade, do concreto. Em outras palavras, para mim a leitura é importante na medida em que os livros me dão um determinado instrumento teórico com o qual eu posso tornar a realidade mais clara com relação a mim mesmo. Essa é a relação que tento estabelecer entre *ler palavras* e *ler o mundo*. Eu sempre me interessei por entender, por assim dizer, a realidade, o que quer dizer ler a realidade. Mas o processo de ler a realidade no qual estamos envolvidos exige, sem dúvida, um certo entendimento teórico daquilo que está acontecendo na realidade. Ler os livros faz sentido para mim na medida em que os livros têm a ver com essa leitura da realidade.

Existiram muitos livros durante meu processo permanente de formação. Existiram muitos livros, e existem ainda. E eles fizeram com que me fosse possível melhorar minha compreensão do mundo. Para mim, é isso o que devemos propor aos alunos e às alunas. Trata-se de ler o texto a fim de entender o contexto. Por causa disso, tenho que ter alguma informação sobre o contexto do autor, da pessoa que escreveu o livro, e tenho que estabelecer alguma relação entre o tempo e o espaço do autor e meu contexto. Não posso simplesmente sugerir aos alunos que leiam Gramsci. Sinto-me obrigado a lhes dizer alguma coisa sobre o tempo e o espaço de Gramsci. Não posso simplesmente traduzir Gramsci para o português porque para fazer essa tradução é necessário que eu entenda o contexto no qual ele escreveu e pensou. Ao lê-lo, muitas vezes eu penso que não poderia ter dito aquilo melhor. E para mim, isso é maravilhoso.

Volto outra vez à questão da beleza e também à questão de manter o problema da beleza. Gostaria de dizer algo e talvez você concor-

2. Anos de formação

de comigo. Sempre nos falaram que a beleza na escrita é uma questão para a literatura, não é certo? O cientista não é obrigado a perceber o momento estético da linguagem. Quanto mais o cientista escrever bonito, menos cientista ele ou ela é. Para mim, isso não é verdade. Isso é um erro. Para mim o cientista que não é capaz de escrever de uma forma bonita minimiza sua ciência e cai numa mentira ideológica, segundo a qual os cientistas têm que escapar da beleza.

Digamos que a beleza e a simplicidade não são virtudes a serem cultivadas exclusivamente por literatos, mas também por cientistas. O cientista não é obrigado, pelo simples fato de ser cientista, a escrever mal. Essa é a razão pela qual eu sempre insisto em dizer a meus alunos e às minhas alunas que escrever bem não significa fraqueza científica. Ao contrário, é uma espécie de obrigação que temos. Escritores e escritoras, sejam eles e elas cientistas ou filósofos, têm que facilitar a compreensão.

Myles: É por isso que a poesia é tão maravilhosa. A poesia é mais seletiva no uso das palavras para criar imagens e sentimentos, mais seletiva que a prosa muitas vezes, e certamente mais que a escrita acadêmica e científica.

Eu estava tentando pensar, enquanto você falava, de que maneira aquilo que você estava dizendo se relacionava com minhas experiências da leitura. Como eu dizia antes, em um dado momento comecei a relacionar o que lia com experiências da vida. O exemplo que usei foi relacionar aquilo que eu tinha lido na Bíblia e os princípios cristãos que me ensinaram com a prática cotidiana – na qual esses princípios não eram respeitados. Eu estava começando a ver as contradições entre aquilo que havia lido, em que eu acabara por acreditar, e o que eu estava aprendendo na prática. São coisas totalmente diferentes. Ao mesmo tempo eu estava começando a testar na vida coisas que eu tinha lido nos livros e relacioná-las com minha própria experiência. Ainda tenho prazer em ler poesia, romances, ensaios, ler sobre a natureza e coisas que não têm uma conexão prática imediata com os problemas de que trato, mas que são uma fonte de imaginação criativa, evitando que eu fique excessivamente prático. Por toda a vida tive esse interesse em ler coisas pelo simples prazer de lê-las, o que não acho que seja incoerente com aquilo que faço. Às vezes obtenho as melhores ideias de algo que não tem nada a ver com meu trabalho.

Isso não significa que eu não tenha chegado ao estágio em que conscientemente lia de maneira muito seletiva coisas que eu achava que seriam úteis para entender aquilo que estava passando. Por exemplo, mais tarde, quando eu estava tentando descobrir o que queria fazer com minha vida, li, muito conscientemente, livros tais como a história das utopias e os grandes romances russos. Lia coisas que eu achava que me dariam prazer ao lê-las, mas que ao mesmo tempo me dariam alguns *insights* sobre aquilo que eu estava tentando fazer.

Uma vez, há tempos atrás, durante o período do sindicato industrial, quando a Highlander estava envolvida em organizações trabalhistas e em educação trabalhista, fiz uma declaração sobre leitura. Como parte dessa onda de interesse em educação trabalhista, muitos grupos – o CIO[4], a Igreja Católica, o Partido Comunista, o Partido Socialista – estavam fundando escolas. Um jovem padre de Nashville me perguntou: "O que é que faz a Highlander funcionar? O que fazemos não funciona. Os trabalhadores não vêm às nossas aulas, mas aqui as pessoas vêm". No fundo, o que ele estava perguntando era quem é você e o que é que ajuda você a saber como fazer a coisa funcionar? Pediu que lhe falasse sobre dois ou três livros que me tinham influenciado. Eu disse que se olhasse para trás e pensasse sobre as influências que tinham sido mais importantes para mim, em termos de descobrir o que fazer, essas teriam sido a Bíblia, Shelley e Marx. Primeiro a Bíblia, porque me deu uma formação ética. Deu-me um sentido das grandes verdades e ideias religiosas, e fui bastante moldado por elas em termos de meus valores. Depois, eu disse, fiquei decepcionado com as pessoas que eram "religiosas" e perdi o interesse naquilo pela hipocrisia dessas pessoas. Estava começando a perder o tipo de fé e

---

4. CIO – Congress of Industrial Organizations. Refere-se ao Congresso das Organizações Industriais, que era então a organização-chave dos trabalhadores dos Estados Unidos [Nota de Ana Maria Araújo Freire].

2. Anos de formação

de inspiração que tinha me ajudado enquanto estava crescendo, e estava ficando muito cínico. Antes disso, no colégio, tinha estado interessado em Shelley, mas não o tinha lido com muito cuidado. Reli, então, alguns dos poemas de Shelley que tinha lido na escola secundária. Li *Prometheus Unbound*, onde Shelley desafia as ameaças e punições das pessoas e a chantagem. Shelley se posiciona contra essas coisas. Esse jovem poeta estava defendendo a justiça social e dizendo que isso era uma coisa importante. Fiquei muito entusiasmado e reli tudo de Shelley, o que, de uma certa maneira, me propiciou uma nova direção na vida. Deu-me uma sensação de que eu não iria desistir. Que não iria ser subvertido pelo que estava vendo. Que iria fazer o que queria fazer, a despeito de qualquer coisa, e a maneira de fazê-lo era não ter medo da punição e não ser tentado por recompensas. Não querer ser famoso, nem rico, nem ter poder, nem ter medo do inferno ou de ameaças e de ostracismo. Isso me deu o primeiro impulso para outra linha de pensamento. Comecei a controlar melhor minha própria vida e a não ser tão influenciado por aquilo que as outras pessoas pensavam, diziam ou faziam. Cheguei ao ponto em que estava terrivelmente preocupado sobre como relacionar meus valores com a sociedade. Naquele momento eu disse: "Não é importante ser bom, é importante ser bom em alguma coisa. Mas o que seria aquele algo em que eu poderia ser bom, e como é que eu poderia descobrir como ser útil à sociedade e dar minha contribuição?"

Foi então que, lendo tudo que podia encontrar para tentar me ajudar, deparei-me com Marx. Quando aprendi alguma coisa sobre o marxismo e comecei a ler alguns dos escritos de Marx, compreendi que ali estava uma maneira de analisar. Essa é a maneira de olhar a sociedade, Paulo. Eu não fiquei muito impressionado com algumas das predições de Marx, nem com algumas das conclusões a que ele tinha chegado, mas fiquei profundamente impressionado com seu método de análise, com a maneira de ver a sociedade. E fiquei ainda mais impressionado por sua dedicação aos pobres e pelo fato de que ele estava tentando descobrir uma maneira de fazer exatamente aquilo que eu estava tentando fazer, ou

O caminho se faz caminhando

seja, ajudar os pobres, as massas. Eu tive uma espécie de identidade com ele. Essa foi a terceira influência. Mas quando eu falei sobre esses três livros com aquele padre, ele disse: "Isso não é nada útil! Isso deixa as coisas ainda mais confusas do que antes!" A Bíblia, Shelley, Marx. Esses livros desempenharam um papel muito importante em determinados pontos de minha vida.

Paulo: Pois é. Lembro, por exemplo, como ter lido Frantz Fanon me ajudou. Aquilo é escrever bem. Quando li Fanon estava exilado no Chile. Um jovem que estava em Santiago para uma tarefa política me deu o livro *Os condenados da terra*[5]. Eu estava escrevendo *Pedagogia do oprimido* e o livro estava quase terminado quando li Fanon. Tive que reescrever o livro para começar a citar Fanon. Esse é um ótimo exemplo de como fui influenciado por Fanon sem saber. Tenho outros casos como esse, no qual me senti condicionado, "influenciado" sem saber. Fanon foi um deles. O segundo foi Albert Memmi, que escreveu um livro fantástico, *Retrato do colonizado precedido do retrato do colonizador*[6]. O terceiro que me influenciou sem que eu soubesse foi o famoso psicólogo russo Lev Vygotsky, que escreveu um livro lindo, fantástico, *Pensamento e linguagem*[7]. Quando eu o li pela primeira vez, fiquei com medo e feliz por causa das coisas que estava lendo. A outra influência foi Gramsci. Então, quando "conheço" alguns livros – e digo "conheço" porque alguns livros são como pessoas –, quando "conheço" alguns livros, refaço minha prática teoricamente. Sou mais capaz de entender a teoria dentro de minha ação. Uma das tarefas mais importantes que deveríamos ter como professores seria não ter a experiência em nome dos alunos. Não podemos fazer isso por eles e elas. Eles e elas têm que ter sua própria experiência. Mas talvez devêssemos colocar para os alunos e alu-

---

5. FANON, F. *Os condenados da terra*. 2. ed. Rio de Janeiro: Civilização Brasileira, 1979 [Nota de Ana Maria Araújo Freire].

6. MEMMI, A. *Retrato do colonizado precedido do retrato do colonizador*. Rio de Janeiro: Paz e Terra, 1967 [Nota de Ana Maria Araújo Freire].

7. VYGOTSKY, L. *Pensamento e linguagem*. 3. ed. São Paulo: Martins Fontes, 1991 [Nota de Ana Maria Araújo Freire].

2. Anos de formação

nas, pelo menos duas vezes no semestre, sobre como estudamos. Como fazemos isso. Eu fazia isso com meus alunos e alunas. Eu tinha o hábito de ler capítulos de livros com os alunos nos cursos de graduação porque muitas vezes, a essa altura, eles ainda não sabiam o que significava ler. Você tem que dar aos alunos e alunas um depoimento sobre o que significa ler um texto. Lembro que um dia um aluno de um daqueles cursos onde eu lia com eles veio me ver e me disse: "Paulo, a primeira vez que eu li *Pedagogia do oprimido*[8] me senti muito mal. Não gostei nada do livro. Achei o livro muito, muito difícil para mim, para entender. Agora descobri que eu não sabia ler, e estou aprendendo o que significa ler". Acho que deveríamos falar com os alunos sobre todas as implicações de escrever e de ler. Devíamos deixar bem claro que é irresponsável sugerir que ler é algo fácil. Também é ruim não deixar claro que ler é uma espécie de pesquisa. Dessa forma, estudar significa descobrir alguma coisa. E o ato de desvelar traz consigo um certo prazer, um certo momento de felicidade que é criação e recriação. Não, não é fácil, mas é bom quando se faz. Veja bem, devemos desafiar os alunos e alunas a alcançarem esse momento criativo e a nunca aceitarem que suas mentes se burocratizem, algo assim como ter que ler entre 10 e 11 da manhã e escrever entre 2 e 3 da tarde. Não, não é bem assim! É como fazer amor – não pode ser estabelecido que será todas as quartas e sábados. Não pode haver horário estabelecido para isso!

Tenho certeza de que uma das doenças mais trágicas de nossas sociedades é a burocratização da mente. Se você vai mais além dos padrões previamente estabelecidos, considerados como inevitáveis, você perde a credibilidade. No entanto, não há criatividade sem ruptura, sem um rompimento com o passado, sem um conflito no qual é preciso tomar uma decisão. Eu diria que não há existência humana sem ruptura.

---

8. FREIRE, P. *Pedagogia do oprimido*. 2. ed. Rio de Janeiro: Paz e Terra, 1975 [Nota de Ana Maria Araújo Freire].

"Eu não tinha utilidade para todo esse aprendizado de livros"

Myles: Lembro-me de que, quando estava na universidade, ainda aprendia a maior parte das coisas de livros: A universidade onde estudei era uma pequena universidade presbiteriana aqui em Tennessee. Tinha uma boa biblioteca tradicional. Eu estava cursando Literatura Inglesa, mas eu também estava interessado em História. Fiz um curso sobre a Revolução Francesa no qual o professor dava aula diretamente do livro e depois dava um exame sobre o que tinha acontecido durante um certo período. Bem, não gostei muito do livro e não aceitei a análise feita pelos autores. Por isso, li alguns outros livros sobre a Revolução Francesa e formulei minha própria ideia. Eu tentava aprender com o que lia, seriamente tentando entender o que tinha acontecido. Aí, quando o professor fez a pergunta, eu respondi com a resposta do outro livro, um livro que ele nunca tinha lido. Então ele não me deixou passar, dizendo que a minha resposta estava errada. Que eu deveria ter prestado atenção. Eu respondi que me lembrava muito bem do que ele tinha dito, mas que simplesmente não concordava com aquilo. Ele disse: "Você sabe que aqui você é aluno. Você não está aqui para julgar nada. Você tem obrigação de ouvir o que eu digo e quando faz uma prova, é sobre aquilo que eu lhe ensinei". Com isso, eu percebi que ele não sabia nada mais e que estava tão indignado comigo porque eu sabia mais do que ele sobre aquela pergunta. Isso ficou bastante evidente a meu ver. Pensei, então, que se era assim que o curso ia ser, eu não queria gastar meu tempo com ele. Com isso, simplesmente saí da aula e fui embora. Não pensei mais sobre o assunto.

Fiz a mesma coisa com vários professores durante meus estudos, e nunca me ocorreu preocupar-me com o assunto. Depois de ter começado a Highlander, estava em uma reunião em Nashville e esse mesmo professor veio à reunião. Ele disse: "Gostaria de me apresentar. Quero fazer uma homenagem a Myles Horton porque ele mudou minha vida". Olhei para o sujeito – meu Deus, o que é que ele vai dizer? Ele contou a história que eu lhes contei. Depois disse: "Eu fiquei furioso, mas não conseguia tirar aquilo da cabeça, e quanto mais eu pensava no assunto mais eu compreendia que

2. Anos de formação

o que ele dissera era verdadeiro. Foi depois daquele ano que eu abandonei o magistério porque sabia que não estava destinado a ensinar. Eu só queria vir aqui e dizer publicamente que ele estava certo e eu errado". Isso foi uma coisa tremenda para uma pessoa dizer. Ele se dispôs a dizer publicamente que eu, um aluno, tinha estado certo e ele, um professor, tinha estado errado.

Um professor com o qual aprendi algo construtivo foi um jovem professor de Sociologia da Universidade de Chicago. Eu estava fazendo um trabalho sobre a cooperativa para plantadores de tabaco que tinha sido iniciada em Kentucky. Estava lendo e pesquisando muito e obtendo tudo que era tipo de documentação. Achei que tinha escrito um bom trabalho porque incluíra todos os fatos e fizera uma boa análise. Estava esperando obter um bom A, mas quando recebi de volta havia um B – e uma observação dizendo: "Bem documentado, mas a coisa não é quem disse o quê, e sim se o que ele disse é verdade". Isso foi um choque para mim. Eu estava começando a entender alguma coisa. Antes, estava ficando uma espécie de autoridade, porque achava que era aquilo que devíamos fazer. Mas ele disse: "Não, isso é verdade? Você decide se é verdade ou não". Isso me deu o primeiro impulso para um modo inteiramente novo de pensar e, com isso, o tempo que passei na universidade não foi totalmente perdido. Eduquei um professor e aprendi com outro.

Terceiro: Vocês dois falaram sobre aprender pela leitura e para ambos a leitura tem de estar relacionada com a experiência. Onde é que vocês começaram a aprender a aprender com a experiência?

Myles: Eu não sabia, até quando começamos a Highlander, que eu tinha aprendido algumas coisas. Eu aprendi através da experiência e da leitura (embora eu tivesse mais leitura que experiência). Eu analisava as experiências que tinha tido e tentava aprender com elas, tentava descobrir seu significado, mas não de uma maneira sistemática. O que finalmente decidi, depois de três ou quatro anos de leitura, de estudo e de tentar descobrir essas coisas, foi que a maneira de fazer alguma coisa é começar a fazê-la e aprender com isso. Isso foi quando eu entendi, pela primeira vez, que não é preciso a gente procurar um modelo, que não se pode conseguir as respos-

O caminho se faz caminhando

tas em um livro. Você procura um processo através do qual você possa aprender, ler e aprender. Nessa época, eu já estava consciente – fui ficando consciente, vagarosamente, porque tinha toda aquela base acadêmica, como vocês sabem – de que a maneira de aprender verdadeiramente é começar alguma coisa e aprender à medida que vamos prosseguindo. Você não precisa saber as coisas *a priori*, porque se você sabe *a priori*, você mata aquilo que sabe, forçando-o nas pessoas com quem está lidando. Com isso, você não consegue aprender com a situação, não consegue aprender com as pessoas. Escrevi em um pequeno trabalho que fiz na Dinamarca que temos que desaprender. Eu estava na Highlander com um bando de outras pessoas – Jim Dombrowski, John Thompson, acadêmicos muito inteligentes – tentando usar o que tínhamos aprendido em livros. Sabíamos que tínhamos que começar, mas não sabíamos que não poderíamos usar todo aquele conhecimento. Portanto, só quando a Highlander começou – e nos disseram, em termos bem claros, através das ações das pessoas com quem estávamos lidando, que não sabíamos do que estávamos falando – foi que eu entendi, realmente, pela primeira vez, que eu não tinha utilidade para todo aquele aprendizado de livros. Esse aprendizado tinha sido uma experiência tão preciosa para mim que eu achava que seria valiosa também para outras pessoas, e não entendi que eu tinha me afastado da maneira como as pessoas, fora dos círculos acadêmicos, realmente aprendem.

Duas coisas aconteceram nos primeiros anos da Highlander que foram muito importantes. Todos nós chegamos à conclusão que tínhamos que começar a aprender com as pessoas com quem estávamos trabalhando e que tínhamos que aprender uns com os outros. Aprendíamos juntos e quando falamos das coisas que aprendemos nessa época muitas delas aprendi com outros funcionários. Aprendi muitíssimo com Zilphia[9], minha esposa, que trouxe com ela todo um novo contexto cultural, teatro, dança, música, história oral, contar histórias – todo o tipo de coisas que eu conhecia desde pequeno, mas que nunca tinha imaginado que tivesse qualquer re-

---

9. Zilphia Mae Johnson nasceu em Paris. Ela conheceu Myles quando participou de uma sessão residencial na Highlander em janeiro de 1935. Casaram-se em março de 1935. Zilphia morreu em 1956.

2. Anos de formação

lacionamento com o aprendizado. Assim, muito do que aprendi veio do grupo de funcionários tentando aprender com as pessoas. E isso foi o começo daquilo que verdadeiramente passou a ser a Highlander. Foi assim que fizemos a transição.

Terceiro: Vocês conscientemente refletiam e estudavam juntos?

Myles: Conversávamos. Tínhamos reuniões. Discutíamos sobre que diabos estávamos aprendendo. E ríamos! De nós, três tinham estado no seminário (*Union Theological Seminary*) juntos e como vocês sabem tínhamos alguma base acadêmica. Todos tínhamos estudado com Reinhold Niebuhr. Éramos produtos da era da Depressão. Estávamos naquela espécie de período radical na história americana, quando as pessoas estavam começando a questionar o sistema, quando as pessoas estavam começando a pensar. Tínhamos sido estimulados pelo tipo de pensamento explosivo de Niebuhr e de outros como ele, que tinham mais ou menos nos deixado alucinados. Dietrich Bonhoeffer estava lá no seminário como aluno, junto comigo. Havia outros alunos que vocês conheceriam hoje, mas, é claro, quando estávamos lá ninguém sabia nada sobre nenhum de nós.

Na Highlander, estávamos aprendendo juntos. Acho que realmente tivemos uma espécie de evolução. Pensávamos que sabíamos um montão de respostas para as coisas e, de repente, compreendemos que não sabíamos quase nada. Assim, ali estávamos todos lutando para aprender juntos na Highlander. Tínhamos o mesmo tipo de problema. Isso é apenas o princípio. Foi preciso uma coisa assim para que nós mudássemos e começássemos com a experiência, deixando que o conhecimento literário esclarecesse o que fosse possível sobre ela. Nesse processo, ficamos menos importantes que as pessoas com quem estávamos trabalhando. Antes dessa visão, achávamos que pelo menos éramos iguais às pessoas com quem estávamos lidando. Mas não sabíamos que tínhamos que ficar fora do ato. Nossa função era fazer com que eles atuassem. Aí, reagiríamos àquela ação e usaríamos o que pudéssemos para fazer com que funcionasse. Portanto, houve uma inversão total.

Terceiro: Você disse antes que à época você achava que vocês tinham as respostas para as questões que vocês achavam que as pessoas deviam ter.

Myles: Isso mesmo.

Terceiro: Quando e como vocês descobriram que as questões que vocês tinham e que vocês achavam que eles deviam ter também não eram aquelas que eles realmente tinham?

Myles: Quando eles não nos deram nenhuma atenção. Quando vimos que não estávamos falando das necessidades deles. Íamos trazer a democracia para o povo, quero dizer trazer para eles como um missionário o faria e jogar em cima deles, gostassem eles ou não. Achávamos que íamos transformá-los em cidadãos do mundo. Nós todos tínhamos viajado, tínhamos conhecido muita coisa no exterior, e tínhamos lido todo esse material e íamos trazer todas essas informações e conhecimento para o povo. Sabíamos como fazê-lo – organizar sindicatos e cooperativas e ação política e programas educacionais. Sabíamos como fazer essas coisas. Alguns de nós já as tínhamos feito antes. Todos nós tínhamos tido alguma experiência disso antes. Estávamos mais à frente em nossa visão política que a maioria das pessoas nos Estados Unidos naquele momento. Portanto, achávamos que éramos muito bons, mas as pessoas não davam nenhuma atenção a nada do que estávamos fazendo. Não reagiam a nada do que estávamos fazendo. Não podíamos nem falar uma linguagem que elas entendessem. Grande parte de sua linguagem era não verbal. Nós éramos verbais. Tínhamos todos recebido nossos certificados de verbais, mas não podíamos nos comunicar!

Terceiro: O que foi que aconteceu em suas vidas que permitiu que cada um de vocês chegasse ao entendimento que hoje vocês têm, o tipo de *insight* e de entendimento que vocês têm acerca do povo, de seu conhecimento, de suas experiências e do papel que isso desempenha na educação e nos esforços para mudar politicamente?

2. Anos de formação

Myles: Acho que muitas pessoas que estão interessadas em valores humanos – particularmente pessoas que são socializadas aqui no Sul, através de sua base religiosa – são motivadas a tentar descobrir uma maneira de ser útil e de servir. Isso pode ser um individualismo que serve a si mesmo. Acho que o problema é que a maioria das pessoas não se permite experimentar com ideias, porque presumem que têm que se encaixar no sistema. Dizem: como é que eu posso vivenciar essas coisas nas quais eu acredito dentro do sistema capitalista, dentro do subsistema do capitalismo, do microcosmo do capitalismo, do sistema educacional e dentro dos limites da respeitabilidade e aceitação. Em consequência, não se permitem pensar em qualquer outra maneira de fazer as coisas. Eu não acho que haja nada peculiar em ter as ideias que nós tivemos. Acho que isso seria dar-nos demasiado crédito. Apenas acho que a maioria das pessoas não pensa fora da maneira socialmente aceita de fazer as coisas, e por essa razão não abre suas mentes para fazer qualquer tipo de descobertas. Acho que é preciso pensar fora das estruturas convencionais.

Eu comecei a pensar fora das estruturas convencionais bastante cedo. Já falamos um pouco sobre isso. Eu estava desafiando o sistema, desafiando as convenções e começava a questionar e a não ter qualquer respeito pelo sistema de educação, tudo isso bastante cedo, portanto, suponho que eu não estava demasiado preso tentando me encaixar no sistema. Minha mente podia seguir suas próprias descobertas até certo ponto mais do que outras pessoas que eram menos livres daquele tipo de restrição.

Mas a razão pela qual estou fazendo essa análise é porque, para começar, eu também me encaixava naquela estrutura, e achava que éramos obrigados a fazê-lo. Nem passava pela minha cabeça que houvesse um outro meio de trabalhar fora dos meios normalmente aceitos, aqueles pelos quais você recebe pelo que faz. Você tem que ter alguém que lhe contrate e você tinha que pensar o que fazer para que alguém lhe contratasse, ou seja, como aceitar a estrutura capitalista inteira, ter que trabalhar para alguém para que esse alguém ganhe dinheiro às custas de seu trabalho. Aí, você

O caminho se faz caminhando

tem de pensar como conseguir lucros para eles, ou eles não terão nenhum incentivo em mantê-lo. Ou você vai trabalhar para o governo ou para alguma organização religiosa, ou algo assim como uma organização trabalhista, e aí você tem que satisfazer a exigência dessas organizações. Você tem que pensar em termos de: "Como é que eu posso escolher uma dessas coisas que gosto de fazer, sabendo perfeitamente que não terei opção a não ser fazer aquilo que me mandarem?" Isso eu não questionei por uns tempos, e eu estava a ponto de levantar essas questões em minha mente, mas não tinha ainda conseguido pensar de uma forma que não fosse individualista. Na universidade eu ainda achava que era preciso me encaixar naqueles sistemas e estruturas.

Uma das primeiras experiências que tive que se relaciona com isso, se me lembro bem, é a seguinte: Eu era muito ativo na universidade e estava tentando elaborar um programa junto à Associação Cristã de Moços[10] para estudantes da qual eu era presidente. Nós estávamos tentando abordar o problema da discriminação tanto no âmbito mundial como local – vocês sabem, aquela coisa toda de medo, de opressão etc. Havia um par de jovens estudantes judeus de Nova Jersey com quem eu dividia uma casa e mais outras pessoas, nenhuma das quais estava interessada nesse assunto em particular. Eu já tinha esgotado todos os meus recursos, todas as coisas que eu podia imaginar. Não conseguia pensar mais nada que não fosse ser repetitivo ou monótono. Um desses amigos me perguntou o que eu estava pensando, o que tinha em mente e eu simplesmente lhes disse qual era meu problema. Bom, dentro de cinco minutos eles já tinham sugerido uma meia dúzia de coisas que eu nunca tinha pensado, porque eles partiam de um ponto de vista novo. Eles apenas tentaram me ajudar a resolver um problema, e eu fiquei abismado com isso porque nunca me havia ocorrido que eu poderia conseguir ajuda das pessoas, a não ser das pessoas que estavam envolvidas no mesmo tipo de coisa. Essa foi uma experiência que me ensinou muito, e muito conscientemente

---

10. No original, YMCA [Nota de Ana Maria Araújo Freire].

2. Anos de formação

eu anotei aquilo como um meio para conseguir fazer coisas. Comecei a usar o método com muito mais frequência sempre que me deparava com um problema. Quando eu não podia descobrir uma boa maneira de fazer alguma coisa, eu envolvia a primeira pessoa que via em uma conversa sobre o problema, ou conseguia que algumas pessoas falassem sobre o assunto, porque descobri que podia aprender com outras pessoas coisas que antes e até aquele momento eu achava que teria que descobrir sozinho. Não dei muito valor à descoberta naquele momento, mas foi o primeiro impulso para um novo tipo de prática para mim, a apreciação de que o grupo pudesse fazer uma contribuição e não eu sozinho, como um indivíduo. E isso, em vez de me rebaixar, elevou-me para um outro nível. Em vez de me sentir menos confiante, eu me senti mais confiante, e nem sequer me fez sentir como se eu fosse dependente. Como era uma experiência construtiva, fez com que eu me sentisse mais independente. Bom, esse foi um evento que me levou a pensar fora das estruturas convencionais.

A próxima experiência foi quando eu estava trabalhando nas montanhas de Cumberland para o Conselho Diretivo da Escola Presbiteriana Dominical. No começo, minha função era iniciar e administrar as classes diárias nos estudos da Bíblia, durante as férias, vinculadas às igrejas das montanhas. Depois do primeiro ano, eu tinha uma pequena equipe de pessoas que trabalhavam com outros alunos. Eu estava começando a perder o interesse em fazer só aquele tipo de coisa, achando que estava ficando muito monótono. Não via qualquer potencial para que aquilo progredisse muito. Mas gostava de trabalhar nas montanhas, necessitava do dinheiro e queria obter a experiência e com isso consegui chegar a uma situação em que meus funcionários ministravam as aulas de Bíblia em meu lugar. Eles gostavam de dar essas aulas, eram como eu tinha sido no primeiro ano. Com isso, fiquei com tempo livre para fazer outras coisas. Estava sendo pago para fazer uma coisa e estava fazendo outras. Uma das coisas que eu estava tentando fazer era trabalhar com adultos e não com crianças. Estava mais interessado em educação de adultos do que de crianças. Estava trabalhando com um agente

O *caminho se faz caminhando*

rural do condado, que estava ajudando a formar cooperativas. Aprendi muito – algumas coisas positivas, outras negativas – sobre cooperativas, naquela primeira experiência com ele.

Uma vez, nas férias, tivemos aulas diárias de Bíblia na área rural perto de Ozone, Tennessee. Há uma cachoeira em Ozone, no alto das montanhas de Cumberland, é uma área linda, entrecortada de montanhas. Eu quis tentar um pequeno experimento, então pedi às crianças que levassem um aviso para casa dizendo que todos os pais, os adultos, estavam sendo convidados para uma reunião especial. Não lhes disse do que se tratava, porque achava que eles não viriam se soubessem. Assim, tivemos um bom número de pessoas, vindas de um raio de vários quilômetros. Alguns vieram a pé, outros a cavalo. Não creio que houvesse um único carro naquela área na época. O que fiz foi iniciar como fazemos com grupos comunitários, falando sobre a Bíblia e sobre o ensino da Bíblia nas escolas públicas, porque era para isso que eles tinham vindo. Levei uns dois minutos falando sobre isso e depois disse: "Vocês sabem, conheço alguns dos problemas desta região. Sei que alguns de vocês estão trabalhando nas minas. Outros estão tentando sobreviver nas fazendas. Outros ainda estão saindo daqui para ir trabalhar nas fábricas de tecidos". Naquela época as pessoas não sabiam nada sobre "pulmão negro" ou "pulmão marrom". Os médicos diziam apenas que as fábricas de tecidos e as minas de carvão eram um trabalho saudável, bom para todos e que o que essas pessoas tinham era tuberculose. Mas eu disse: "Está ficando muito sério, bastante desesperador. Vamos falar sobre alguns desses problemas que temos aqui". Com isso, eles pensaram imediatamente que eu fosse lhes dar as soluções para seus problemas.

Começaram a falar sobre esses problemas e eu fiquei numa situação difícil, porque na verdade eu não tinha refletido muito sobre o assunto. Meu conhecimento era bastante básico, mas tentei responder suas perguntas o melhor possível com o pouco que sabia. Eu sabia mais que eles acerca de muitas coisas, porque eles podiam saber sobre a situação específica, mas não a relacionavam com outras situações, com situações gerais. Com isso, pude aju-

2. Anos de formação

dá-los um pouco, colocando a coisa em algum tipo de perspectiva. Mas meu conhecimento não foi muito longe: em termos de uma abordagem que solucionasse seus problemas, esgotou-se logo e fui obrigado a lhes dizer que eu não sabia as respostas. Sugeri que podíamos chamar o agente do condado, alguém da área de saúde e talvez alguém relacionado com os sindicatos, que poderiam trazer novos recursos. Mas eles não ficaram satisfeitos com a ideia de algo no futuro, e mais por desespero do que por qualquer outra coisa, eu me lembrei de minha experiência na universidade quando tinha me voltado para outras pessoas para conseguir ideias. Então eu disse: "Bom, vamos falar sobre o que vocês já fizeram, talvez aquilo que vocês sabem poderá ajudar outra pessoa e o que essa outra pessoa fez pode ajudá-los. Vamos falar daquilo que vocês sabem. Vocês conhecem o problema melhor que ninguém. Podem não saber as respostas, mas conhecem os problemas". Esse foi o começo desse entendimento de que havia conhecimento ali que eles não sabiam que tinham. Eu não tinha qualquer terminologia para isso ou quaisquer conceitos, mas isso era o que era. E para minha surpresa e para a surpresa deles – nós ficamos todos igualmente surpresos porque nós todos éramos igualmente ingênuos sobre o assunto – antes do fim da noite as pessoas começaram a sentir que estavam começando a obter muitas respostas de seus próprios companheiros.

Portanto, essa foi minha segunda experiência de aprendizado, mas mesmo assim eu ainda não sabia o que sabia. Assim como eles não sabiam o que sabiam, eu também não sabia o que eu sabia. Mas continuei a falar sobre isso e a pensar sobre isso e aquela experiência ficou guardada na minha memória, bem na parte frontal. Estava lá no meu psique, sempre me incomodando, mas eu não conseguia chegar até ela. A razão pela qual eu não conseguia chegar até ela era que eu ainda estava tentando encaixar as coisas na maneira tradicional de agir. Eu não conseguia ver como isso era parte de qualquer coisa sobre a qual eu sabia alguma coisa e eu não podia me forçar a pensar que existiam maneiras de fazer as coisas que estavam fora do sistema. Eu estava tão socializado para

O caminho se faz caminhando

aceitar o sistema que ainda estava limitado por ele. Com isso, a campainha interna não tocava muito alto. Ela tocava, mas muito baixinho, e quando começava a tocar eu mais ou menos a cobria para não ter de ouvi-la, porque eu não a entendia.

Bom, esse foi o começo desse tipo de experiência, mas Ozone para mim foi mais que uma mera experiência. Depois de eu ter organizado reuniões durante umas duas semanas, a notícia se espalhou e pessoas vinham de muito longe, todas as noites, e aquilo era um fenômeno ao qual não estavam acostumadas. Havia uma senhora, proprietária de uma casa muito grande em Ozone, que estava se preparando para se aposentar e ouviu falar das reuniões, me convidou para jantar em sua casa. Ela queria saber o que é que eu estava fazendo, provocando toda essa discussão, inclusive alguma discussão negativa. E ela disse que gostaria que eu ficasse morando na cidade para implementar esse tipo de programa. Bom, aquilo ia muito mais além de qualquer expectativa que eu pudesse ter naquele momento. Eu ainda estava estudando. Tinha mais um ano na universidade e sabia que não estava pronto para me acomodar. Por isso, agradeci e disse à senhora que talvez mais tarde, depois de alguns anos. Naquele preciso momento eu não queria fazer aquilo porque não sentia realmente que tinha capacidade de entender nada. Usei esse conceito de Ozone não devido à experiência que eu tive com as pessoas, mas sim porque era um lugar, e eu preciso pensar em termos de lugar, como a Highlander para mim é um lugar. Ozone era um lugar. John's Island, onde a Escola de Cidadania começou, também era um lugar. Minha mente se sente mais confortável lidando com algo visível. Então, daí por diante, sempre que eu tinha uma ideia que, a meu ver, era relacionada com aquilo que eu queria fazer, eu anotava Ozone e usava "O", um círculo. Mas o círculo era Ozone, e o círculo eram aquelas pessoas; o círculo abrangia tudo. Assim as minhas anotações no Seminário Teológico também tinham Ozone, ou seja, "O". Ozone ficou na minha memória.

Bem, esse é quase todo o contexto para minhas ideias sobre mudança. Daí por diante eu fiquei tentando descobrir intelectualmente

2. Anos de formação

o que fazer. Passei um ano na universidade, um ano trabalhando fora da universidade, cerca de três anos mais ensinando na Dinamarca, tentando descobrir essa coisa. O que eu ainda estava fazendo era procurar um modelo. Eu ainda estava procurando algo em algum lugar fora de minha própria experiência, alguma solução para esse meu problema sobre o que ia fazer com minha vida e como é que ia trabalhar. Ainda estava agarrado a essa ideia de tentar encaixar as coisas e, por isso, fiz dois tipos de coisa. Uma foi olhar para trás, na história, porque pensei que talvez algo que eu pudesse aprender ali poderia iluminar minha situação. E, nesse processo, acabei me interessando por comunidades utópicas. Ali estavam umas pessoas que lutavam com o mesmo problema. Li todos os livros que pude encontrar sobre utopias. Pensei que talvez ali estivesse a resposta, nessas colônias utópicas, nessas comunas, afastando-se da vida e como que se isolando e vivendo sua própria vida. Isso me atraía, mas desde o começo tinha um certo ceticismo. Parecia demasiadamente inútil, uma fuga excessiva das coisas. Acabei visitando tudo o que restava das comunas nos Estados Unidos – Oneida, Amana, New Harmony em Ohio. Aqui no Tennessee tínhamos Rugby onde Thomas Hughes começou uma comuna socialista cristã, que hoje é um ponto turístico (eles não dizem o que realmente foi). Acabei chegando à conclusão de que essas comunas eram exatamente aquilo que eu já tinha decidido que eram – e que uma pessoa não pode viver para dentro de si mesma. Achei que um grupo que se isolava da sociedade não podia viver para dentro dele mesmo. Isso fazia deles um centro. A vida tinha que ir de dentro para fora e não só para dentro. E descartei as comunidades utópicas.

Aí, comecei a explorar outras possibilidades, inclusive aprendendo sobre educação em outros países. E finalmente acabei indo para a Dinamarca para ver como eram as escolas do povo, porque fiquei impressionado com o que tinham realizado. Li tudo que encontrei sobre as escolas do povo na biblioteca da Universidade de Chicago.

O caminho se faz caminhando

Terceiro: Myles, quando você diz que ainda estava procurando um modelo, em que momento você decidiu que ia construir uma escola?

Myles: O tempo todo eu sabia que ia fazer alguma coisa na área de educação de adultos nas montanhas, mas não sabia que forma teria, ou como realizá-la.

Terceiro: Então nesse momento você ainda não estava pensando em uma escola.

Myles: Eu estava pensando como realizar um trabalho educacional nas montanhas. Não havia nada na área de educação para adultos nesse país que pudesse esclarecer isso. Eu tinha conhecido o Lindeman[11] e conhecia outras pessoas interessadas na educação de adultos, mas não conseguia relacioná-los com a experiência de Ozone. Parecia que eles não se encaixavam bem. Eu estava tentando descobrir alguma coisa que se encaixasse, algo que fosse relevante. Eu não estava procurando uma técnica ou um método. Não estava, e vejam bem, ainda não estou. Nunca estive interessado nisso. Eu estava procurando um processo de como me relacionar com as pessoas. Finalmente fez-se a luz. Finalmente, ficou muito claro que eu nunca encontraria o que estava procurando, porque eu estava tentando a abordagem errada. A coisa era simplesmente encontrar um lugar, mudar para lá e começar, deixar que crescesse. Levei, vejamos, quase seis anos a partir do momento que fiquei interessado. Custei muito a entender que eu não precisava saber; só precisava ter uma visão e, ao contrário, não devia saber. Devia deixar a situação se desenvolver. E, é claro, é preciso usar tudo que se aprendeu no processo. Não é que tudo que você aprendeu seja um desperdício, mas é preciso que você limpe sua mente e comece outra vez, porque você nunca irá continuar se não começar. Eu estava tentando ser demasiado racional sobre aquilo e tentando calcular tudo *a priori*.

Uma razão para isso eu já mencionei, são as pressões da convenção. A outra é que eu nunca me senti muito confortável experi-

---

11. Eduard Lindeman (1885-1953) foi um professor de Filosofia Social na Faculdade de Assistência Social da Universidade de Colúmbia. É mais conhecido por seu livro *The Meaning of Adult Education* (Nova York: New Republic, 1926).

2. Anos de formação

mentando com as pessoas, e acho que temos uma responsabilidade de ir até onde for possível na nossa própria mente antes de sair e simplesmente brincar com as pessoas. Isso era, então, parte do meu problema. Acho que causamos tanto danos quanto benefícios. E eu tinha consciência disso, porque aqui nas montanhas tínhamos tido todo o tipo de missionários – religiosos, econômicos, governamentais, políticos –, todos que tinham vindo para salvar o povo dos Apalaches. Eu achava que grande parte daqueles projetos tinha sido prejudicial e eu me sentia ofendido pela exploração do povo por alguém, principalmente por alguém de fora, que tinha vindo com uma ideia que na opinião deles era boa para o povo. Eu não queria ser outro missionário vindo com ideias de fora para impô-las às pessoas; parte da minha reserva, com a qual eu lutava, era por isso.

Como eu disse, eu custava a aprender. Levei muito tempo para me sentir confortável em responder às pessoas livremente. Mesmo tendo ultrapassado aquela fase, falado sobre o assunto, discutido o assunto com os outros alunos e com alguns dos professores e com muitas outras pessoas, ainda assim, começávamos de uma maneira errada quando o fazíamos. Ainda cometíamos o erro de impor, ainda que com a melhor das intenções, porque aquilo era tudo que conhecíamos. Tínhamos vindo daquele contexto acadêmico e ainda estávamos na órbita do convencionalismo na educação. Dissemos: vamos deixar que a coisa cresça e, no entanto, chegávamos e dizíamos: "Bom, a única coisa a fazer é educar como educar sempre foi feito". Ainda não ultrapassamos totalmente essa fase. Mas a coisa que fez a Highlander funcionar é que tínhamos um compromisso. Todos nós tínhamos o compromisso de fazê-la funcionar do ponto de vista do interesse das pessoas e não do nosso. Não tínhamos nenhum problema em dizer que as respostas que tínhamos eram para problemas que as pessoas não tinham. Elas tinham outros problemas para os quais não tínhamos respostas. Não tínhamos problema em lidar com isso porque já estávamos intelectual e emocionalmente preparados. Mas tivemos que mudar muito rapidamente, porque ainda não tínhamos aprendido como responder às pessoas; só que tínhamos o compromisso de fazê-lo. Quando você assume esse compromisso, consegue fazer as coisas. Faz o que for preciso. Às vezes, tínha-

O caminho se faz caminhando

mos que rir de nós mesmos por pensar que poderíamos calcular *a priori* o que fazer.

Esse é o pano de fundo, acho eu, segundo posso ver, daquilo que era minha maneira de pensar quando pus em prática a ideia da Highlander. É bastante interessante pensar que estamos a uns cento e vinte quilômetros de Ozone, mais de sessenta anos depois de eu ter estado lá, com a ideia que realmente se formou lá: que as pessoas aprendem umas com as outras. Não é preciso saber a resposta. Você precisa saber alguma coisa; eles sabem alguma coisa. Você tem que respeitar o conhecimento delas, um conhecimento que elas próprias não respeitam, e ajudá-las para que passem a respeitá-lo. Essas sementes nós plantamos lá.

"Estou sempre no começo, como você"

Myles: Eu estaria interessado em saber o que você acha disso, Paulo, em termos daquilo que realmente ocorreu. Eu sei o que eu acho que ocorreu, mas gostaria de saber qual é sua reação a isso. Isso é apenas um construto que estou fazendo do passado, olhando para trás, ou há alguma realidade nisso? Estou imaginando coisas ou reescrevendo coisas?

Paulo: Não, eu me senti muito, muito bem, ouvindo você nos contar essa história. Eu gostaria de dizer alguma coisa sobre meu começo – no qual ainda estou, porque estou sempre no começo, como você.
Estou convencido de que para criar alguma coisa é preciso começar a criar. Não podemos esperar para criar amanhã, temos que começar criando. Estou seguro de que, na tentativa de criar alguma coisa dentro da história, temos que começar a ter alguns sonhos. Se não temos qualquer tipo de sonho, estou certo de que será impossível criar qualquer coisa. Os sonhos me empurram para que eu os realize, os concretize, e os sonhos, é claro, também estão rodeados de valores de outros sonhos. Nunca acabamos de ter sonhos. Como você disse antes, em uma linguagem muito bonita, que você pensa em subir uma montanha, mas de repente, quando sobe a montanha, descobre que há uma outra montanha cujo perfil você ainda não tinha visto. Então, sem rejeitar o primeiro sonho, você descobre que o primeiro sonho, que era a primeira montanha, implica ou exi-

2. Anos de formação

ge que seu sonho se expanda para novos sonhos e novas visões. Em última análise, tudo é o mesmo sonho, com momentos diferentes. Isso também aconteceu comigo, e acontece com todo o mundo. Por exemplo, um dos meus primeiros sonhos, quando eu era criança, era ensinar. Até hoje eu me lembro de como eu falava comigo mesmo sobre me tornar um professor, e isso eu ainda estava na escola primária.

Recordando bem, uma das razões para isso pode ter sido o fato de que tínhamos dificuldades para comer, por exemplo, mas eu estava pensando em ensinar já há bastante tempo. Se você me perguntasse ensinar o quê, eu não saberia naquela época, mas acho que tinha uma espécie de amor pelo ensino. Hoje, quando penso sobre isso, me parece claro. Em última análise, o que eu amava era saber. Para mim é impossível compreender o ensino sem o aprendizado e ambos sem o conhecimento. No processo de ensinar há o ato de saber por parte do professor. O professor tem que conhecer o conteúdo daquilo que ensina. Então, para que ele ou ela possa ensinar, ele ou ela tem primeiro que saber e, simultaneamente com o processo de ensinar, continuar a saber por que o aluno, ao ser convidado a aprender aquilo que o professor ensina, realmente aprende quando é capaz de saber o conteúdo daquilo que lhe foi ensinado. É impossível escapar do conhecimento de que o que é importante é saber exatamente o que significa saber. É impossível escapar disso. Então, em última análise, quando eu tinha o sonho de ensinar um dia, era, tenho certeza, minha curiosidade, meu desconforto, minhas perguntas sobre o mundo, sobre minha vida, sobre as dificuldades que tínhamos, que eu queria saber. Devido a isso, eu costumava fazer perguntas até a mim mesmo.

Há uma outra questão muito importante além da minha vida, que tem a ver com minha tarefa como educador. Em minha infância eu tinha companheiros que vinham de classes sociais diferentes. E tinha companheiros com a mesma posição social. Até hoje falo de mim e de meu irmão, por exemplo, como crianças "conectivas", usando a expressão mágica da conjunção. Eu era uma espécie de conjunção, fazendo a ligação entre as duas classes. E jogávamos futebol juntos na rua onde eu morava. Fui visitar a rua, há uns meses atrás, a mesma rua onde eu jogava futebol há muito, muito tempo atrás, quando tinha nove ou dez anos. Lembro como a fome

O caminho se faz caminhando

me chocava, mesmo quando eu tinha alguma coisa para comer. Mas eu tinha companheiros que quase não comiam e eles ficavam contentes no jogo de futebol como eu ficava, mas em nossas conversas me diziam que passavam fome. E uma das perguntas que eu me fazia era uma pergunta ingênua, mas era uma pergunta apropriada para uma criança como eu era – eu me perguntava constantemente por que, como é possível que algumas crianças comam e outras não?

Era muita coisa para eu entender, mas quando penso nisso, uma vez mais eu vejo como gostava de saber, de pensar, de fazer perguntas, de imaginar, de realizar e como já tinha começado, de alguma maneira, a construir o sonho que tenho até hoje. Isto é, eu tinha começado a sonhar com uma sociedade diferente. É claro, naquela época eu não podia nem colocar as linhas no esboço da sociedade, mas lembro que já naquela época, e de uma maneira muito concreta – como as crianças são concretas –, eu pensava sobre uma sociedade na qual Pedro, Carlos, Dourado e Dino (meus amigos) poderiam comer, estudar, viver livres. Eu não podia imaginar, naquela época, o que causaria a criação de tal sociedade, mas já era meu sonho. Na verdade, eu já começava a ter uma visão de um tipo de vida diferente, de um tipo de sociedade diferente – uma sociedade menos injusta, muito mais humanizada. Quando eu tinha 19, 20 anos, comecei a ensinar. Primeiramente comecei a dar aulas particulares, para ajudar minha família. Assim podia ajudar minha mãe com o orçamento familiar. Depois comecei a dar aulas de sintaxe e de língua portuguesa. Ainda sinto o gosto da primeira classe que dei. Foi algo que me encheu de emoção, de um sentimento de felicidade. Quase que chorei na rua depois de ter dado a primeira aula. Eu estava dando aulas para dois ou três jovens que precisavam saber alguma coisa relacionada com o processo de sua atividade de trabalho. Depois que comecei, não parei mais. Comecei a ensinar cada vez mais. As pessoas começaram a me procurar, pedindo que eu lhes desse aulas, comecei a comprar livros importantes sobre gramática, escrita por gramáticos brasileiros ou portugueses. Mais tarde, fui mais além da gramática e comecei a estudar Filosofia da Linguagem, Sociologia da Linguagem, alguns livros de Linguística.

2. Anos de formação

De repente, me vi ensinando português na mesma escola secundária de que falei antes, cujo diretor, Aluísio Pessoa de Araújo, tinha me deixado estudar quando minha mãe tinha lhe pedido um lugar para seu filho. Ele me convidou para ensinar lá. Nunca me esqueço, no meu terceiro dia de trabalho ensinando nessa escola secundária famosa, o diretor abriu a porta da sala de aula de repente, entrou, pegou uma cadeira e ficou ali para ouvir minha aula de oratória e observar como eu trabalhava. Foi um momento maravilhoso na minha vida. O diretor estava lá – silencioso, sério, sem agressão, mas com a autoridade de sua competência. Eu sabia que aquilo era um desafio. Eu tinha certeza de que poderia responder ao desafio de sua presença porque conhecia o assunto que estava ensinando. Talvez naquele momento eu tenha me convencido dessa coisa óbvia. O professor tem que ensinar, mas para ensinar ele ou ela tem que saber o que ensina. É possível que eu tenha aprendido isso tão claramente naquele momento, há tantos anos atrás.

Quando terminei a aula o diretor sorriu e disse: "Venha até meu escritório". Eu fui com segurança, sabe? Eu sabia que ele não poderia dizer "você foi mal". Tinha certeza disso. Fui confiantemente e ele me disse: "Paulo, parabéns. Você é um ótimo professor. Deu uma aula excelente. Mas tenho que lhe pedir que abaixe o nível de sua aula porque temo que alguns dos alunos mais jovens não possam entender bem. Da próxima vez, por favor, diga-lhes que se sintam à vontade para lhe pedir alguma "explicação".

Eu então lhe agradeci e ele disse: "Vá em frente, você é muito bom".

Isso confirmou algo que eu já sabia, ou seja, que eu estava certo, que estava me tornando competente, o que me ensinou a ser sério. É necessário, no entanto, observar que, para que professores e professoras possam ser mais competentes, é preciso que sejam respeitados e que tenham bons salários. Entendo que em muitas situações na América Latina os professores não podem ensinar seriamente porque recebem salários muito baixos. Não podem descansar porque têm que trabalhar muito e não podem nem ler porque chegam à exaustão. É impossível ensinar assim. Por isso, eu acho que os professores e professoras devem lutar. Estou certo de que o dever e o direito dos professores e das professoras, porque têm que ser professores sérios, é de se organizarem a fim de

O caminho se faz caminhando

lutar contra a discriminação e contra os baixos salários que recebem dos vários tipos de governo. Às vezes, o único meio que os professores e professoras têm de demonstrarem aos alunos e alunas que eles são sérios é lutar – lutar para conseguirem um salário melhor e então começarem a ficar mais competentes.

Mas voltemos a minha história. Ensinar no ginásio então era uma aventura. Era uma coisa maravilhosa para mim. Em um determinado momento comecei a descobrir que uma das principais razões pelas quais os alunos e alunas aprendiam comigo e gostavam das minhas aulas é que eu os respeitava, fosse qual fosse sua idade, mesmo os muito jovens. Eu os respeitava e respeitava seus erros e seus conhecimentos. Eles e elas sabiam algo antes de vir para a escola e ensinando a sintaxe da língua portuguesa era importante que eu soubesse o que eles sabiam, pois eles e elas vinham para a escola com uma competência linguística. Não ensinamos uma língua para ninguém. As crianças apenas se tornam competentes em uma língua. Depois disso podemos ensinar gramática. Mas a linguagem nós vivenciamos, nós criamos. Por isso, eu respeitava muito os alunos e as alunas.

Descobri também outra coisa que foi muito importante para mim mais tarde: que eu tinha autoridade, mas não era autoritário. Lembro que nenhum dos alunos jamais saiu da sala sem me avisar ou me pedir de uma maneira respeitosa e educada, todas as vezes. Comecei a entender ainda muito jovem que o professor enquanto professor não é aluno e que o aluno enquanto aluno não é professor. Comecei a perceber que eles são diferentes, mas não necessariamente antagônicos. A diferença é precisamente que o professor tem que ensinar, que vivenciar, que demonstrar autoridade e que o aluno tem que vivenciar a liberdade com relação à autoridade do professor. Comecei a ver que a autoridade do professor é absolutamente necessária para o desenvolvimento da liberdade dos alunos, mas que se a autoridade do professor ultrapassa certos limites que a autoridade tem que ter com relação à liberdade dos alunos, então não temos mais autoridade. Não temos mais liberdade. Temos autoritarismo. Comecei a aprender essas coisas quando era ainda muito jovem e ensinava português.

2. Anos de formação

Depois de ensinar português por cinco ou seis anos, Elza e eu nos conhecemos. Casamos e tivemos cinco filhos e hoje tenho oito netos. Infelizmente já não tenho Elza. Elza não está mais neste mundo. Meus amigos dizem que ela ainda está aqui. Aceito a bondade deles, mas ela não está. É diferente. Elza exercia uma influência fantástica sobre mim, eu diria que ela é um dos marcos em minha vida. Eu deveria dizer "antes da Elza" e "depois da Elza" porque ela era uma educadora fantástica, muito jovem, mas muito, muito boa, cheia de noções e sentimentos e conhecimento daquilo que estava fazendo. Na pré-escola e também no primário, ela era excelente na alfabetização de crianças. Acho que por essa razão ela era melhor que eu. É claro, eu acho que ela era também uma grande educadora. Ao conhecer Elza, amar Elza e casar com Elza, a influência dela me fez muito mais consciente daquilo que eu estava fazendo. Descobri, por causa de Elza, que o que eu estava fazendo, quando ensinava português, era algo mais que ensinar, era precisamente educar. Não quero separar o ensino da educação. Não faz sentido. O que quero dizer é que, objetivamente, quando eu estava ensinando a língua portuguesa estava educando. Mas eu não sabia isso e foi Elza que me iluminou com relação a isso. Subitamente eu comecei a juntar sonhos antigos e a reconhecer as conexões entre eles. Ficou claro para mim que eu tinha um gosto por fazer perguntas, por saber, por ensinar e tive certeza de que era um educador ou que teria que me tornar um educador. Essa foi a primeira grande influência da Elza sobre mim porque Elza, na verdade, exercia uma influência extraordinária sobre mim do ponto de vista existencial e do ponto de vista intelectual. Ela era uma "artista" cujo respeito por mim moldou o que eu sou. Ao me respeitar, ela desenvolveu muitos aspectos do meu perfil. Por causa disso, sem Elza é possível que eu não estivesse aqui falando sobre isso – é possível, mas não tenho certeza. É possível que eu não estivesse aqui se não tivesse sido pelo amor que ela tinha pela vida. O amor por mim, pelas crianças, pelo povo, pelos alunos e alunas. Sua coragem de criar coisas nunca parou. Isso é importante. Gostaria de dizer que não sou um viúvo cheio de saudades. Estou analisando alguns momentos no processo do meu desenvolvimento e por isso estou pensando sobre sua influência e suas sugestões.

O caminho se faz caminhando

Parei de ensinar sintaxe, e fui trabalhar, em 1946 em uma nova organização que tinha sido criada em Recife. Lá, comecei a entrar em contato outra vez com operários. Trabalhando lá, no setor de educação, comecei a aprender muitas coisas, assim como Myles aprendeu quando começou a entrar em contato com trabalhadores. Ele disse algo que eu também vou dizer, mais ou menos da mesma maneira. Como um jovem acadêmico, minha convicção era que nós tínhamos o conhecimento, nós tínhamos um bom conhecimento, e o povo não tinha isso.

Subjetivamente eu não era reacionário, porque estava cada vez mais engajado na luta a favor dos interesses da classe trabalhadora. Um outro ponto, relacionado com esse, no qual eu estava errado e fui influenciado pela ideologia elitista e autoritária, tem a ver com o método que eu usava para ensinar trabalhadores. Isto é, eu fui ao povo e falei para eles sem nunca falar com eles. Olha, estou convencido que um educador progressista não pode falar com o povo exclusivamente. De vez em quando ele ou ela tem que falar para o povo. Isso tem a ver com as diretrizes da educação e diretrizes não significam necessariamente autoritarismo ou manipulação. Veja bem, a educação tem diretrizes porque tem objetivos. A educação não é neutra, e por isso tem diretrizes. Aprendi com o Myles, não é? Ele disse algumas coisas muito bonitas. Ele disse, mais ou menos, que levou tempo. É verdade, levou tempo. Uma das coisas que homens como nós, como muitas das outras pessoas que conhecemos no mundo, podemos fazer para ajudar as gerações mais jovens é lhes contar nossas histórias e falar sobre [...]

Myles: Quanto tempo leva?

Paulo: Quanto tempo leva? Talvez com isso eles levem menos tempo para aprender.

Myles: Uma coisa relativa ao aprendizado é que é preciso gostar. Você me disse em Los Angeles que gostaria de se tornar uma criança como eu. Picasso disse que as pessoas demoram muito para ficarem jovens e eu digo que demora ainda mais para se tornarem uma criança pequena. Portanto, esse é o nível pelo qual estamos lutando.

2. Anos de formação

Paulo: E, Myles, quanto mais pudermos voltar a ser crianças, nos mantermos como crianças, tanto mais poderemos entender que se matarmos a criança que temos em nós não seremos mais como somos hoje, quando amamos o mundo e estamos abertos para o entendimento, para a compreensão. É por isso que em Los Angeles minha filha Magdalena disse sobre Myles: "Ele é um bebê!"

Myles: Eu me apaixonei por ela naquele momento mesmo.

Paulo: Pois é. Voltando a minha pergunta, levei tempo para aprender que as pessoas com quem eu estava trabalhando já tinham muitos conhecimentos. A pergunta para mim era exclusivamente entender quais eram seus níveis de conhecimento e como é que sabiam. Eu não conseguia entender. Uma vez mais Elza foi minha educadora. Lembro que ela vinha comigo todas as noites quando eu tinha reunião com os trabalhadores em Recife ou fora de Recife. Uma vez por mês em cada lugar tínhamos um programa educacional com professores e pais. Era uma linda experiência. Aprendi como discutir com as pessoas. Aprendi a respeitar seu conhecimento, suas crenças, seus medos, suas esperanças, suas expectativas, sua linguagem. Levou tempo e muitas reuniões.

Depois de um programa, Elza e eu estávamos voltando para casa, e ela me disse com um delicado entendimento: "Olha, Paulo, não funciona assim". E eu lhe perguntei: "O que foi que eu fiz? Falei sério, sobre coisas sérias". Ela disse: "É claro. Tudo que você disse estava certo, mas você perguntou a eles se estavam interessados em ouvir você falar sobre aquilo? Você dá as respostas e as perguntas". Você vê, então? (Olha, gostaria de deixar bem claro que quando falo de Elza não é por nostalgia, é uma questão de fazer justiça.) E eu disse: "Mas, Elza [...]". E ela: "Não, Paulo, você tem que mudar. Você não poderá prender o interesse das pessoas enquanto falar essa linguagem que você falou. Essa é a linguagem que você tem que usar na universidade, mas aqui não".

É claro que levou tempo, como disse Myles. Embora eu tivesse uma companheira, Elza, me ajudando, levou tempo, mas foi cometendo esses erros que finalmente aprendi para nunca mais esquecer que não podemos fazer nada se não respeitarmos as pessoas. Não podemos educar se não começarmos – e eu disse come-

O caminho se faz caminhando

çar e não permanecer – pelos níveis em que as pessoas se percebem, seu relacionamento com os outros e com a realidade porque isso é precisamente o que faz seu conhecimento. Para sabermos, é preciso apenas estarmos vivos, assim as pessoas sabem. A questão é saber o que elas sabem e como sabem, e aprender a ensinar-lhes coisas que elas não sabem, mas querem saber. A questão é saber se meu conhecimento é necessário, porque às vezes não o é. Outras vezes é necessário, mas essa necessidade ainda não foi percebida pelas pessoas. Então, uma das tarefas do educador e educadora é também provocar a descoberta de necessidade de saber e nunca impor um conhecimento cuja necessidade ainda não foi percebida. Às vezes, também, a necessidade é sentida – não é verdade? –, mas ainda não percebida. Existe uma diferença.

Terceiro: É verdade. Você diria que isso é alguma coisa que você tem que descobrir, que você tem que reinventar ou descobrir a cada momento que você está em um relacionamento com um aluno?

Paulo: Sim. Eu diria que um bom professor é o professor que, sendo ou se tornando permanentemente competente, está permanentemente consciente de uma sensação de surpresa e nunca, nunca deixe de se surpreender. Entende? Uma das piores coisas da vida é deixar de se espantar. É por isso que Myles é uma criança! Sempre temos que olhar em volta. Hoje, de repente, uma flor é o motivo para nossa surpresa. Amanhã, pode até ser a mesma flor, apenas com uma cor diferente, porque já mudou de idade.

"Focos de esperança": alfabetização e cidadania

Terceiro: Gostaria que vocês falassem sobre as Escolas de Cidadania da Highlander e sobre o trabalho inicial de alfabetização em Recife. O que me surpreende é que vocês dois estavam em lugares diferentes trabalhando com grupos comunitários, Paulo trabalhando em Recife e Myles trabalhando na Johns Island, e os dois descobrindo novas formas de alfabetizar baseadas em um conceito de mudança social. Como é que vocês chegaram a esse processo?

Myles: No processo de falar sobre as Escolas de Cidadania, eu gostaria não só de uma comparação, mas também de uma avaliação

2. Anos de formação

de como procedemos. Primeiro, nos anos de 1950, nós tivemos uma série de oficinas na Highlander sobre o problema de segregação no sul. A Highlander sempre tentava lembrar às pessoas que elas eram parte do mundo e que tinham responsabilidades e oportunidades de fazer as coisas fora de suas próprias comunidades. É gozado, em um certo sentido, e significativo, que a ideia da Escola de Cidadania foi mencionada pela primeira vez em uma oficina sobre as Nações Unidas. Esau Jenkins, um negro da Johns Island, Carolina do Sul, veio à Highlander com Septima Clark, uma professora que tinha, ela própria, vindo à Highlander de Charleston, também Carolina do Sul.

Esau Jenkins disse, nesse encontro internacional, que ele achava ótimo falar sobre o mundo, mas que tinha problemas em seu próprio país. Seu problema era como conseguir ajuda para ensinar as pessoas em sua ilha a lerem o suficiente para passarem no exame exigido para registrar-se como eleitor. Esse exame era ministrado por funcionários brancos que não tinham o menor desejo de que os negros tivessem direito ao voto e usavam a restrição do analfabetismo como um meio de impedi-los de votar. Ele disse que vinha tentando ensinar as pessoas a lerem enquanto viajavam de ônibus, pois tinha um serviço de ônibus que trazia empregadas domésticas e operários de fábrica, seus vizinhos negros, para o trabalho. No ônibus ele tinha um público cativo e tentava ensiná-los algo sobre leitura durante a viagem. Ele era o líder reconhecido naquela ilha em termos dos problemas do povo e, como muitos negros, também pregava de vez em quando.

Uma das coisas que a Highlander sempre tinha feito era dizer às pessoas: "A Highlander é nossa base, mas se você estiver tentando fazer alguma coisa e precisar alguma ajuda, nós responderemos a seu pedido de ajuda. Não entraremos na comunidade ou na organização de qualquer pessoa como especialistas, mas iremos lá e tentaremos ajudá-los com seu problema". Foi, portanto, em resposta ao convite de Esau que fomos para Johns Island.

Eu decidi passar algum tempo com Esau e com Septima para tentar aprender o que fosse possível sobre Johns Island. Morei lá com Esau durante algum tempo, duas ou três semanas. Eu conversava com as pessoas em seus trabalhos, pescando ou plantando arroz.

O caminho se faz caminhando

Ainda plantavam algum arroz que colhiam manualmente, mas a maioria deles – embora todos tivessem pequenos lotes de terra – ganhava a vida trabalhando nas grandes plantações ou na cidade. Dependiam de trabalhar para uma outra pessoa para sobreviverem. Falavam Gullah, uma mistura de inglês e de africano, talvez um pouco de francês e eu tive que acostumar meus ouvidos para entender o que diziam.

Enquanto tentava me familiarizar, examinei os esforços anteriores que as pessoas tinham feito para obter algum tipo de alfabetização e escolaridade. Soube pela Septima, que tinha ensinado lá, que eles tinham escolas de péssima qualidade e, por investigação própria, descobri também que, durante anos, na verdade desde a Guerra Civil, havia pessoas tentando dar aulas de alfabetização naquela ilha. Conheci duas pessoas que me disseram que não tinham conseguido ninguém interessado em aprender a ler e a escrever naquela ilha, apesar de terem tentado durante anos. Os alunos começavam e abandonavam o curso, não havia interesse. Descobri também fundos do governo federal e do governo estadual destinados à alfabetização.

Era claro que havia um problema e esse era bastante simples. Os alfabetizadores não estavam tratando essas pessoas com o mínimo de respeito. O tipo de programas que estavam oferecendo era visto por eles como um insulto. Essas pessoas mais velhas, adultas, tinham que sentar nas carteiras pequenas, para crianças. As crianças riam e os chamavam de "vovôs pernilongos"[12]. Portanto, havia uma boa sugestão do que não fazer. Isso me sugeriu uma linha de pensamento bastante simples. Como é que se trata as pessoas com respeito? Como é que se faz um programa que trate as pessoas com respeito? Eu tinha certeza que elas teriam a motivação. É bastante fácil conseguir que as pessoas queiram votar, pessoas que nunca tiveram o direito ao voto, que tiveram esse direito negado, e em um lugar onde a maioria é negra significa que os negros teriam a maioria dos votos.

Por isso, a base do programa tinha que ser uma em que respeitássemos as pessoas. Ficou bastante evidente que o treinamento ti-

---

12. N.T.: no original, a alusão aqui é à expressão *"daddy long-legs"*, que é o nome mais comum para o pernilongo grande.

2. Anos de formação

nha que ser feito em um ambiente fora da escola, porque as escolas já tinham a lembrança dos "vovôs pernilongos". Com isso, a primeira coisa a fazer era tentar descobrir uma maneira de ter programas educacionais fora do sistema escolar e a próxima coisa era descobrir que tipos de pessoas seriam bons professores em uma escola que mostrasse respeito. Para estar seguro – embora Septima discordasse um pouco de mim nesse sentido e ela, afinal, era professora (é possível que você também discordasse, Paulo) – finalmente decidimos que não teríamos professores formados, ninguém que tivesse sido capacitado para ser professor. Professores formados teriam que pensar em termos daquilo que haviam aprendido, metodologia e identificariam adultos analfabetos com crianças analfabetas. Teriam uma tendência a querer ensinar as mesmas disciplinas exatamente como tinham ensinado às crianças.

Depois, havia também o problema da tendência que pessoas brancas em qualquer parte do mundo têm de querer dominar pessoas negras. Poderíamos eliminar esse problema simplesmente não tendo nenhuma pessoa branca como professor. Essas condições foram as primeiras coisas sobre as quais concordamos. Quando digo nós, refiro-me a Esau, Septima e eu próprio.

A outra coisa que discutimos *a priori* foi o que as pessoas deveriam aprender a ler, já que tinham pouquíssimo tempo para fazê-lo. Não podíamos começar com trechos curtos e simples, palavras simples, porque eles tinham que aprender a ler, em muito pouco tempo, um trecho muito longo e prolixo da lei da Carolina do Sul que continha palavras que nem eu tinha ouvido antes, palavras que a maioria das pessoas tinha dificuldade para pronunciar. Tínhamos que começar o mais próximo possível daquilo que eles teriam que terminar naquele breve período. Isso significava que tínhamos que encontrar algum meio de motivá-los o suficiente para que fossem capazes de apreender rapidamente frases bastante complicadas e palavras longas.

Quem poderíamos tratar como professor ou professora? Bernice Robinson, uma jovem negra, sobrinha de Septima, tinha visitado a Highlander e ficado impressionada. Ela tinha trabalhado em Nova York e em outros lugares, mas agora estava de volta em Charleston. Não tinha completado o curso secundário, mas era muito inteligente. Ela tinha dito que a Highlander era o tipo de lugar onde as pessoas realmente aprendem. "Se houver alguma coisa que eu possa fazer para ajudar a Highlander, a qualquer momento, basta me avisar."

Então, nós dissemos: "Você pode ajudar ensinando outras pessoas. Você já tem parte de uma educação secundária" – ela estava bem mais adiantada que isso em sua maneira de pensar – "mas, principalmente, você gosta das pessoas. Você sabe como se comunicar com elas, você as inspira. Você sabe que não se sente superior". Finalmente, ainda que relutando, ela concordou. Pela primeira vez na vida ela pensou em si mesma como alguém que ensinava outras pessoas, mas a verdade é que ela já tinha ensinado antes, vinha dando aulas de costura a um grupo de jovens. Além disso, dirigia um salão de cabeleireiro, mas, diferentemente de salões de cabeleireiros para brancos, o cabeleireiro para negros é um centro cultural. É um local aonde as pessoas vêm conversar sobre várias coisas e, na economia local, é uma posição que tem *status*. Enfim, de muitas maneiras, ela era uma pessoa sofisticada. Mas sua boa vontade em ensinar tinha como base o amor que tinha pelas pessoas de sua raça e o fato de que queria ser útil.

Bernice começou a ensinar sem nenhum planejamento especial. Queríamos que se familiarizasse com a situação e deixasse suas próprias ideias aflorarem. Eu sei que, no início, Septima queria lhe dar um planejamento das aulas, mas eu fui contra isso e Esau concordou comigo. Bernice começou dizendo aos alunos: "Eu não sou professora. Eu realmente não sei por que eles querem que eu faça isso, mas estou aqui e aprenderei com vocês. Irei aprendendo à medida que for caminhando". Essa era a atitude dela.

Depois que ela começou, um dia me chamou e perguntou por um cartaz, sobre a Declaração dos Direitos Humanos, que estava na parede quando ela era aluna na Highlander. Queria usá-lo como cartilha. Isso foi ideia dela, porque estava começando a entender que tinha que desafiar aqueles alunos. Embora a Constituição da Carolina do Sul tivesse palavras compridas, não eram unicamente palavras compridas que eles tinham que aprender para poder ler a Constituição. Naquela época a Highlander tinha uma declaração de objetivos que explicava o que era a instituição. Bernice achou

2. Anos de formação

que essa declaração continha algumas ideias boas sobre democracia e cidadania, e pediu também uma cópia disso. Essa foi uma das coisas com que eles aprenderam a ler. Foi esse nível de material que ela usou em suas aulas, mas, na maioria das vezes, o que fazia era encorajá-los a praticar escrever seus nomes, escrever de um modo geral, preencher ordens de pagamento. Eles queriam coisas muito práticas e ela elaborou o programa ao redor daquilo que eles queriam, do que pediram.

Enquanto isso eles começaram a tentar ter a oportunidade de votar, porque ela foi organizando aquela classe de cerca de vinte e cinco pessoas em uma organização comunitária. Não era uma classe de alfabetização. Era uma organização comunitária. Eles já estavam falando o que iriam fazer quando conseguissem o voto. Estavam falando em usar sua cidadania para fazer alguma coisa e deram à classe o nome de Escola de Cidadania, não classe de alfabetização. Isso ajudava a motivá-los.

No fim, ela tinha mais alunos na classe do que tinha tido no início. 80% do número total passou no nosso exame. Nosso exame consistia em que eles fossem até o tribunal e se registrassem como eleitores. Quando o conselho responsável pelos registros dizia que eles já tinham o direito de votar, nós dizíamos que já tinham passado no exame. 80% deles conseguiram passar.

Nós pensávamos em termos de uma única escola e, se essa funcionasse, talvez faríamos a mesma coisa outra vez no mesmo lugar. Mas em uma ou duas semanas começaram a nos pedir outras escolas em outras partes da ilha e Bernice coordenou outra classe. Não tínhamos pensado muito além daquilo que ela podia fazer sozinha. Mas, a essa altura, pedidos estavam chegando tão rapidamente que decidimos que devíamos deixar outras pessoas ensinarem e não só a Bernice. A coisa estava se expandindo além de nossas expectativas originais. O que fizemos então foi colocar os novos professores como aprendizes da Bernice. Ainda não tínhamos organizado um sistema para expandir a ideia da Escola de Cidadania.

Antes que o terceiro curso terminasse, já havia pedidos para uma Escola de Cidadania por parte da população em Edisto, a ilha vizinha, e um outro de Daufuskie, ainda mais para o sul, lá na Georgia, além de outros pedidos mais. Estabelecemos uma espécie de

O caminho se faz caminhando

programa de formação para professores para a Escola de Cidadania na própria Highlander. Bernice ficou à frente dela e Septima era consultora. A essa altura Septima já tinha sido encarregada de dirigir a organização de Escolas de Cidadania. Bernice selecionava seus próprios funcionários para formar novos professores. Ela escolheu quatro professores que tinham sido seus aprendizes, os que, em sua opinião, seriam os melhores para captar outras pessoas. Em outras palavras, a partir de Bernice, não havia nenhum professor que não tivesse sido formado pelas pessoas que a própria Bernice tinha formado. Assim, íamos passando de uma pessoa para a outra, tanto quanto possível. A única pessoa que tinha recebido algum tipo de formação em educação – a única pessoa com uma formação universitária, por exemplo – era Septima, que era a diretora de todo o projeto.

Essa foi a estrutura na qual estabelecemos as escolas. O programa começou em janeiro de 1957, e em 1961 já haviam sido capacitados mais de quatrocentos professores e tivemos mais de quatro mil alunos. Os eleitores nessas áreas tinham aumentado em 300%. Era um sucesso com relação ao que havíamos pensado que seria. Falamos antes que a ideia da Highlander era ser uma instituição que lidava com umas poucas pessoas intensamente e que a função dessas pessoas era retornar às suas comunidades e multiplicar o que tinham aprendido. Bom, a Escola de Cidadania foi a multiplicação de uma ideia que teve mais sucesso. Ela se expandiu em todas as direções porque tinha muito dinamismo próprio. E, à medida que se expandia, a ideia original que Bernice tinha desenvolvido tornou-se apenas parte dos procedimentos que usávamos, porque todos os participantes iam acrescentando novas ideias. Algumas vinham dos professores, outras dos alunos. O programa foi enriquecendo e foi ficando cada vez mais eficiente à medida que ia evoluindo. Não havia um único professor das Escolas de Cidadania que estivesse ligado à Highlander. Não eram funcionários da Highlander. As únicas pessoas que eram da Highlander eram Septima Clark e Bernice Robinson. Os demais eram autônomos.

Mais tarde esse programa cresceu tanto que passou a ser maior que todas as outras coisas que fazíamos na Highlander. Era um programa barato. Não pagávamos os professores e professoras.

2. Anos de formação

Não havia salários. Financiávamos a capacitação, mas não as aulas dadas por eles e elas. A comunidade ficava responsável por isso. E nenhum dos professores cobrava pelo trabalho. Eram todos voluntários, pessoas negras ensinando outras pessoas negras. A organização ficou tão grande, expandiu tão rapidamente e estava exigindo tanto de nosso tempo e atenção, que decidimos que faríamos com ela o que tínhamos feito antes. Nós desenvolvemos dois ou três outros programas na fase trabalhista que cresceram muito e os sindicatos os absorveram. Não queríamos perder tempo operando um programa bem-sucedido. Qualquer pessoa pode fazer isso. Preferíamos tentar experimentar e desenvolver uma coisa diferente. Decidimos que queríamos passar adiante as Escolas de Cidadania. Já estavam bastante estabelecidas e uma outra pessoa poderia se encarregar delas. Na época, trouxemos Andrew Young, que mais tarde foi embaixador dos Estados Unidos nas Nações Unidas e hoje é prefeito de Atlanta, para a Highlander para coordenar a expansão do programa. Antes de sua vinda, Martin Luther King perguntou se poderíamos elaborar um programa para a *Southern Christian Leadership Conference* – SCLC. Septima sempre lhe falava sobre o programa das Escolas de Cidadania. A princípio, não achávamos que esse seria necessariamente o melhor programa para a Conferência, mas, mais tarde, King ficou interessado no programa e comecei a achar que afinal de contas talvez fosse o melhor programa para eles. Além disso, isso certamente resolveria o nosso problema, que era tirar o programa de nossas mãos. E depois de bastante discussão, eles decidiram que fariam das Escolas de Cidadania seu programa oficial. Quando eles fizeram isso, Andy e Septima decidiram que iriam com o programa e ajudariam a estabelecê-lo na SCLC. Eles tinham uma base muito maior que a nossa. Nessa época o movimento de direitos civis já estava começando. Passou de Montgomery para Atlanta e a ideia estava se espalhando. As Escolas de Cidadania passaram a ser o programa da Conferência da Liderança Cristã do Sul; foram feitas algumas adaptações, mas o programa permaneceu mais ou menos o mesmo.

O caminho se faz caminhando

Andy Young e outras pessoas o consideram mais ou menos essencial para o movimento de direitos civis, mas eu pessoalmente acho que é uma das bases e que existem outras. O programa teve sucesso em um momento em que nenhum outro programa de alfabetização estava tendo sucesso nos Estados Unidos. E à época, quando custava tanto ensinar alguém a ler e a escrever quanto mandá-los para Harvard por um ano, nós fazíamos o trabalho por menos de cem dólares por pessoa em termos de custos reais. Era realizado em média em um período de três meses, com duas longas aulas por semana, à noite, e os índices de sucesso permaneceram mais ou menos os mesmos, com cerca de 75,80% das pessoas que completavam o curso poderem se registrar como eleitor.

Não há dúvida de que funcionou. Funcionou e se expandiu. Agora eu gostaria de falar sobre aquilo que você fez, mas estou interessado em saber quais foram os elementos, como você veria esses elementos dos quais estive falando.

Paulo: Bom, antes de tudo, acho que, para nós educadores, é interessante pensar constantemente sobre o clima político, o clima social, o clima cultural nos quais estamos trabalhando como educadores. Isso era parte de sua experiência, pudemos ver isso no que você contou. Eu não creio em programas de alfabetização de adultos que sejam simplesmente organizados por alguns educadores em algum lugar e depois oferecidos para analfabetos em todo o país. Isso não funciona. Lembro que em 1975 houve uma reunião internacional, em Persépolis, patrocinada pela Unesco, com objetivo de analisar alguns relatórios preparados pela própria Unesco, avaliações de programas de alfabetização de adultos no mundo inteiro. Eu estava nessa reunião com soviéticos, americanos, latino-americanos, europeus, asiáticos, chineses, vietnamitas e coreanos. Uma das conclusões que foi colocada no relatório final (Declaração de Persépolis, se não me engano) foi que os programas de alfabetização de adultos tinham sido eficientes nas sociedades em que o sofrimento e a mudança tinham criado uma motivação especial nas pessoas para ler e escrever. Isso foi antes da revolução na Nicarágua. A revolução na Nicarágua foi o últi-

2. Anos de formação

mo exemplo disso. No entanto, o programa sobre o qual Myles falou foi realizado sem uma revolução. Mas acho que não. Quando falo de revolução não me refiro unicamente à revolução que toma o poder. A conotação política, a aspiração da liberdade, da criatividade, também estava lá entre aquelas pessoas negras. Isto é, a motivação estava lá entre aquelas pessoas.

As pessoas queriam e precisavam aprender a ler e a escrever, justamente a fim de ter mais possibilidade de serem elas mesmas. Isto é, as pessoas queriam escrever e ler naquele momento porque sabiam que estavam sendo impedidas de votar porque não podiam ler e escrever palavras. Podemos, então, ver a coincidência: de um lado, pessoas necessitando, querendo, do outro você e sua equipe, abertos para as necessidades do povo. Por essa razão, você pôde começar sem se preocupar muito com métodos e técnicas e materiais, porque tinha o ingrediente principal que era o desejo das pessoas, a motivação política das pessoas. Pois, naquele momento, para aquelas pessoas, ler e escrever era realmente um instrumento importante e também um sinal de respeito, de autorrespeito.

Outra coisa que sinto que é muito importante na sua explicação e relatório dessa linda história é como Bernice multiplicou o programa – isto é, como foi possível, começando apenas com Bernice, multiplicá-la sem cursos com uma quantidade de introduções teóricas! Essa é uma das coisas horríveis que fazemos. Às vezes, botamos cinquenta pessoas para serem capacitadas para ensinar analfabetos e analfabetas e passamos quatorze dias falando sobre várias teorias e disciplinas e os professores não podem vivenciar o ensino. Aí, no último dia, almoçamos juntos e no dia seguinte os professores encontram os analfabetos e não sabem o que fazer. Nesse caso Bernice preparou os futuros educadores ensinando em sua presença. É lindo porque ela ensinou através do exemplo.

Uma coisa fica clara para mim. Eu acho que você disse que dois anos mais tarde já havia duzentos professores. Todos esses duzentos vieram a Bernice ou os que tinham sido formados por ela também se multiplicaram?

O caminho se faz caminhando

Myles: Após dois ou três programas de capacitação ministrados por Bernice e sua equipe, a demanda ficou grande demais. Até aquele momento não havia sido escrito nenhum manual nem métodos, só de boca em boca. Mas tantas pessoas estavam perguntando sobre os programas que decidiram escrever alguma coisa. Foi decidido também que seria gravada uma sessão de capacitação de cinco dias. Bernice não contou a seus alunos/professores o que seria feito com a gravação. Disse que continuassem a dar aula sem ligar para a gravação. Temíamos que eles ficassem constrangidos se falássemos que a gravação iria se transformar em um manual. Só queríamos que eles ensinassem da maneira que vinham ensinando e que as pessoas aprendessem da maneira que vinham aprendendo. A transcrição das fitas e a elaboração do manual foi um trabalho longo e monótono realizado por Ann Romasco, que fazia parte da equipe naquela época.

Com isso, achávamos que o manual seria tão autêntico quanto possível. Fizemos um manual com as coisas que já tinham sido ditas. Ninguém escreveu ou falou qualquer coisa especificamente para o manual. O que diziam era para ensinar e ajudar seus semelhantes a aprenderem porque era uma espécie de ensino para semelhantes. (As pessoas que estavam ensinando não tinham uma educação muito melhor que as pessoas a quem ensinavam e, muitas vezes, os que estavam aprendendo tinham até uma educação melhor que a dos professores, embora não fossem professores em nossas Escolas de Cidadania.) O material transcrito foi copilado em um manual de mais ou menos trinta páginas. Foi a única coisa que foi escrita durante o tempo que o programa estava na Highlander.

Depois que o programa foi para a SCLC, e começou a expandir-se rapidamente, eles publicaram outros tipos de manual e guias de estudo. Septima continuou a trabalhar nisso, mas não queríamos afastar-nos da criatividade e da originalidade que tinha vindo de Bernice. Assim, enquanto o programa esteve na Highlander, não houve nenhuma desconexão. Mas quando saiu da Highlander e ficou muito mais amplo, o uso de manuais passou a ser necessário. Além disso, a ideia se espalhou de uma forma tão ampla por todo o sul que outros grupos começaram a fundar suas próprias Escolas de Cidadania.

2. Anos de formação

Foi aí que realmente fiquei entusiasmado. Eu estava em Mississípi, na área rural, quando, um dia, uma mulher se aproximou de mim e disse: "O que é que você faz?" Eu disse: "Bem, sou professor", e ela: "Eu também sou professora. Ensino em minha casa. Sou professora da Escola de Cidadania. Você sabe o que é isso?" Eu disse: "Não, o que é?" Ela disse: "Bom, nós começamos essas escolas, sabe? Foi minha ideia. Vamos fazer as pessoas virarem cidadãs. Estou ensinando a elas a ler e a escrever. Eu fui só até a quarta série, mas estou ensinando as pessoas a ler e a escrever. Quando eu terminar com essa, alguns de meus vizinhos querem começar uma também". Eu disse: "Isso é uma ideia maravilhosa, é uma ideia maravilhosa mesmo. Você acha que alguém mais sabe sobre essa ideia?" E ela disse: "Não, mas vão saber".

Ela tinha ouvido essa ideia e a internalizado, e aqui estava ela, começando sua própria escola. Fiquei tão entusiasmado com isso! Perguntei se ela estava tendo algum tipo de problema. Ela disse que não tinham lápis e papel suficientes e coisas desse tipo. Dei-lhe dez dólares para comprar lápis. Ela não precisava de qualquer outra ajuda. Não precisava de nenhum homem branco[13], nem de dinheiro nem de ninguém mais. Tudo que ela precisava era um pouquinho de dinheiro para os lápis e só isso. Nesse momento é que eu senti que o programa tinha sido um sucesso, quando não era nem mais parte de uma organização.

Paulo: Myles, duas perguntas. A primeira é: Você lembra como é que a Bernice trabalhava com a Declaração de Direitos Humanos para ajudar aos analfabetos a começar a aprender a ler e a escrever?

Myles: Ela lia o texto para eles e lhes dizia que ela tinha visto o cartaz na Highlander e que ele expressava aquilo em que ela acreditava e algumas das coisas que ela achava que eles também acreditavam e que ela achava que eles iriam gostar do cartaz. Aí, ela lia o texto e eles reagiam bem, porque, é claro, eles podiam entender os termos, falava de liberdade mundial, libertação. Eles queriam poder ler o texto porque gostavam do que dizia, fazia muito sentido para

---

13. Myles era um homem branco, bonito, alto, de olhos azuis e muito charmoso [Nota de Ana Maria Araújo Freire].

eles. Bernice não tentava fazer com que todos a seguissem, ou que todos lessem juntos ou separadamente. Ela não usava o tipo de método em que todos tinham que estar fazendo o mesmo tipo de coisa ao mesmo tempo. Faziam o que lhes parecia interessante. E ela disse que, no fim, todos queriam aprender a ler porque como alguns aprendiam, os outros também queriam aprender. Por isso, Bernice se concentrava naqueles que queriam aprender, eles aprendiam o máximo que podiam do cartaz, e depois os outros se envolviam. Não era sempre a mesma coisa que tinha que ser feita, ou o mesmo tema para uma aula. Na próxima vez, seria sobre outra coisa. Aprender a ler o cartaz era combinado com aprender a ler e a escrever o nome, com o preenchimento de ordens de pagamento, com um pouquinho de muitas coisas. Bernice não tentava ter um plano. A coisa permanecia sempre um tanto quanto espontânea.

Terceiro: Ela dividia as palavras em sílabas e construía outras palavras ou ensinava a leitura de palavra em palavra?

Myles: Não, ela não dividia as palavras. Não sabia nada sobre isso.

Paulo: Não é uma língua silábica. Depois de algum tempo as pessoas podiam ler, podiam escrever. Vocês veem o poder do interesse, da motivação?

Myles: Não estou sugerindo que ela não poderia ter feito mais se ela tivesse sabido muito mais coisas e tivesse muitas ideias mais, não é isso. Ela teve sucesso suficiente sem saber essas coisas.

Paulo: E vocês pensaram em um programa de pós-alfabetização?

Myles: Pensamos sim.

Paulo: Fale-me um pouco sobre isso.

Myles: Bom, depois que as pessoas foram capazes de votar, Esau Jenkins, que era o criador dessa ideia, disse: "Vamos ter um programa para um segundo estágio". Ele chamou o programa de segundo estágio. "Vamos ter que dar continuidade às escolas de alfabetização, às Escolas de Cidadania. Temos que ajudar as pessoas a entenderem que elas podem usar seus votos de uma maneira inteligente e conseguir que se interessem em se candidatar para alguma coisa. Temos que falar para que vamos usar nosso poder quan-

2. Anos de formação

do o obtivermos, escolas, saúde. Queremos falar sobre a luta mais geral por justiça." O movimento dos direitos civis estava começando a tomar forma e Esau queria ser parte dele. Agora há um estudo feito desse programa por Carl Tjerandsen[14]. Ele era secretário executivo da fundação que nos deu algum dinheiro e escreveu sobre o programa. Suponho que o estudo de Tjerandsen tenha mais detalhes do que o de qualquer outra pessoa, e ele descreve o segundo estágio.

Você sabe o que me lembra isso? A educação popular que se seguiu à cruzada de alfabetização na Nicarágua. É um passo adiante, usando as mesmas pessoas. Não, isso foi apenas o começo. Não havia qualquer ideia de que aquilo seria um fim em si mesmo. Tinha um objetivo, mas ler e escrever não era o objetivo. O objetivo era se tornar um cidadão. Por isso, quando a classe podia ler e escrever, ela seguia em busca de outras coisas e, acidentalmente (e isso realmente foi acidental, porque não tinha sido planejado, embora isso não queira dizer que não fosse importante), eles tinham que continuar lendo e escrevendo para fazer as coisas que o segundo estágio exigia que fizessem.

Paulo: Se for possível, seria interessante que a Highlander em algum momento reunisse algumas daquelas pessoas que aprenderam a ler e a escrever trinta ou trinta e cinco anos atrás. Acho que seria um momento maravilhoso.

Mês passado eu vi quatro ex-analfabetos do primeiro projeto que fiz no Brasil. Almocei com eles e com um amigo que trabalhava comigo em São Paulo naquele momento, em 1964, antes do golpe de Estado. Eles ainda leem e escrevem.

Eu gosto de ver as coincidências entre nossas experiências, Myles, mas elas não são iguais. As circunstâncias eram diferentes. A cultura é diferente. O momento histórico era diferente. Eu estava no Brasil, Myles aqui. Sem saber nada sobre Myles, eu estava ampliando uma antiga busca que tinha começado nos anos de 1950. Em 1961, especificamente, eu estava buscando algo no campo da al-

---

14. TJERANDSEN, C. *Education for Citizenship*: A Foundation's Experience (Santa Cruz, Califórnia: Emil Schwarzhaupt Foundation, 1980). Cf. um texto em *Convergence* 15 n. 6 (1983):10-22.

O *caminho se faz caminhando*

fabetização. Nos anos de 1950 eu tinha começado a trabalhar seriamente com o povo, operários, camponeses, pescadores, tentando aprender com eles como trabalhar com eles. Elza ia comigo a todas as partes e me observava trabalhar. Depois, me corrigia ou chamava minha atenção sugerindo como eu poderia melhorar certas coisas e, às vezes, discutíamos. Eu dizia: "Não, não estou errado", e ela dizia: "Sim, está!" (às vezes, dois dias depois, eu ia descobrir que ela estava certa). Nos anos de 1950 eu estava aprendendo a trabalhar com pessoas. Eu estava pensando criticamente sobre educação, educação em geral. E fazendo algumas reflexões teóricas sobre educação. Pensava, por exemplo, sobre o que estava fazendo como professor de sintaxe. No começo da década de 1960, comecei a buscar de uma forma mais direta, mais específica, alguma coisa no campo de alfabetização, de alfabetização de adultos. Uma das minhas motivações políticas era que analfabetos não podiam votar no Brasil. Aqui nos Estados Unidos o analfabetismo era uma boa justificativa para discriminação racial. No Brasil também, mas mais do que isso revelava classe – classe social –, discriminação social. No Brasil o analfabeto – fosse ele branco ou negro – não podia votar. Agora os analfabetos já podem votar, mas não podemos votar neles, não podem ser candidatos. É uma contradição. Eles têm o direito do voto, mas não podem ser candidatos em nenhuma eleição. Um dos meus sonhos era lutar contra essa injustiça, fazer com que analfabetos e analfabetas pudessem aprender rapidamente a escrever e a ler e, simultaneamente, aprendessem também os motivos pelos quais a sociedade funciona dessa ou daquela maneira. Essa era minha preocupação principal.

Há uma outra coincidência. Eu também comecei a trabalhar fora das escolas, no entanto, sem negar a importância delas. Lembro que, por exemplo, em vez de dar ao programa o nome de escola para adultos, dei ao espaço e aos alunos e alunas, professores e professoras, o nome de Círculo da Cultura, a fim de evitar um nome que, a meu ver, soasse demais como a escola tradicional. Em vez de chamar o professor de professor eu o/a chamava de

2. Anos de formação

"coordenador ou coordenadora de discussão, de debate, de diálogo". E os alunos eram "participantes da discussão".

É interessante também porque, por exemplo, a Bernice começou usando a Declaração de Direitos Humanos. Olha, eu não estava lá, mas estou certo de que no momento em que a Bernice mostrou a Declaração dos Direitos Humanos para o primeiro grupo e disse o que aquilo era, estou certo de que houve uma discussão sobre aquilo.

Myles: Sem dúvida.

Paulo: Estou absolutamente certo de que os problemas de direitos humanos, discriminação, exploração racial, libertação, liberdade – todas essas coisas – foram levantados. Nós não estávamos lá no momento exato em que ela estava trabalhando, mas estou certo de que houve isso precisamente porque as pessoas foram para o curso da Bernice porque queriam sua afirmação, porque precisavam lutar a favor de sua própria dignidade. A Declaração dos Direitos Humanos deve ter sido para elas uma prova fantástica, uma justificativa de que elas estavam certas de lutar. Estavam certas de conseguir o direito do voto. Em última análise, em minha terminologia, Bernice usou a Declaração dos Direitos Humanos como uma codificação. Foi, sim, uma codificação e quando ela lhes mostrou a declaração, o ato de debater começou. Tenho tanta certeza disso, que falo assim. O ato de debater começou e, com base em nossa experiência de hoje, acho que você concorda comigo quando digo algo que não vi, mas que acho que ocorreu.

Myles: Bem, você tem razão sobre isso. Mencionei o fato de que elas se organizaram em uma organização comunitária. Continuaram a se reunir depois, como uma organização comunitária.

Paulo: Sim.

Myles: O ensino acabou e a educação comunitária começou. Foram os negros que nominaram o projeto de escola. Foram eles que chamaram as pessoas de "professor". Eles chamaram aquilo de Escola de Cidadania e tinham um professor. Para eles, era a verdadeira educação. Isso era sua terminologia, não minha nem da Bernice.

O caminho se faz caminhando

Paulo: É uma beleza. Vejo tudo como se estivéssemos lá naquele momento: ao discutir com a Bernice alguns pontos da declaração, eles estavam lendo o mundo e ainda não as palavras da declaração. Eles estavam começando uma leitura diferente do mundo, mediada pela Declaração de Direitos Humanos e, possivelmente, nessa releitura, através da compreensão da Declaração de Direitos Humanos, eles estavam descobrindo coisas, conhecendo seu conhecimento. Isto é, eles estavam confirmando algum conhecimento já sabido e aprendendo algo diferente. Em outras palavras, através da experiência com Bernice eles estavam indo mais além.

Myles: Lembro-me agora que a Bernice disse que alguns deles perguntavam: "O que quer dizer esta palavra?" E ela tinha que explicar o sentido de algumas das palavras. Mas ela disse também que todos sabiam o que a coisa total significava. Que entendiam a totalidade da coisa, embora não entendessem algumas das palavras.

Paulo: É uma beleza esse movimento. Antes de escrever as palavras, de ler as palavras, eles estavam relendo sua realidade e se preparando para escrever as palavras a fim de poder lê-las. É impossível ler as palavras sem escrevê-las. Isto é, ler implica escrever. Depois, em um determinado momento, eles começam a melhorar. Eu também usava codificações para isso. Eu usava as codificações de uma maneira diferente.

Terceiro: Paulo, você poderia falar sobre como e por que você desenvolveu as codificações?

Paulo: Sim, é muito interessante. Eu disse algo sobre isso em outros lugares, onde ativistas comunitários e alunos fizeram uns desenhos para descrever seus conceitos de educação, mas acho que isso é histórico. Preciso repeti-lo. Para mim teoricamente a questão foi assim: eu estava convencido de que íamos ter que começar a partir de um pedaço bem, bem concreto da realidade das pessoas. Dentro da representação de alguns aspectos dessa realidade, eu punha a primeira palavra, ou a palavra que eu chamava de palavra geradora. Em uma língua silábica como a nossa, essa palavra pode ser dividida e depois podemos fazer combinações com as sílabas.
A codificação tem uma tarefa, um papel, no processo de aprendizado e de conhecimento. Foi muito interessante a maneira como

2. Anos de formação

trabalhamos ontem no encontro, onde ativistas comunitários e alunos fizeram desenhos para descrever seus conceitos de educação. Usamos outra linguagem, desenhos, para tentar descobrir a linguagem normal que é usada. Desenhamos e depois fizemos codificações. Achei muito interessante.

No meu caso, a codificação funciona como um desafio, um desafio para os alunos e alunas, para o educador e educadora. Nesse caso a codificação se dá ou se expõe aos sujeitos cognoscentes, para aqueles que estão abertos ao saber, para que eles e elas leiam a codificação sem qualquer tipo de palavra, apenas uma representação da realidade. Precisamente porque a realidade que você apresentou na codificação é a realidade dos alunos, ao olhar a codificação os alunos veem outra vez aquilo que já sabem sobre a realidade. Então eles falam sobre o que estão vendo e, ao falar sobre o que estão vendo, estão expressando como, antes daquele momento, eles percebiam a realidade. Está claro? Ler a codificação leva as pessoas a terem uma percepção da percepção anterior que tinham da realidade. Isto é, em algum momento, eu observo como eu estava percebendo antes aquela mesma realidade que agora está sendo representada em uma codificação. Ao fazer isso, talvez mude minha percepção.

Vamos pensar em um exemplo. Dê uma câmera de vídeo para várias pessoas e diga: "Registrem o que vocês quiserem registrar e semana que vem nos encontraremos. A única exigência que tenho é que cada grupo justifique para todos nós as razões pela qual preferiu registrar, por exemplo, a frente da escola, a feira, a igreja". Isso pode ser discutido com o grupo, vídeo por vídeo, tentando entender o conteúdo da realidade. Eles estariam lendo através da câmera. Estariam lendo a realidade através da câmera. A câmera é uma leitora da realidade, mas agora é necessário que nós aprofundemos aquela leitura feita através da câmera para colocar outra linguagem nela e discutir com o grupo várias questões que estão por trás e às vezes escondidas. A codificação ajuda os educadores e os alunos a fazerem isso. É a mediação da discussão. Por isso, a codificação não é algo que ajude exclusivamente os educadores. Isto é, a codificação não é um instrumento para ajudar o professor e a professora em seus discursos sobre o conteúdo. Na há representado o objeto a ser conhecido, e na medida em que aquela codi-

O caminho se faz caminhando

ficação representa uma parte da realidade concreta, ao tentar entendê-la ou descrevê-la, você está, uma vez mais, tentando entender a realidade concreta na qual você está.

Em um determinado momento, paramos de discutir os aspectos globais e pegamos a palavra, a palavra geradora. Por exemplo, se a primeira palavra for favela, você tem um desenho de uma favela com a palavra favela escrita embaixo. Depois de discutir as dimensões sociológicas e políticas daquilo – eles conhecem isso muito bem, porque moram lá – você pega a palavra favela e começa uma nova tarefa, que é a tarefa de decodificar a palavra, como você fez, por exemplo, com sua experiência. Isso é uma das vantagens da língua silábica como o português ou o espanhol. O inglês não é assim.

Myles: Não, não se pode fazer isso com o inglês.

Paulo: Isto é, favela tem três sílabas. Então, você tem uma grande quantidade de combinações possíveis. Favela possibilita criar vinte ou trinta palavras novas na primeira noite da experiência. Vocês veem as semelhanças? Bernice usava a Declaração como uma codificação também, a fim de discutir com as pessoas.

Bernice fala[15] sobre a felicidade que uma mulher sentiu quando conseguiu escrever pela primeira vez. É como se eu estivesse no Brasil vinte e quatro anos atrás. É como se eu estivesse no Brasil porque estou lendo agora sobre explosões de felicidade entre analfabetos que começaram a escrever e a viver. Na América Latina também. É o mundo. Bernice diz: "Nunca esquecerei a emoção. Eu ri quando ela se levantou, pegou a régua da minha mão, foi até o quadro-negro e disse: 'Ali está meu nome. Anna. Ali está meu último nome'. Eu fiquei toda arrepiada!" O que é importante para mim agora ao comentar isso é que é impossível ser um educador sem ter a possibilidade que essa mulher teve naquele momento de ser reinventada. Porque em última análise Bernice nasceu outra vez através de Anna.

---

15. Descrições da Escola de Cidadania podem ser encontradas em OLDENDORF, S.B. *Highlander Fold School and the South Carolina Sea Island Citizenship Schools*: Implications for the Social Studies, 1987 [Dissertação, Universidade de Kentucky].

2. Anos de formação

Myles: É verdade.

Paulo: O momento em que Anna descobriu seu nome tem tanta importância em nossas vidas. Já esquecemos que você é Horton e que eu sou Paulo. É óbvio para nós, mas para o analfabeto ou analfabeta não o é. Ela era Anna. Ela continuou a ser Anna. Mas no momento em que foi capaz de escrever "Anna" ela descobriu outra dimensão de si mesma. Encontrou um pedaço de sua identidade. Há uma outra coisa muito importante aqui sobre a qual a Bernice fala. Às vezes um analfabeto escrevia X como se fosse seu nome. Quando ele realmente descobria que seu nome era outro, não queria aceitá-lo. Ele dizia: "Não, meu nome é esse". E ele rejeitava o nome verdadeiro porque não era um X.

Myles: X era o nome dele.

Paulo: Bernice fala sobre como ela trabalhava. Ela disse bem claramente que é muito importante conseguir o documento, a autorização para votar (o registro eleitoral). Por causa disso, é muito importante para o analfabeto aprender a ler e a escrever e depois fazer o exame para ser registrado. Ela disse que sim, que é importante, mas o que é realmente importante é saber por que votar e em quem votar. Quando disse isso, ela foi muito clara. Politicamente falando, eu acho que se tomarmos a experiência de vida e do conhecimento de Bernice, nós veremos como a prática, quando pensamos nisso, realmente nos ilumina e nos dá a possibilidade de continuar. Bernice aprendeu muita coisa ensinando e descobriu a importância daquilo que eu constantemente chamo de "claridade política". A questão não era exclusivamente ensinar a ler e a escrever, mas desafiar os futuros leitores sobre como usar o direito do voto.

Talvez eu seja ingênuo. Para que possamos ser cada vez mais críticos precisamos reconhecer algumas ingenuidades. Mas quando olhamos para a história dos seres humanos, vemos como nós, no mundo, ainda temos que andar muito para nos tornarmos mais humanos. Porque quando pensamos sobre essas coisas de que Myles falou, a luta dos negros e negras para ler e escrever; quando lemos que esse homem fantástico, o Jenkins, um grande educador, sendo um motorista que criou uma escola no ônibus para que as pessoas

O caminho se faz caminhando

pudessem aprender, isso foi ontem. Ontem. Ao mesmo tempo, no Brasil tínhamos discriminação. Não estou falando como brasileiro, mas como um ser humano, simplesmente reconhecendo quanto ainda temos que fazer no mundo todo para tentar reinventar o mundo. É incrível ver como os negros e as negras eram e continuam a ser impedidos de ser.

Myles: O diretor estadual de educação de adultos, que está encarregado do programa de alfabetização, me pediu para fazer uma oficina aqui na Highlander com Sue Thrasher para falar sobre a Escola de Cidadania como um exemplo da utilização da abordagem de grupo em vez da abordagem individualista. Ele decidiu que os programas em Tennessee sejam feitos em grupos e não com tutores individuais, e estava querendo nossa ajuda para conseguir que as pessoas mudassem do ensino individual para o processo de grupo. Na oficina lutamos o dia todo para encontrar uma situação equivalente ou paralela. Não é possível ter o equivalente da situação cubana, da situação nicaraguense, ou da situação da Highlander. Não há equivalência hoje para nenhum desses programas. O que é que daria essa base para as pessoas terem a motivação para aprender? Como poderíamos usar esse processo de grupo hoje? Foi realmente um desafio para mim, tentar conversar com aquele grupo. Não tive sucesso em descobrir deles mesmos o que é que eles considerariam equivalência, e tive que terminar desafiando-os a descobrir o que usar como base. Eles estão em desvantagem, no sentido de que nós estávamos trabalhando em uma situação verdadeiramente revolucionária. E eles estão numa situação de maré mansa, onde a prática corrente é recorrer ao artifício de dizer às pessoas que se elas aprenderem a ler e a escrever elas conseguirão um emprego. Eu disse: "A pessoa que for burra o bastante para acreditar nisso é demasiado burra para aprender a ler". Mas eles ainda dizem isso aos pobres. Ora, sair desse nível para chegar a um lugar onde se tem algum tipo de motivação de grupo, parece ser o desafio atual aqui nesse período. O que é que você faria nessa situação?

Paulo: Concordo com você. Por exemplo, sua experiência e também a minha nos anos de 1960 no Brasil não ocorreram no vácuo. Elas

2. Anos de formação

ocorreram em um espaço histórico, em um contexto com elementos históricos, políticos, sociais e culturais especiais. É possível que agora não conseguíssemos os mesmos resultados. Isso não significa que não seja possível conseguir resultados semelhantes em algumas áreas do país, em determinados momentos.

Em alguns estados no Brasil de hoje, temos governos progressistas, e em alguns municípios por todo o país temos pessoas boas trabalhando seriamente. Em todas essas situações é possível reorganizar a alfabetização de adultos, a educação e a saúde, e muita educação popular no sentido mais amplo do termo. Eu estou ajudando o máximo que posso em partes diferentes do país, mas hoje não vejo a possibilidade de uma campanha nacional. Os tempos mudaram.

Myles: Não, eu não vejo uma campanha nacional de significância neste país. O governo está tentando lançar uma campanha de alfabetização sem ter uma razão para ela a não ser que seria uma boa coisa se as pessoas pudessem se alfabetizar. Seria possível encontrar focos no país onde poderíamos ter programas de alfabetização bem-sucedidos, mas simplesmente presumir que poderia ocorrer em qualquer lugar ou em todas as regiões [...]. Acho que os pobres e as pessoas que não sabem ler e escrever têm uma sensação de que sem mudanças estruturais não vale a pena ficar entusiasmado com nada. Eles sabem, muito mais claramente que intelectuais, que reformas não reformam. Não mudam nada. Eles já foram cobaias para demasiados programas. Mas se você pudesse chegar até eles com uma ideia radical – como a que pudemos vincular ao programa das Escolas de Cidadania – onde eles vissem algo significativo, eles se transformariam em cidadãos do mundo. Então eles se identificariam com essa ideia, mas não com objetivos limitados e de curto prazo que eles sabem, pela própria experiência, que não os levam a parte alguma. Eles não investiriam muito tempo nem muita energia nisso.

Portanto, para encorajar as pessoas a agirem, o desafio tem que ser um desafio radical. Não pode ser uma pequena reforma simplista que os reformadores acham que irão ajudá-las. É preciso que seja algo que elas saibam por experiência própria que seria, possivelmente, capaz de trazer mudanças. E subestimamos essas pessoas presumindo que elas podem dar um passo como o de uma criança pequena e dizemos: "Isso não é maravilhoso?" Se elas puderem ver alguma coisa desafiante, algo que, a seu ver, mudaria realmente as coisas para elas, e se elas puderem ver um caminho no qual fosse possível caminhar na direção de seu objetivo, então acho que algo poderia ser feito. Mas esse tipo de análise não se encaixa de jeito algum com a situação nacional neste país. E com isso, o que nos resta é trabalhar com as sobras, trabalhar com pequenos focos de esperança e de espírito aventureiro onde quer que os encontremos. É por isso que você diz que não podemos ter uma campanha nacional de alfabetização.

Terceiro: Você vê esses focos de esperança agora? O que são eles?

Myles: Como você me ouviu dizer antes, eu não estou envolvido em situações nas quais estou bem a par do que está acontecendo. Descobrir esses focos não é um processo intelectual. É um processo de envolvimento. A razão pela qual eu acho que a Highlander pôde funcionar antes, quando havia algo acontecendo, é que nós estávamos trabalhando por meio das pessoas nossas que vinham para a Highlander e ajudando-as a irem lá fora no campo e lidarem com as pessoas. Só sabendo o que estava ocorrendo, nós éramos capazes de pressentir os locais onde havia potencial para uma mudança social radical. Uso a palavra potencial porque não estava lá. Mas como não estou lá fora, nem em contato com a situação como eu estava naquela época, não sei. Só através de leituras e conversas, ou de ouvir pessoas falarem, não vejo nenhum lugar hoje em dia no qual eu diria que poderíamos construir um programa radical. Quando digo que não sei onde estão esses focos, não quero dizer que eles não existam. Quero dizer que não estou próximo o suficiente da situação, nem o bastante sensível a ela, para descobrir esses focos. Eles são sempre difíceis de descobrir.
A única maneira de descobrir esses focos é sair do tipo de coisas tradicionais que todas as pessoas estão fazendo e concordar com aquelas pessoas que – em termos de seu conhecimento profundo –

2. Anos de formação

sabem que reformas limitadas não irão ajudá-las. Eu tive que passar muito tempo na Johns Island até que as pessoas realmente confiassem em mim e falassem comigo, portanto eu pude sentir onde é que elas estavam. Tenho certeza de que em toda a história sempre existem pequenos lugares onde as coisas estão começando a se desenvolver, mas não acho que possamos chegar a elas intelectualmente ou fazendo levantamentos, pesquisas de opinião ou outras coisas desse tipo.

Paulo, você passou muito tempo neste país. Qual é sua sensação sobre isso que eu estou falando? Sou tanto pessimista quanto otimista. Acho que o potencial está lá, mas não acho que o encontramos.

Paulo: É, eu concordo com você. Mas acho que depois dessas horas falando, nós podemos facilmente ver como a educação, implicando decisão política, nunca pode ser um ato de voluntarismo. Entende? Para mim é muito importante que se saiba isso, que se sinta isso. Precisamos da decisão política para isso, mas não podemos tomá-la simplesmente porque queremos. Essa é a questão dos limites da educação.

Myles: A história atravessa seu caminho. A história atravessa seu caminho.

3
Ideias

"Sem prática não há conhecimento"

Paulo: Eu pergunto: As pessoas têm ou não o direito, no processo de tomar a história em suas mãos, de desenvolver outro tipo de linguagem como uma dimensão daqueles que têm o poder? Essa pergunta tem a ver com uma outra, mais antiga. Por exemplo, as pessoas têm o direito ou não de saber melhor aquilo que já sabem? Outra pergunta: As pessoas têm ou não o direito de participar do processo de produzir o novo conhecimento? Estou certo de que um processo sério de transformação social da sociedade tem que fazer isso. É claro, essa transformação implica uma mudança nos meios de produção econômica. Implica uma participação muito maior das massas do povo no processo de poder. Além disso, significa renovar a compreensão do poder. É claro, concordo com Myles que as pessoas têm um tipo de linguagem que é conhecimento orgânico.

Myles: O conhecimento do ser humano.

Paulo: [...] o conhecimento do ser humano, no qual o corpo tem muito mais espaço do que na nossa maneira de pensar e de saber. Como professores e educadores progressistas, nós temos primeiro que ter o conhecimento de como as pessoas sabem. Você expressa isso muito claramente em seu artigo dinamarquês, Myles. Signifi-

O caminho se faz caminhando

ca, então, entender a maneira como elas falam, sua sintaxe, sua semântica. E depois, em segundo lugar, temos que inventar, com as pessoas, meios pelos quais elas possam ir *além* de seu modo de pensar.

Myles: Isso é um ponto de partida, não o ponto-final.

Paulo: Bem [...], e sim. É um ponto de partida, não um ponto de permanência. Por isso eu volto, mais uma vez, à questão da leitura de textos. Eu comecei também reconhecendo a importância fantástica da maneira como as pessoas pensam, falam, agem – o desenho de tudo isso. Mas depois tenho que entender a experiência, a prática do povo. Mas eu sei também que *sem prática não há conhecimento*; pelo menos é difícil saber sem prática. Nós temos também que ter um certo tipo teórico de prática a fim de saber. Mas a prática em si mesma não é sua teoria. Ela cria conhecimento, mas não é sua própria teoria.

Em segundo lugar, ao discutir minha prática com as pessoas, como educador, tenho que saber algo mais que as pessoas sabem. Pelo menos tenho que entender melhor, teoricamente falando, o que está ocorrendo na prática das pessoas.

A leitura é uma das maneiras através das quais eu posso obter a compreensão teórica da prática em um dado momento. Se eu não obtiver essa compreensão, sabe o que pode acontecer? Nós, como educadores populares, começamos a andar em círculos, sem a possibilidade de ir além desse círculo, sem ir além da teoria do ser humano sobre por que não vamos além. Você entende? Tem a ver com um momento muito importante na teoria do conhecimento, que é saber o momento da apreensão pelo ser humano.

Myles: E uma teoria daquilo que você vai fazer.

Paulo: Sim. A informação pode ser obtida através da leitura de um livro ou pode ser obtida através de uma conversa. Isto é, espero que essa conversa entre nós aqui possa ser útil amanhã quando se tornar um livro, possa ajudar um aluno ou aluna no Brasil, na África ou aqui, ou em algum outro país da América Latina, quando ele ou ela nos ler. Talvez ele ou ela tenha um certo problema e diga: "Olha só, talvez aqui esteja a explicação do meu obstáculo. Existe uma teoria".

3. Ideias

Myles: Alguém criticou as oficinas da Highlander, dizendo: "Tudo o que vocês fazem é sentar lá e contar histórias". Bem, se ele tivesse me visto na primavera plantando meu jardim, ele teria dito: "Aquele sujeito não sabe jardinagem, ou como plantar legumes. Não vejo nenhum legume. Tudo o que vejo é ele botando uma sementinha no chão. Ele é um falso jardineiro porque não planta nada. Eu o vi e não havia nada lá". Bem, ele fez a mesma coisa em relação à observação da oficina. Eram apenas as sementes sendo preparadas para começar, e ele pensou que era o processo total. Para mim, é essencial que você comece onde as pessoas estão. Mas se você começar onde elas estão e elas não mudarem, então não vale a pena começar porque você não irá a lugar algum. Portanto, ao mesmo tempo em que eu insisto em começar onde as pessoas estão, é porque esse é o único lugar de onde *elas* podem começar. Mas *eu* posso começar de outro lugar. *Eu* posso começar de onde estou, mas elas têm que começar de onde *elas* estão. No entanto, se você não tem alguma visão do que deve ser ou no que elas podem se transformar, então você não tem meios de contribuir com nada para o processo. Sua teoria determina o que você quer fazer em termos de ajudar as pessoas a crescerem. Por isso, é extremamente importante que você tenha uma teoria sobre isso que o ajude a decidir.

Por exemplo, quando eu era diretor da Highlander era responsável por decidir com quem trabalharíamos. A decisão sobre com quem trabalhar era baseada em nossa teoria sobre quem era importante. Minha maneira de pensar era perguntar se eram pessoas que estavam trabalhando para mudanças estruturais ou para reformas limitadas. Se estavam trabalhando para mudanças estruturais e pudéssemos descobrir algumas pessoas daquele grupo para trabalhar com elas, então escolhíamos trabalhar com aquele grupo. Se não tivéssemos a teoria de lidar com problemas estruturais em vez de problemas limitados, então teríamos escolhido o grupo contrário. Portanto, não se pode manter as pessoas simplesmente andando em círculos. Você não terá uma espiral, você terá apenas um círculo plano, se não tiver uma teoria sobre aonde ir. O problema é de onde vem essa teoria. É uma teoria válida? Pelo que eu saiba, a única maneira de responder a essa pergunta é testar a teoria.

O caminho se faz caminhando

Paulo: O educador deve saber em benefício de quem e em benefício de que ele ou ela deseja trabalhar. Isso significa saber também contra quem e contra o que estamos trabalhando como educadores. Não creio na espécie de educação que trabalha em benefício da humanidade. Isto é, isso não existe, "a humanidade". É uma abstração. A humanidade para mim é Maria, Pedro, João, muito concreto. Depois preciso saber em benefício de quem estou tentando trabalhar. Significa a claridade política que o educador tem que ter. Respeitar o conhecimento do povo para mim é uma atitude política consistente com a escolha política do educador se ele ou ela pensa sobre um tipo diferente de sociedade. Em outras palavras, eu não posso lutar por uma sociedade mais livre se, ao mesmo tempo, não respeitar o conhecimento do povo.

Repetindo o que já disse, eu diria que nós temos que ir mais além do senso comum do povo, *com* o povo. Meu objetivo não é ir sozinho, mas sim ir com o povo. Depois, tendo um certo entendimento científico de como as estruturas da sociedade funcionam, posso ir além do entendimento do senso comum de como a sociedade funciona – portanto, não é ficar nesse nível e sim, começando nele, ir mais além. A teoria faz isso.

Myles: A teoria só faz isso se for autêntica.

Paulo: É, é verdade, mas a teoria sempre está se transformando em outra coisa. Por exemplo, você começou hoje de manhã falando sobre como você está mudando constantemente. No entanto, você está a mesma coisa. Isso é precisamente [...]

Myles: Dialético.

Paulo: É isso mesmo! É por isso, precisamente, que o conhecimento está sempre se transformando. Isto é, o ato de saber tem historicidade, então o conhecimento de hoje sobre alguma coisa não é necessariamente o mesmo amanhã. O conhecimento transforma-se à medida que a realidade também se movimenta e se transforma. Então, a teoria também faz o mesmo. Não é algo estável, imobilizado. Você tem razão!

3. Ideias

"Biologia: é possível apenas ensiná-la?"

Myles: Quando comecei, pela primeira vez, a pensar sobre o relacionamento entre aprendizagem e mudança social, não tinha nada a ver com a Highlander. Foi muitos anos antes, quando eu debatia comigo mesmo a ideia da neutralidade como um todo. Acadêmicos, políticos, todas as pessoas que supostamente devem estar dirigindo este país dizem que precisamos ser neutros. Assim que eu comecei a examinar aquela palavra – neutro – e seu significado, ficou bem claro para mim que não existe essa coisa a que chamam de neutralidade. É uma palavra-código para o sistema vigente. Não tem nada a ver com nada a não ser concordar com aquilo que é e que sempre será – isso é que é neutralidade. *Neutralidade é simplesmente seguir a multidão.* Neutralidade é apenas ser o que o sistema nos pede que sejamos. Neutralidade, em outras palavras, era um ato imoral. Naquela época, eu pensava em termos religiosos. Para mim, era uma recusa a se opor à injustiça ou a ficar do lado impopular. É uma desculpa, em outras palavras. Com isso, descartei a palavra neutralidade antes mesmo de começar a pensar muito sobre ideias educacionais. É claro, quando comecei a pensar mais sobre ideias educacionais e sobre mudança da sociedade ficou ainda mais evidente que temos que ficar de um lado ou de outro. E precisamos saber por que escolhemos um ou outro lado; devemos ser capazes de justificar nossa escolha. E essas coisas foram aprendidas muito cedo e, com isso, já deixaram esse obstáculo fora do meu caminho.

O próximo passo é descobrir o que fazer. Como eu disse antes, decidi muito tempo antes que eu não estava interessado em ser bom, eu estava interessado em ser bom em alguma coisa. Isso nos leva a fazer uma análise da sociedade. Foi aí que aquilo que eu tinha aprendido com o marxismo acerca de análise e do uso prático de toda aquela coisa de conflito, como lidar com dicotomias ou dicotomias aparentes, me ajudou. Isso foi um ato de tentar aprender como analisar a sociedade. Comecei tentando aprender sobre a sociedade para que pudesse fazer um juízo moral, um juízo racional. Essa foi a base para minha decisão de ir trabalhar com pessoas pobres, com trabalhadores. Essa foi a base para decidir que eu ia ficar do lado daqueles que mais tarde começaram a ser chamados

O caminho se faz caminhando

de países do Terceiro Mundo. Eu não tinha nenhum nome para eles, mas já era a mesma coisa e minha posição não mudou.

Lembro que consegui algum esclarecimento através das conferências de Niebuhr, que acabaram fazendo parte de seu livro *Moral Man in Immoral Society*. Eu era seu aluno quando ele estava trabalhando no livro e praticava seus valores na gente. Com isso, fui influenciado por seu pensamento, a explicação que entrou no livro – que são as estruturas da sociedade que temos que mudar. Não mudamos os corações humanos. Portanto, foi na aula de Niebuhr que realmente deixei claro, em minha própria mente, em meu próprio pensamento, a ideia de que não faz muita diferença o que as pessoas são; se elas fazem parte de um sistema, elas irão funcionar da maneira que o sistema dita que funcionem. Dali em diante, fiquei mais preocupado com mudanças estruturais do que com mudar o coração das pessoas.

Paulo: Neutralidade. É por isso que a neutralidade é a melhor maneira de esconder uma escolha, veja só. Se não estamos interessados em proclamar nossas escolhas, então temos que dizer que somos neutros. Mas, se sendo neutros, estamos apenas escondendo nossa escolha porque parece possível ser neutro no relacionamento entre opressores e oprimidos, é absolutamente impossível. É a neutralidade frente a esse tipo de relacionamento que funciona em benefício dos dominantes.

Myles: Sempre.

Paulo: Então, em vez de dizer que estou com os dominantes, digo que sou neutro.

Myles, gostaria de colocar o seguinte na mesa: precisamente porque é impossível para a educação ser neutra, os educadores têm de enfrentar alguns problemas práticos. Um professor de Biologia deve saber Biologia, mas é possível apenas ensinar Biologia? O que quero saber é se é possível ensinar Biologia sem discutir condições sociais, me entende? É possível discutir, estudar o fenômeno da vida sem discutir exploração, dominação, liberdade, democracia e assim por diante? Eu acho que é impossível, mas também tenho certeza de que, se sou um professor de Biologia, tenho que ensinar Biologia.

3. Ideias

A minha pergunta, então, é para esclarecer o papel do professor. Disse Biologia, mas poderia ter dito História da Educação ou Filosofia, Teologia, Matemática. Esse papel é um problema para os professores e professoras. Tem a ver com sua competência, com sua claridade política, com sua coerência e com sua compreensão do próprio processo. Não se trata de saber se o professor de Biologia pode impor aos estudantes suas ideias políticas. Você entende? Mas *é* uma questão para o professor discutir o tema de uma forma mais ampla e até expressar sua *escolha*. Você entende o que quero dizer? É um problema não de ser neutro, mas de como ser diferente.

Myles: E não impor suas ideias às pessoas. Concordo plenamente que você tem a responsabilidade de colocar seja lá o que for que está ensinando em um contexto social, relacionando-o à sociedade e não simplesmente agindo como se não tivesse nada a ver com as pessoas, com a humanidade, porque sempre tem. Não existe nenhuma ciência que não possa ser usada tanto para o bem como para o mal. A ciência pode ser usada por seja quem for que tenha o poder para usá-la e o desejo de usá-la. Se você faz com que as pessoas tenham conhecimento dessas ciências, mas não lhes mostra esse fato, então, você está dizendo, eu me retiro da batalha, da discussão sobre ética que está envolvida. Fico apenas com os fatos. E isso, é claro, significa que você se entregou às forças mais poderosas. Se você diz que você é neutro naquilo que você faz, você não está muito envolvido no que faz. Se o Pentágono está usando suas descobertas, isso não é problema seu. Mas é inevitável que você tenha alguma responsabilidade, me parece, seja lá o que for que você ensine, ou qual é sua matéria, ou qual é sua técnica. O que quer que seja que você tem para dar, tem uma dimensão social. E acho que não é eficiente tentar impor essa dimensão a qualquer pessoa. Partilhá-la com elas é uma coisa, mas tentar impô-la é outra. É preciso que você diga honestamente, essas são minhas ideias e eu tenho direito à minha opinião, e se eu tenho direito à minha opinião, vocês também têm direito à sua.

Não se pode ter um direito individual. Tem que ser um direito universal. Eu não tenho um direito que alguma outra pessoa não tem. Não há nenhum direito que eu possa me atribuir que qualquer outra pessoa no mundo também não possa se atribuir e tenho que lutar para que essas outras pessoas exercitem seu direito da mesma maneira que tenho que lutar pelo meu próprio. Isso não significa que tenho que impor minhas ideias às pessoas, mas sim que tenho a responsabilidade de fornecer seja qual for a luz que eu possa fornecer sobre aquele tema e partilhar minhas ideias com as pessoas. As pessoas, às vezes, dizem que têm medo de fazer isso por temor de, com isso, estar impondo suas ideias às demais. Sabe, eu lembro que essa mesma discussão surgiu há vários anos, conversando com alguns de meus amigos e antigos colegas na Universidade de Chicago. Eles diziam que eu estava sempre defendendo a democracia e o processo decisório quando eu era estudante, fazendo campanha pelos direitos de dissidentes de se expressarem. E disseram, agora você está aqui, impondo suas ideias às pessoas que vêm para a Highlander. Eu disse: "Vocês impõem suas ideias?" E eles: "Ah, não, nós temos muito cuidado para não impor nossas ideias". E eu disse: "Bom, vocês têm um problema que eu não tenho. Vocês são uns professores tão poderosos que basta vocês respirarem aquilo que vocês acreditam e já estão influenciando todo mundo. Eu não tenho esse problema. Eu sempre fiquei feliz de ter alguém para dar atenção às minhas ideias, só para compartilhá-las com esse alguém. Não tenho que me preocupar em ser tão poderoso que todo o mundo aceite o que eu diga como um fato dado". Bom, eles não gostaram muito do que eu disse, mas eu disse o que queria dizer.

Paulo: Pois é.

Myles: Eu realmente acho que se eu tenho uma ideia, se eu acredito em alguma coisa, tenho que acreditar que essa coisa é boa para todos. Não pode apenas ser boa para mim. Ora, se eu creio que tenho *motivos* para acreditar naquilo, se eu cheguei àquela crença através de uma série de processos – já falamos sobre alguns deles – então tenho o direito de presumir que outras pessoas, se elas forem expostas a algumas das coisas a que eu fui exposto, se elas tiverem algumas das experiências formativas que eu tive, elas poderão chegar à mesma conclusão. Por isso, vou tentar expô-las a algumas dessas ideias, ao mesmo tipo de aprendizado que eu tive,

3. Ideias

na esperança de que verão a luz. Se eu não acreditasse nisso, eu não acharia que as coisas nas quais eu creio são importantes. Mas elas têm que chegar a elas por seu próprio caminho. Não vejo nenhum problema em tomar uma posição.

Mas, como estratégia, eu muito raramente digo às pessoas qual é minha posição a respeito das coisas quando estamos tendo uma conversa, porque não acho que valha a pena perder meu tempo até que elas façam uma pergunta sobre minha posição. Quando perguntam, tenho o maior prazer em lhes falar sobre isso. Mas até que tenham feito uma pergunta que tenha alguma relevância para elas, não vão prestar muita atenção no que eu disser. Eu simplesmente não acho que seja uma maneira adequada de funcionar, educacionalmente falando. Não tenho nenhum problema com relação a essa dita imposição às pessoas.

Paulo: Essa é uma das questões teóricas que temos quando se tem uma compreensão da educação. A coisa é complexa, como você sabe. Por exemplo, se pensarmos que não há educação sem educadores e educadoras, que não há educação sem alunos e alunas, então não haverá uma situação educacional sem certos objetos a serem conhecidos, ensinados, aprendidos. Prefiro dizer a serem conhecidos e reconhecidos. Não há educação sem os objetivos que vão além dessa situação hoje. Temos métodos para abordar o conteúdo, métodos para fazer com que cheguemos mais perto dos que estão aprendendo. Alguns métodos para abordar os alunos podem, na verdade, nos afastar muito dos alunos. A situação educacional exige métodos, técnicas, e tudo isso junto constitui um processo, ou implica um processo. O professor deve comandar o conteúdo do programa. A questão é saber como construir o programa, como escolher o conteúdo, quem tem o poder para escolher o programa. Qual é o meio de organizar o conteúdo. Quem diz que A, B ou C deve ser conhecido? Quem declara que os alunos não sabem nada? Quem diz que os professores não têm o dever de saber aquilo que os alunos já sabem quando vêm para a sala de aula? A meu ver, todas essas coisas precisam ser respondidas. Estou certo de que não há possibilidade de que um professor exista se ele não ensinar. Ou seja, o professor de alguma coisa tem que *ensinar* alguma coisa. O professor não precisa saber apenas o conteúdo, mas também *como* ensinar aquele conteúdo. Saber a história do conteúdo e não exclusivamente o conteúdo.

Ora, volto à questão original. Primeiramente, não separo o conteúdo como um objeto científico de seu contexto histórico e social – como você disse antes, as condições sociais nas quais estou ensinando o conteúdo para os alunos. Por outro lado, sei que eu não posso deixar o conteúdo em parênteses e falar simplesmente com os alunos sobre a situação política do país, porque, afinal, os alunos vieram a mim para aprender Biologia, por exemplo. Se eu puser a Biologia em parênteses para dizer que a política brasileira está horrível no momento, os alunos têm todo o direito de dizer: "Olha, Paulo, viemos aqui para estudar Biologia". Então, não posso fazer isso. Mas, por outro lado, não posso colocar a história e as condições sociais em parênteses e só ensinar Biologia. Minha pergunta é como deixar claro para os alunos que não existe uma coisa que seja Biologia por si só. Se o professor de Biologia fizer isso, e o de Física também fizer isso, e assim por diante, no final os alunos e alunas terão obtido a compreensão crítica de que a Biologia e todas as outras matérias não estão isoladas da vida social. Essa é minha exigência. No entanto, existem dois riscos aqui: o de pôr em parênteses o conteúdo e dar ênfase unicamente ao problema político e o risco de pôr em parênteses a dimensão política do conteúdo e ensinar unicamente o conteúdo. Para mim, as duas atitudes estão erradas. E é uma pergunta que surge devido à natureza do processo educacional ou do processo político.

"Sempre fui ambivalente com relação a líderes carismáticos"

Myles: Líderes carismáticos operam não na base de um pequeno grupo como eu faço ou como qualquer professor faz. Operam em termos de pedaços enormes da sociedade, nos quais não existem meios de obter um retorno ou de interagir com as pessoas. Você pode até intuir ou sentir o que as pessoas sentem: existem meios de obter o retorno, mas são indiretos. É nesses casos que eu acho que existe o perigo de se impor às pessoas, porque suas emoções estão em jogo. Na educação as emoções estão em jogo, mas são parte de um pacote completo, incluindo o intelecto. Na liderança carismática,

3. Ideias

às vezes, somente as emoções estão em jogo e acho que há o perigo de que esses líderes, sejam eles bons ou maus, consigam converter as pessoas com base no fato de que elas não entenderam realmente onde estão se metendo. Sempre fui ambivalente com relação a líderes carismáticos. Não tenho problema com relação aos líderes carismáticos que são diferentes de mim. Mas no caso dos líderes carismáticos com os quais estou de acordo, como Martin Luther King ou Malcolm X, tenho que adotar uma atitude diferente para com eles. É ligeiramente diferente quando são do meu tipo.

Uma vez, eu tirei uma licença da Highlander para organizar operários de fábricas de tecidos, no começo do movimento dos sindicatos industriais em 1937. Eu era um bom organizador. Tinha que organizar duas mil pessoas e suas famílias que tinham sido mobilizadas. Para mantê-las ocupadas e manter a solidariedade, tínhamos assembleias gigantescas todas as noites. A média dos participantes era de duas mil pessoas. Tínhamos cobertura dos patrulheiros rodoviários, da polícia, das rádios e até dos jornais; era um grande evento. Na tentativa de coordenar tudo bem – mobilizá-los, essa é a palavra – eu fazia discursos e organizava um programa. Tínhamos música e canto, e eu fazia palestras. Esgotei meu repertório. Falei sobre toda a história trabalhista que eu conhecia e sobre toda a história mundial que eu sabia.

No processo de mobilizar a multidão, fiquei assim com uma sensação de poder, porque o povo estava comigo e o inimigo estava contra mim. Você faz essas duas coisas funcionarem e tem certeza de que está no caminho certo. Eu estava gostando daquilo, até que de repente compreendi: "Que diabos estou fazendo? O que é isso?" Nunca me esquecerei. Estava sozinho no meu quarto de hotel, pensando sobre aquela sensação de poder. Estava com um pouco de medo da sensação, mas, ao mesmo tempo, estava fascinado com ela porque era uma experiência que eu nunca tive antes. Lembrei-me de que, quando era criança, antes de ir deitar, tínhamos de ajoelhar do lado da cama e fazer nossas orações. A oração era: "Não nos deixeis cair em tentação" e não: "Livrai-nos do mal". Pensei: "Se cairmos em tentação, já será tarde demais. Você

O caminho se faz caminhando

já estará viciado, portanto sua oração deve ser para não cair em tentação". Essa tentação me amedrontava e por isso eu receei. Decidi que não iria ficar como organizador o ano inteiro. Decidi retornar à educação, porque estava com medo daquele tipo de poder. Não que eu fosse muito bom nisso, mas eu era bom o suficiente e isso me deu medo. Decidi que queria ser um educador e não um organizador ou um orador.

Por outro lado, trabalhei bastante próximo a Martin Luther King. Tinha um grande respeito por sua liderança carismática. Eu sei que há um papel verdadeiro para esse tipo de liderança, mas tenho problema com ela. Muitos dos problemas que você levantou sobre educadores podem ser multiplicados inúmeras vezes no caso de líderes carismáticos. Mas eu não sei como analisar isso. Nunca realmente me senti totalmente à vontade com isso. O que é que você acha de lideranças carismáticas?

Paulo: Concordo com sua análise. Mas tenho a impressão também que ninguém é realmente carismático. As pessoas *tornam-se* carismáticas na história, socialmente. Para mim, trata-se, uma vez mais, do problema de humildade. Se o líder descobre que está se tornando carismático não devido a suas *qualidades* e sim porque ele ou ela está sendo capaz de expressar as expectativas de uma grande massa de pessoas, então ele ou ela é muito mais um *tradutor* das aspirações e sonhos do povo e não um *criador* desses sonhos. Ao expressar esses sonhos, ele ou ela está recriando esses sonhos. Se ele ou ela for humilde, acho que o perigo do poder diminuiria.

O líder carismático precisa saber que afinal ele ou ela não foi criado ou criada por Deus e enviado depois como um pacote para salvar o povo. Ele ou ela descobre que para salvar o povo é necessário salvar a si próprio. Em suas palavras, ele ou ela tem que descobrir que a salvação primeiro exige libertação. Libertação e salvação são eventos *sociais* e não individuais. O líder tem que entender que ele ou ela foi moldado pela massa do povo também e não somente que ele ou ela está moldando o povo. Por exemplo, acho que Martin Luther King foi assim. Malcom X também. Eles não

3. Ideias

estavam, à medida que os entendi, muito distantes da vontade do país. Tinham maneiras diferentes de serem fortes porque tinham que ser fortes. Apesar disso, não se apresentavam como donos exclusivos da verdade. Tinham algo para denunciar fortemente e para anunciar. Se o líder carismático não for capaz de criticar, mas, ao mesmo tempo, de anunciar o que deveria ser, ele perde a dimensão profética que é necessária. A questão não é só fazer a crítica, mas interpretar os sonhos do povo que estão fazendo o líder se tornar carismático.

Myles: E se eles não se derem conta de que é o povo que os está fazendo e pensarem que são eles quem estão fazendo o povo.

Paulo: Sim, esse é o perigo.

Myles: Esse é o perigo. Nem King nem Malcom X pensaram que estavam fazendo o povo. Sabiam que estavam tentando dar uma voz ao povo que os fazia. Tinham esse mérito.

Terceiro: Quero basear isso na prática mais uma vez. Durante o movimento de direitos civis, Martin Luther King foi um dos muitos líderes carismáticos que tiveram contato com a Highlander. Foi difícil pôr esse relacionamento em prática no cotidiano da Highlander? Quais foram os problemas que surgiram por terem que se lembrar o tempo todo dessa forma de prática, especialmente em uma época em que vocês tinham, de um lado, muitas pessoas carismáticas e, de outro, uma maneira diferente de expor as pessoas ao aprendizado?

Myles: Essa pergunta é bastante fácil de responder. A Highlander não era apenas o recipiente dos discursos dos líderes carismáticos. A Highlander estava envolvida com o programa de Escola de Cidadania que era uma parte fundamental do movimento de direitos civis. O que tínhamos feito antes estava sendo usado como uma das muitas bases do movimento de direitos civis. Por isso, nosso papel – nosso papel operacional dentro do movimento de direitos civis – era aceito. Tínhamos nosso próprio sentido de valores, sentido de importância. Andy Young caracterizou a Escola de Cidadania como a base do movimento de direitos civis e outras pes-

O caminho se faz caminhando

soas disseram que o programa desempenhou um papel extremamente importante no movimento de direitos civis. Eu acho que ele desempenhou apenas *um* dos papéis no movimento de direitos civis. Nosso papel era suficientemente importante para que ficássemos satisfeitos com ele. Por exemplo, nos pediram que estabelecêssemos um programa educacional para o *Student non-violent coordinating commitee*. Eu não tinha nenhum desejo de desempenhar qualquer outro papel, a não ser um papel educacional de base. Isso nos dava muita satisfação e a sensação de haver realizado alguma coisa. Sabíamos que estávamos envolvidos de nossa maneira e que nosso papel era valorizado pelos líderes carismáticos. Acho que há um papel plenamente reconhecido no qual não é preciso se sentir de modo algum inferior ao papel carismático. Estávamos lidando com os radicais, mas também estávamos lidando com pessoas que eles não podiam atingir. Com frequência eles eram obrigados a atingir as pessoas através de nós, porque seus discursos não chegavam até elas. E quando chegavam, as pessoas não sabiam o que fazer com esses discursos. Os líderes carismáticos nos respeitavam porque nós podíamos implementar seus discursos.

No movimento trabalhista, por exemplo, os presidentes internacionais dos sindicatos queriam vir à Highlander fazer discursos porque isso lhes daria uma certa aparência de educadores. Mas não tínhamos tempo para esse tipo de discurso. Queríamos que mandassem alunos para a Highlander e pagassem a conta e não que viessem fazer discursos, mas eles insistiam. Lembro uma vez que decidimos que tínhamos que concordar com isso, mas não queríamos que os eventos demorassem muito, por isso convidamos cinco funcionários de cada vez, para um dos dias de uma oficina que duraria duas semanas. Assim, eles poderiam dizer que tinham estado na Highlander e nós não teríamos que aguentar discursos muito longos. Nunca vou me esquecer. Um dos mais antigos disse: "Com o tempo que vocês me deram só vou poder dizer meu nome e parte do meu endereço". E ele quis dizer

3. Ideias

endereço postal, não no sentido de endereçar-se ao público[1]. Nós reconhecíamos que tínhamos que ter o apoio dos funcionários dos sindicatos como parte de nosso processo, mas não esperávamos ter que educá-los. Eles não vieram para ser educados. Vieram para estar lá, estarem presentes. Por isso, lhes demos a oportunidade de dizer que tinham estado na Highlander e de escrever isso em seus jornais. Quando Martin Luther King veio à Highlander, pedimos que viesse para discursar. Ele veio no nosso aniversário de vinte e cinco anos para fazer um discurso. Não tentamos transformar esse discurso em debate.

Nossos funcionários entendiam isso. Nós decidíamos essas coisas juntos, mas tínhamos alguns problemas entre nós. Lembro que uma vez eu estava discursando em uma das sessões para operários. Um aluno me mandou um bilhete que dizia: "Quando você está falando, não está aprendendo". Mandaram o bilhete para *mim*! Eu era quem estava falando, entende? Portanto, tínhamos que lidar com esses problemas.

"A diferença entre educação e organização"

Myles: Um dos problemas não solucionados, acho que até mesmo aqui, na Highlander, é a diferença entre educação e organização; essa é uma questão antiga, de muito tempo atrás. Saul Alinsky e eu fomos a um debate na televisão. Tivemos nosso *show* "Alinsky/Horton" que debateu e discutiu a diferença entre organização e educação. À época, Saul era um feroz defensor da Highlander e eu um feroz defensor dele, mas diferíamos e reconhecíamos a diferença. Não nos preocupávamos com isso e eu tentei explicar às pessoas que havia uma diferença. Saul diz que a organização educa. Eu digo que a educação possibilita a organização, mas que há um interesse diferente, uma ênfase diferente. Isso ainda não foi esclarecido. Na minha mente, mantenho os dois separados porque posso funcionar muito melhor tendo uma ideia bem definida daquilo que eu considero a diferença em funcionar dessa maneira.

---

1. Em inglês *address* [N.T.].

O caminho se faz caminhando

O motivo pelo qual o tema era tão polêmico é que a grande maioria dos organizadores e funcionários dos sindicatos no Sul tinha estudado na Highlander. O público em geral, vendo isso e sem saber o que realmente ocorria na Highlander, presumia que nós éramos uma escola de treinamento de organizadores. Mas eu fiquei repetindo que não e não. Nós educamos e eles passam a ser organizados. Eles passam a ser funcionários. Eles passam a ser seja lá o que for o que são, diretores educacionais. Basicamente, o que fazemos não é treinamento técnico. Não estamos na área técnica. Nós damos ênfase a formas de analisar, de se desempenhar, de se relacionar com as pessoas, mas isso é o que eu chamo de educação, não de organização. Quando quis organizar algo que fiz em uma época – falarei disso mais tarde –, me afastei da Highlander. Tirei licença da Highlander porque eu não queria que organizar e educar se confundissem nas mentes das pessoas. Já era confuso o bastante sem isso.

Assim, a Highlander está sempre em uma situação na qual somos examinados de todos os tipos de ângulos diferentes. Sempre tivemos que ter cuidado para não aceitar a avaliação de outras pessoas e para tentar fazer nossas próprias críticas com relação a esses críticos. Tínhamos apenas que manter bem claro, constantemente, o que entendíamos por educação. Um dos exemplos que eu usava me criou problemas e ainda me cria problemas quando eu o uso. O que eu digo é que se você está trabalhando em uma organização e há uma escolha entre a meta daquela organização ou do programa específico no qual estão trabalhando, e educar pessoas, desenvolver pessoas, ajudá-las a crescer, ajudá-las a se tornarem capazes de analisar – se houver essa escolha, sacrificaríamos a meta da organização em benefício de ajudar as pessoas a crescerem, porque acho que, a longo prazo, essa é uma contribuição maior. Isso ainda é um tema polêmico. Eu usei essa ilustração em uma reunião de pesquisa participativa quando me jogaram a diferença em cima. Uma das participantes estava organizando um hospital. Ela ficou simplesmente furiosa, porque achou que era desumano adotar a minha posição, que meu objetivo era desenvolver pessoas em vez de questões específicas. Normalmente, eu não tinha que enfrentar essa contradição, me entende? Mas se isso chegasse a ocorrer, en-

3. Ideias

tão seria preciso distinguir uma coisa da outra. Era assim que eu me sentia com relação à separação dos dois conceitos.

Paulo: Posso fazer só um comentário acerca disso? Acho que a mobilização das massas tem, ou tinha, em seu interior, a organização. Isto é, é impossível começar a mobilizar sem organizar. O próprio processo de mobilizar exige organização daqueles que estão começando a ser mobilizados. Em segundo lugar, acho que tanto mobilizar como organizar têm, por natureza, a educação como algo indispensável – isto é, educação como desenvolvimento de sensibilidade, da noção de perigo, do confronto entre algumas tensões que é preciso ter no processo de mobilizar e de organizar. Saber, por exemplo, a relação dialética entre tática e estratégia. Você tem que ter algumas táticas que estão relacionadas com a sua estratégia. Você entende a estratégia como objetivo, como a meta, como o sonho que você tem, enquanto que a tática você levanta à medida que você tenta pôr o objetivo, o sonho, em prática, materializá-lo. No processo de mobilizar, de organizar, você precisa de vez em quando parar um pouco com os líderes nos grupos a fim de pensar sobre a distância que vocês já caminharam. Ao refletir sobre a ação de mobilizar ou de organizar, você começa a ensinar alguma coisa. Você é forçado a ensinar alguma coisa. É impossível que eu não aprenda. Um bom processo de mobilização e organização tem como resultado um aprendizado que se origina do próprio processo e vai mais além.

Até há uns poucos anos, entre os grupos e partidos de esquerda, tínhamos fortes exemplos de como a educação não era levada a sério durante o processo de mobilização e organização, que eram vistos apenas como processos políticos. Na verdade, eles são processos *educacionais* ao mesmo tempo. Por que essa atitude? Acho que a resposta pode ser encontrada na análise da educação – ou a compreensão dela – como algo que realmente é superestrutura e reproduz a ideologia dominante. Isso fica muito claro, por exemplo, nos escritos dos anos de 1970 sobre o poder da educação para reproduzir a ideologia dominante. Foi por causa disso, eu acho, que os partidos e grupos da esquerda sempre pensaram, na América Latina, por exemplo, que a educação é algo que vem *depois*,

O caminho se faz caminhando

depois de obter o poder. Quando tomarmos o poder através da revolução, poderemos começar a lidar com a educação. Nessa linha de pensamento, essa visão não era capaz nem de fazer uma distinção entre o sistema de educação como Myles sublinhou e as atividades fora do subsistema. Na verdade, no entanto, até a educação no interior do subsistema de educação não é exclusivamente o reprodutor da ideologia dominante. Essa é a tarefa que as classes governantes esperam que os professores e as professoras realizem. Mas é possível também ter outra tarefa como educador. Em vez de reproduzir a ideologia dominante, um educador pode denunciar essa ideologia, arriscando-se, é claro. Não é fácil fazer isso, mas a educação não pode ser esgotada unicamente como reprodutora do subsistema da ideologia dominante. Teoricamente não é só isso.

Hoje acho que a tensão se expressa de uma maneira diferente. Conheço muitas pessoas nos partidos de esquerda da América Latina que descobriram, pela prática, o que é educação política. Acho que a tensão está sendo tratada de maneira diferente hoje em dia. Quando estamos no processo de mobilizar ou de organizar, isso começa também a ser considerado um problema educacional de processo e produto, porque sem dúvida há um tipo diferente de educação e de mobilização antes de tomar o poder, e há também a continuidade disso. Esse é um erro cometido antes, isto é, que a educação deve vir apenas e exclusivamente depois da organização. Mas educação deve vir antes, durante e depois. É um processo, um processo permanente. Tem a ver com a existência e a curiosidade humanas.

Myles: Se você está interessado em fazer uma campanha de organização bem-sucedida, abordando um projeto específico e aquilo é a meta, então se é você que faz a campanha ou um especialista, ou alguma pessoa generosa na comunidade, ou até o governo, sem seu envolvimento porque isso resolve o problema – então você não gasta seu tempo deixando que as pessoas desenvolvam suas próprias soluções. Se o objetivo é resolver o problema, há muitas maneiras de resolver o problema que são tão mais simples do que passar por todo esse processo educacional. Mas resolver o proble-

3. Ideias

ma não pode ser a meta da educação. No entanto, pode ser a meta de organizações. É por isso que eu não acho que organização e educação sejam a mesma coisa. Organização implica que existe uma meta específica, limitada, que precisa ser realizada, e o objetivo é realizar essa meta. Ora, se é assim, então a maneira mais fácil de fazer aquilo resolve o problema. Mas se a educação deve ser parte do processo, então é possível que você não consiga realmente resolver o problema, mas você educou uma porção de pessoas. Você tem que fazer essa escolha. É por isso que eu digo que há uma diferença. Portanto, quando eu fui organizar um sindicato, tirei uma licença da Highlander. Eu não faria esse trabalho como membro do quadro de funcionários da Highlander, porque não acho que organizar e educar sejam a mesma coisa. Embora eu ache que pesquisa participativa e educação sejam a mesma coisa, não acho que organização e educação sejam iguais. Acho que a meta é diferente.

É verdade que muita gente usa a organização para educar as pessoas. É o que eu estava tentando fazer quando estava organizando os sindicatos têxteis, mas quando chegou a hora, eu não tinha liberdade de tomar uma decisão de não obter um contrato, de sacrificar o contrato e a organização pela educação, porque fui contratado para organizar o sindicato. Organizadores têm o compromisso de alcançar uma meta limitada, específica, se ela levar ou não a uma mudança estrutural, se reforçar o sistema, ou se favorecer o jogo dos capitalistas. O problema se confunde porque muita gente usa a organização para transmitir um pouco de educação e acham que isso é dar poder às pessoas, porque isso é o que *supostamente* deveriam estar fazendo. Mas muitas vezes eles *retiram o poder* das pessoas nesse processo usando especialistas para lhes dizer o que fazer ao mesmo tempo em que aparentam estar dando poder às pessoas. Isso confunde a questão consideravelmente.

Terceiro: Sua descrição de organizar é uma descrição daquilo que a maior parte da educação é. A maior parte da educação consiste em especificar um objetivo particular e atingir aquele objetivo independente de como funcione o processo.

Myles: É isso aí. Escolarização.

O caminho se faz caminhando

Terceiro: Então a maior parte da escolarização é, na verdade, análoga àquilo que você chama organizar?

Paulo: Mas, como Myles disse, dentro do processo de organizar, primeiro temos a educação fazendo parte da natureza de organizar. O que eu quero dizer é que é impossível organizar sem educar e sem ser educado pelo próprio processo de organizar. Em segundo lugar, podemos aproveitar o processo de organizar para desenvolver um processo muito especial de educação. Tentarei ser um pouco mais claro. Por exemplo, quando estamos tentando organizar, é claro que temos de tentar mobilizar, porque a mobilização e a organização andam juntas. Mas no processo de mobilizar e, automaticamente, organizar descobrimos também, como em qualquer tipo de ação ou prática, que temos que nos tornar cada vez mais eficientes. Se você não estiver tentando ser eficiente ao organizar oficinas, as pessoas não responderão quando você as convidar no ano seguinte. Isto é, eficiência, sem ser um instrumento de escravização, é algo que é absolutamente necessário. Ineficiência tem a ver com a distância entre o que você faz e o que você gostaria de obter. Vocês veem que nós administramos com eficiência neste lugar? Tenho um sonho. Que faço então para materializar esse sonho? Minha avaliação tem a ver com isso.

Os que estão envolvidos em mobilizar e organizar têm que avaliar o processo. No processo de avaliação, sem dúvida alguma, há um momento interpretativo e necessário no qual os líderes que estão tentando mobilizar e organizar têm que estar certos daquilo que estão fazendo. Os organizadores se envolvem em uma reflexão crítica daquilo que fizeram. Ao fazerem isso, os líderes começam a participar de um processo no próximo estágio da mobilização e da organização, porque mudam. Tendem até a mudar sua linguagem. Entendem? Se não fizerem isso, não têm capacidade. Mudarão sua linguagem, sua maneira de falar, até o ponto em que, ao mobilizar as pessoas, eles estão aprendendo com elas. E então, quanto mais eles aprenderem com as pessoas, mais serão capazes de mobilizar. Isso é esperado. Eles poderão mobilizar as pessoas. Por causa disso eu sempre acho que é absolutamente necessário que mobilizadores e organizadores estejam bem seguros sobre a natureza educacional dessa prática.

3. Ideias

Em um segundo aspecto podemos mostrar, em uma análise do processo que chamamos de mobilização e organização – que implica que os organizadores conseguirão mais contatos e contatos mais próximos com grupos de pessoas – que os organizadores estarão envolvidos, se forem bons, em uma espécie de pesquisa participativa.

Terceiro: Se forem bons.

Paulo: Se forem bons. É preciso dizer, se forem bons. E se forem bons nesse envolvimento em pesquisa participativa, necessariamente estarão compreendendo algumas das questões que têm a ver com as expectativas e frustrações das pessoas, algumas das quais terão a ver com a falta de conhecimento dessas pessoas. Então deveria ser possível, começando por um processo de mobilização, criando oficinas, por exemplo, para as pessoas, nas quais educadores esclareceriam as questões que viriam das próprias pessoas. Eu vejo também que através dos momentos educacionais em um processo de mobilização, tomamos parte no próprio processo de mobilização. Os momentos educacionais são algo que emergem do processo de mobilização e por causa dele.

Myles: Pois é. Eu acho que certamente podemos aprender com a mobilização, mas podemos aprender a manipular as pessoas ou a educar as pessoas. Há dois tipos de aprendizado que emergem da mesma experiência. Tanto no movimento de direitos civis como no movimento trabalhista não há outra fonte identificável que tenha produzido tantos organizadores como a Highlander. Havia tanta gente que tinha estudado na Highlander organizando o movimento trabalhista que as pessoas começaram a chamá-la de uma escola para organizadores. Não havia muitos organizadores no Sul. Nós estávamos começando sem muita experiência, e portanto tínhamos que desenvolver muitos organizadores. Era uma escola para ajudar as pessoas a aprenderem a analisar e a lhes dar valores, mas eles se transformaram em organizadores. Esse foi o motivo pelo qual tantos ex-alunos da Highlander passaram a ser organizadores bem-sucedidos. Não que os treinássemos em técnicas de mobilização e organização, não fazíamos isso. A mesma forma-

O caminho se faz caminhando

ção que as pessoas recebiam para ser um organizador, recebiam para ser um funcionário dos sindicatos, para ser membro de um comitê, para ser um líder sindical. Era tudo o mesmo. Não era técnico. Não dizíamos às pessoas como fazer as coisas. Mas eles se tornaram organizadores bem-sucedidos e as pessoas que queriam ser organizadores sabiam que eles tinham vindo da Highlander, então vinham para a Highlander para aprenderem a ser organizadores. Mas nós os ensinávamos do nosso jeito e fazíamos isso porque queríamos que fossem educadores além de organizadores. Em vez de ser apenas mobilizadores, queríamos que educassem as pessoas. Essas foram as pessoas que insistiram para ter um programa educacional em seus sindicatos. Quando tinham organizado o sindicato, imediatamente estabeleciam o programa educacional porque entendiam que isso era o papel de um sindicato, enquanto algumas das pessoas preferiam operar a partir do cume. Eles não queriam um programa educacional porque queriam controlar desde o cume. Era um tipo de organização diferente. Quando eu digo que há uma diferença entre educação e organização, não quero dizer que não é possível ter educação e organização ao mesmo tempo, porque, na verdade, é isso que tentamos fazer. Uma experiência organizacional pode ser educacional. Pode ser. Mas tem que ser realizada com o objetivo de ter um processo decisório democrático, no qual as pessoas participem da ação, e não ter apenas um líder autoritário. Se for assim, não funcionará.

Não critico organizações. Na verdade, a Highlander é baseada em organizações. Antigamente, por exemplo, não aceitávamos ninguém na Highlander que não fosse produto de uma organização, que não estivesse envolvido em uma organização, que não viesse de uma organização. Por isso, separar o pensamento da Highlander das organizações é um erro, porque achamos que as organizações têm que ser o primeiro passo para o movimento social. O que se faz na organização é diferente se você apenas pensa em organizar ou se você pensa da maneira que a Highlander opera. É um pouco confuso, mas na prática parece funcionar bastante bem.

3. Ideias

Paulo: Organizadores que têm esperança de educar precisam aumentar sua sensibilidade histórica e cultural. Um educador ou mobilizador sem esse cuidado deve mudar de profissão. Segundo, sem a sensibilidade da intuição, é impossível se tornar um educador, mas também é impossível se tornar um educador se a pessoa parar no nível da sensibilidade. É preciso ser intuitivo, mas não parar na intuição. Preciso tomar o objeto da minha intuição como um objeto do meu conhecimento e entendê-lo teoricamente, e não simplesmente porque ele existe, entendem?

Myles, lembro que há algum tempo atrás você me falou sobre uma situação difícil pela qual você passou nos anos de 1930 com um líder operário que queria que você dissesse o que eles deveriam fazer. Você se lembra?

Myles: Nós tivemos sucesso na Highlander um pouco antes, organizando o condado em que vivíamos, organizando os sindicatos e organizando o condado politicamente. Tomamos conta do condado politicamente usando a educação, por isso eu sabia o que fazer. Eu sabia como a educação podia ser usada como um meio de construir organizações, organizações sindicais e políticas, mas eu não sabia o que poderia ser feito em um curto período de uma campanha de organização, que tinha como objetivo conseguir a organização do sindicato e obter um contrato. Esse era o propósito de estabelecer o sindicato.

Dentro dessa estrutura eu estava interessado em ir tão longe quanto possível na tentativa de ajudar as pessoas a desenvolverem a capacidade de tomar decisões e assumir responsabilidades, que é o que eu considero o papel do educador. Uma das coisas que eu estava fazendo era trabalhar através de comitês para conseguir que os membros desses comitês assumissem responsabilidades e aprendessem a fazer as coisas. Tínhamos um comitê de auxílio de emergência que precisava um pouco de ajuda para começar sobre como lidar com os problemas de emergência e dos recursos que entrassem. Finalmente, consegui fazer com que esse comitê e os outros chegassem a um ponto em que eu nem precisava mais saber o que estava ocorrendo e senti que tinha tido uma certa medida de sucesso. Se eles não vinham a mim para me perguntar coisas ou me dizer coisas, pensei eu, estão indo bastante bem. Mas o comitê de greves era um dos mais difíceis; eles tinham que pensar uma estratégia de greve. Nós tínhamos a polícia local, o delegado do condado e a milícia estatal contra nós. Então, era um trabalho difícil. Eles estavam tentando furar a greve. A patrulha rodoviária tinha começado a ajudar os furadores de greve a atravessar o piquete e estavam realmente começando a romper nossa solidariedade. Os grevistas disseram: "Temos que tentar alguma coisa nova. Temos que fazer alguma coisa". Um sujeito disse: "Por que não dinamitamos a droga da fábrica?" "Ficamos sem emprego", disseram eles, "isso não vai dar certo". Estávamos tendo uma pequena reunião em meu quarto de hotel. Eram poucos os lugares onde podíamos nos encontrar sem que nos ouvissem. O quarto provavelmente tinha microfones, o telefone estava grampeado. Eles ficavam lançando ideias e eu levantava questões para fazê-los pensar um pouco mais sobre o assunto. Finalmente, disseram que não podiam sugerir nada mais, qualquer estratégia ou alguma coisa que pudesse ser feita. Estavam ficando desesperados. Disseram: "Bem, você tem mais experiência que nós. Você tem que nos dizer o que fazer. Você é o especialista". E eu disse: "Não, vamos discutir o assunto um pouco mais. Em primeiro lugar eu não sei o que fazer e se soubesse não lhes diria porque se eu lhes disser hoje, vou ter que lhes dizer outra vez amanhã e quando eu não estiver mais aqui vocês vão ter que arranjar outro para lhes dizer". Foi aí que um sujeito meteu a mão no bolso, tirou uma pistola e disse: "Olha aqui seu, se você não nos disser eu vou lhe matar". Minha tentação foi transformar-me imediatamente em um especialista, ali mesmo! Mas eu sabia que se fizesse isso, tudo estaria perdido e depois todos os demais iriam começar a me perguntar o que fazer. Então eu disse: "Não. Vá em frente e atire se você quiser, mas eu não vou lhes dizer nada". E os outros acalmaram o da pistola.

Paulo: Essa é uma história muito bonita, se você considera que o educador tem que educar e que, por causa disso, o educador tem que intervir. Quando eu falo sobre intervir, algumas pessoas simbolizam isso como se eu, o educador, devesse aparecer com instrumentos para cortar árvores ou algo assim. Para mim esse é um exemplo fantástico de como o educador educa radicalmente.

Myles: Realmente parece um pouco radical.

3. Ideias

Paulo: A melhor maneira que você tinha de intervir era negar-se a dar a solução e, segundo, ser honesto. Diga primeiro, eu não sei; e, em segundo lugar, mesmo que eu soubesse não diria porque, se eu disser da primeira vez, terei que fazer uma segunda, terceira, quarta. Veja bem, essa é a intervenção do educador. Isto é, você não se negou a ser um educador. É muito bonito.

Myles: É por isso que eu estabeleço a diferença entre organizar e educar. Ora, a tarefa de um organizador, alguém que não fosse um educador, seria conseguir aquele contrato da melhor forma possível. Aquilo não teria sido um problema para ele – dizer a eles o que ele achava ser o melhor meio de lidar com aquela situação. Seu objetivo era conseguir realizar a meta da organização, me entende? E essa é a tarefa de um organizador. A tarefa de um organizador não é educar as pessoas como consideração prioritária. Sua tarefa é realizar uma meta limitada e específica. Não estou dizendo que não seja uma meta maravilhosa para as pessoas. Nem estou dizendo que não tenha valor. Só estou dizendo que há uma diferença entre organizar e educar, e eu acho que há uma diferença importante. E um educador não deve nunca se tornar um especialista, enquanto um organizador muitas vezes descobre que essa é sua maior vantagem, ser um especialista.

"Minha especialidade é saber não ser um especialista"

Terceiro: Myles, esse não é o mesmo tipo de filosofia que você e a Highlander usaram para excluir de uma oficina as pessoas que os participantes dessa oficina consideravam como peritos? Sei que nós tivemos discussões muito semelhantes acerca de outras formas de perceber a autoridade. Por exemplo, no movimento sobre saúde ocupacional, quando os mineiros de carvão vieram à Highlander para aprender sobre doença ocupacional e falar sobre o assunto, nós não queríamos médicos presentes na sala. Há algo semelhante nisso que você está falando, entre especialistas e líderes carismáticos fazendo a mesma coisa em um processo de oficina?

Myles: Acho que tiramos muita experiência disso. Muitas vezes quando eu digo que a gente começa com a experiência das pessoas, as

O caminho se faz caminhando

pessoas entendem que começamos e terminamos com essa experiência, mas é claro, vocês sabem que não é bem isso. Há um momento em que a experiência das pessoas se esgota. Vou dar um exemplo. Estávamos trabalhando com um grupo de pais negros aqui em uma cidade do Tennessee, onde só uns 5% da população são negros. As escolas tinham se juntado. Não eram integradas; elas apenas absorviam os negros e os transformavam em brancos sem que as escolas mudassem suas formas racistas e totalmente brancas de atuar. Com isso, as crianças negras estavam profundamente infelizes. Os pais a princípio insistiram para que as crianças se adaptassem, mas depois finalmente compreenderam o que as escolas estavam fazendo, realmente brutalizando as crianças através de situações que a escola mesmo criava e nas quais essas crianças eram discriminadas. Vieram, então, à Highlander para umas duas oficinas sobre o assunto. Decidiram que iam processar as escolas, ir à justiça. Bom, não demorou muito e já tinham esgotado o que sabiam. A essa altura eu disse: "Não seria uma boa ideia se conseguíssemos um advogado, um advogado amigo, para lhes falar sobre os processos pelos quais vocês têm que passar?" E eles disseram: "Achamos que é uma ótima ideia". Ora bem, isso é o que eu chamo de extensão de seu conhecimento, de suas experiências, que permanece bem dentro da estrutura de onde eles estão em sua forma de pensar. É sua ideia. Então, naquele momento, você pode introduzir uma quantidade de informação que eles não têm.

Eu pedi a um amigo que viesse – como professor e não como advogado – ensiná-los a respeito do que significava abrir um processo jurídico em termos de tempo, custos, possíveis resultados e outras coisas mais. Quando ele acabou de falar, eles compreenderam que a solução poderia levar uns dez anos, porque poderia haver recursos, e seus filhos estariam fora da escola quando o processo chegasse ao fim. Custaria muito dinheiro, e enquanto estivesse em vigor, eles teriam que ficar meramente sentados esperando sem poder fazer nada. Portanto, acabaria por destruir sua organização. O advogado tinha muita simpatia pelo caso deles. Ele era a favor da integração e estava ansioso para ser útil; e realmente o que tinha feito tinha sido muito útil. Mas ele queria ir

3. Ideias

em frente, continuar e aconselhá-los sobre o que fazer. Eu pedi que parasse naquele momento, porque eu não queria que um especialista lhes dissesse o que fazer. Eu queria que o especialista lhes desse os fatos e deixasse que eles decidissem o que fazer. Há uma grande diferença em dar informação e em dizer às pessoas como usar essa informação. Eu tive que mais ou menos agarrá-lo pelo braço e fazê-lo sair da sala. E ele continuou falando olhando para trás, enquanto eu o guiava para fora da sala. Ainda queria ajudar àquelas pessoas a resolverem seus problemas.

Ora bem, essa maneira de usar o conhecimento de um especialista é diferente daquela em que o especialista diz às pessoas o que fazer e eu acho que esse é o meu limite. Não tenho problemas em usar a informação que os especialistas oferecem, desde que eles não digam isso é o que vocês têm que fazer. Até hoje nunca conheci especialistas que saibam onde é o limite. Se as pessoas que querem ser especialistas querem dizer às pessoas o que fazer porque eles acham que é sua obrigação fazer isso, a meu ver, isso tira o poder das pessoas de tomarem decisões. Isso significa que eles irão chamar outro especialista quando precisarem de ajuda. Eles aprendem fazendo aquilo que devem fazer e não há nenhuma transmissão de poder que possa resultar disso. Talvez, como resultado disso, possa haver um sucesso da organização, mas não há transmissão de poder para as pessoas, nenhum aprendizado. Portanto, esse é meu sentimento com relação a como usar e como não usar especialistas.

Terceiro: Provavelmente você poderia ter previsto o que ia acontecer. Por que você esperou para trazer o advogado para o círculo? Por que ele já não estava lá desde o começo?

Myles: É claro que eu sabia o que ia acontecer. Tinha que acontecer, porque eu conheço bem o padrão aqui nessa região, você vai para o tribunal e aplaca as pessoas. Mas suponhamos que eu tivesse dito no primeiro dia em que essas pessoas vieram à Highlander: "Eu sei que vocês vão acabar falando sobre um processo amanhã. Vamos chamar um advogado e resolver isso de uma vez e deixar que ele lhes diga o que fazer". Aí não teria ocorrido nenhum aprendizado. Algum tipo de informação teria sido partilhado, mas não teria havido aprendizado algum – não se teria aprendido a lidar com os problemas, nem a ter um sentido de responsabilidade. Eles teriam aprendido a passar seus problemas para um especialista. As pessoas já fazem isso o tempo todo; não precisavam ter vindo à Highlander para passar as coisas para um especialista. Elas têm que trabalhar a informação em suas próprias mentes ou então não serão capazes de usá-la quando voltarem a suas casas. Se você lhes nega o direito de fazer que essa informação seja sua, a informação não poderá nunca ser parte de sua experiência, de sua experiência de aprender, nunca será sua realmente. Se eu sou um especialista, então minha especialidade é saber como não ser um especialista ou em saber como acho que especialistas devem ser utilizados.

"Meu respeito pela alma da cultura"

Paulo: Como é possível para nós trabalhar em uma comunidade sem sentir o espírito da cultura que está lá há muitos anos, sem tentar entender a alma da cultura? Não podemos interferir nessa cultura. Sem entender a alma da cultura apenas invadimos essa cultura. Acho que é necessário esclarecer um ponto. Retorno uma vez mais a uma pergunta que você (terceiro) nos fez, na qual você disse que eu e Myles somos exigentes com relação a pontos de vista e valores. Retorno uma vez mais com um exemplo muito bom. Meu respeito pela alma da cultura não me impede de tentar, com as pessoas, a mudar algumas condições que, a meu ver, são obviamente contra a beleza de ser humano. Deixe-me dar um exemplo concreto. Tomemos uma tradição cultural importante na América Latina que impede que homens cozinhem. É muito interessante analisar isso. Em última análise, os homens criaram essa tradição e a premissa nas mentes das mulheres é que, se os homens cozinharem, dão a impressão de não serem mais homens. Com isso, os homens ganham vantagens. OK, essa é a tradição. Tomemos uma segunda comunidade na qual os homens não fazem nada relacionado com o trabalho doméstico. As mulheres fazem tudo na casa e também no campo, e os homens voltam do campo só para comer, mas as mulheres também estiveram lá trabalhando.

3. Ideias

Ora bem, eu sou um educador e estou falando em oficinas com essa comunidade. Minha pergunta é a seguinte: É possível que eu, com relação à minha compreensão de mundo – porque respeito a tradição cultural dessa comunidade –, é possível que eu passe toda a minha vida sem nunca tocar nesse assunto? Sem nunca criticá-los só porque eu respeito sua cultura tradicional? Não, eu não faço isso. Mas eu não estou invadindo ao não fazer isso – isto é, fazendo o oposto, criticando, questionando os homens e mulheres dessa cultura para que entendam como aquilo está errado de um ponto de vista humano. Um homem me disse que está determinado historicamente que todos os homens têm o direito de comer o que as mulheres cozinham. Não é bem assim porque é uma espécie de destino diferente. É cultural e histórico e, se é cultural e histórico, pode ser mudado. E se pode ser mudado, não é contra a ética colocar a possibilidade de mudança sobre a mesa.

Isso é apenas um exemplo e existem muitos outros exemplos relacionados com respeito. Eu insisto: uma coisa é respeitar; a outra é manter e encorajar alguma coisa que não tem nada a ver com a visão do educador. Prefiro ser muito claro e assumir minha obrigação de questionar, mas é claro, eu sei que tenho a obrigação de questionar aquela cultura e aquelas pessoas. Sei também que há um momento para começar a fazer isso. Não posso começar no dia em que chego. Não posso fazer isso. Então a questão não é estratégica, é tática. Estrategicamente sou contra ela. Estou a favor da luta das mulheres. Taticamente posso ficar quieto sobre o assunto seis meses, mas na primeira ocasião que tiver, devo colocar a questão na mesa, embora nos deixe a todos desconfortáveis.

Myles: Paulo, gostaria de voltar ao ponto onde começamos isso. Sou totalmente a favor daqueles que são honestos com respeito a suas posições, que dizem que somos contra o sistema. Que queremos mudar o sistema. Sou totalmente a favor de sermos extremamente críticos uns com os outros sobre esse problema. Não tenho nenhum respeito pelas pessoas que afirmam serem neutras, ou por instituições que dizem ser neutras, mas nos criticam – nenhum respeito. Elas têm a base de poder para maximizar todas suas posições, e depois chamam a isso de neutralidade.

O caminho se faz caminhando

Paulo: Lembro como Amilcar Cabral, o grande líder africano, lidava com isso. Em *Cartas à Guiné-Bissau*[2] discuti um pouco com ele sobre como ele lidava com isso. Durante a guerra no mato, ele sempre dirigia seminários. Levou algumas pessoas da frente com ele para o mato. À sombra das árvores, ele costumava discutir, avaliar a guerra, mas ele sempre levantava algumas questões sobre ciência, cultura e ensino para debater com as pessoas. Em um dos seminários, uma das questões que ele abordou foi o poder do amuleto. Ele disse: "Um de vocês me disse que foi salvo por causa de seu amuleto. Eu gostaria de lhes dizer que nós salvamos a nós mesmos das balas dos portugueses, se *aprendermos* como nos salvar. Tenho certeza de que os filhos de seus filhos dirão um dia que seus pais e seus parentes lutaram maravilhosamente, mas que tinham umas ideias meio estranhas". Ele respeitava a cultura das pessoas, mas ele estava lutando contra aquilo que ele costumava chamar de fraqueza da cultura. Em suas reflexões sobre cultura, ele disse que toda cultura tem coisas negativas e coisas positivas e que o que temos que fazer é melhorar as positivas e vencer as negativas. A crença no poder do amuleto era uma das fraquezas da cultura. Ele estaria totalmente errado se dissesse que todos aqueles que acreditassem no amuleto ficariam presos por dois dias. Seria um absurdo, mas para mim também teria sido um absurdo se ele não tivesse dito o que disse.

Myles: Ele tinha que descobrir uma maneira de dizê-lo.

Paulo: É.

Myles: Nós temos que descobrir meios de lidar com nossas próprias "fraquezas da cultura". Um dos verdadeiros problemas no Sul, nos primeiros dias da Highlander era a segregação, a discriminação legal e tradicional contra os negros e as negras. Um de nossos princípios é que acreditamos na igualdade social para todas as pessoas e nenhuma discriminação por qualquer motivo: religioso, racial, de sexo ou qualquer outra coisa. Os costumes sociais eram ter segregação. Como é que abordamos aquele costume social? O

---

2. FREIRE, P. *Cartas à Guiné-Bissau* – Registro de uma experiência em processo. Rio de Janeiro: Paz e Terra, 1997 [Nota de Ana Maria Araújo Freire].

3. Ideias

meio que era utilizado pela maioria das pessoas que trabalhavam naquilo que era chamado de relações raciais era falar sobre aquilo e rezar para aquilo e esperar que mudanças mágicas ocorressem, suponho eu. Alguns lidavam com a segregação executando programas segregados e educando negros aqui e brancos ali, como mandava a tradição. Nós decidimos lidar com ela diretamente, sabendo que discussões e análises não iriam fazer que mudassem de opinião.

Decidimos realizar oficinas integradas e não falar nada sobre o assunto. Descobrimos que se não se fala com as pessoas sobre o assunto, se não se força as pessoas a admitirem que estão erradas – isso é o que se faz quando se debate e discute com as pessoas –, então é possível conseguir. As pessoas não entenderam muito bem o que estava acontecendo. De repente, descobriram que estavam comendo juntas e dormindo nos mesmos quartos e, como estavam acostumados a fazer aquilo que era determinado pela sociedade, pelo *status quo*, não sabiam como reagir negativamente ao nosso próprio *status quo*. Tínhamos um *status quo* diferente na Highlander, e enquanto não falamos sobre o assunto, os problemas foram mínimos. Mais tarde, os participantes começaram a falar sobre isso de um outro ponto de vista, de um ponto de vista da experiência. Eles tinham vivenciado algo novo, portanto tinham algo positivo para expandir. Quando começamos a falar do assunto, não foi para dizer: "Olha como vocês mudaram. Nós estávamos certos e vocês errados". O que dissemos foi: "Vocês tiveram uma experiência aqui. Quando vocês voltarem, vocês lidarão com pessoas em seus sindicatos que não tiveram essa experiência e elas saberão que vocês estiveram em uma escola integrada. Como é que vocês vão explicar isso para elas?" Com isso, elas começaram não a falar sobre como tinham mudado ou como tinham enfrentado o problema, mas como iriam explicar a experiência para outras pessoas. Simplesmente saltamos a fase da discussão. É claro, ela estava acontecendo internamente o tempo todo, mas não queríamos colocar a coisa em termos de um argumento ou de um debate.

No entanto, estávamos violando os costumes. Estávamos fazendo algo, não estávamos adiando as coisas. Simplesmente a fizemos, diretamente, desde o início. Às vezes é preciso lidar com esses problemas, outras vezes não é. Às vezes é possível adiá-lo, outras não. Eu acho que é preciso sempre estar consciente quando se vai contra as tradições das pessoas. É preciso pensar seriamente sobre o assunto.

Paulo: Certamente. Até para mudar algumas tradições, você tem que começar por aí. É impossível não fazê-lo.

Terceiro: Quando você fala sobre examinar as tradições de uma cultura, você está dizendo que parte da minha responsabilidade é avaliar a cultura, aceitá-la e entendê-la, mas criticá-la. Além disso, parte da minha responsabilidade é tomar qualquer coisa que eu acho injusta, desigual e tentar fazer alguma coisa a respeito. Não é correto?

Paulo: É.

Myles: Quando as pessoas me criticam por não ter qualquer respeito pelas estruturas e instituições existentes, protesto. Digo que dou às instituições, estruturas e tradições todo o respeito que acho que merecem. Isso normalmente significa um respeito quase mínimo, mas existem coisas que eu realmente respeito. Mas é preciso que elas ganhem esse respeito. Elas têm que ganhar esse respeito servindo às pessoas. Elas não ganham essa posição só pela sua idade ou legalidade ou tradição.

Temos algumas tradições boas neste país no papel e nas vidas das pessoas, acerca da liberdade individual, que eu admiro muito. Eu costumava dizer que há somente duas coisas que as pessoas que vinham para a Highlander tinham que aceitar como precondição para sua vinda, e isso era nenhuma discriminação, ponto-final, e total liberdade da palavra. Ora, a liberdade da palavra neste país, para simplificar as coisas, é, a meu ver, um valor a ser preservado, aprofundado e expandido. É uma tradição que nós desenvolvemos mais que a maioria dos países e eu dou valor a isso. Gostaria que outros países tivessem a mesma coisa. Para outro exemplo, nas tradições dos índios americanos, temos o conceito holista da sociedade ser uma, de o universo ser um. As pessoas, as árvores, as pedras e a história tudo se funde. Na visão dos índios americanos elas estão todas relacionadas. Eles têm essa visão, mas eles conhecem história. Esse conceito holista é a tradição mais antiga que temos em termos de história. Não é generalizada, mas não podemos dizer que não é uma tradição americana. Na realidade, é um tipo de tradição totalmente americana.

Não estou dizendo que na cultura de um povo tudo é ruim. Estou apenas dizendo que é preciso pinçar e selecionar e manter as coisas boas. Tenho muito pouco respeito pelo sistema eleitoral nos Estados Unidos. Poderia tê-lo respeitado no começo, quando o país era pequeno e tínhamos uma população pequena. O sistema que temos nos Estados Unidos foi estabelecido em uma época quando a população total era igual à população atual de Tennessee. Esticamos o sistema e tentamos fazê-lo funcionar para tipos diferentes de problemas e, ao expandi-lo e adaptá-lo, perdemos seu significado. Ainda temos a forma, mas não o sentido. Existem muitas coisas que precisamos imaginar de uma maneira crítica porque podem ter sido úteis em um determinado momento, mas já não o são. Acho que há alguma coisa boa em tudo. E há alguma coisa ruim em tudo. Mas há tão pouco de bom em algumas coisas que você sabe que para objetivos práticos elas são inúteis. Já não têm salvação. E há tanta coisa de bom em algumas coisas, mesmo que elas sejam ruins, que vale a pena construir sobre aquilo que é bom.

Paulo: Tenho a impressão em nossa discussão de que estamos nos desviando do ponto central. Dissemos inúmeras vezes desde o começo de nossa conversa, cinco dias atrás, que o educador não tem o direito de ficar quieto apenas porque ele ou ela tem que respeitar a cultura. Se ele ou ela não tem o direito de impor sua voz às pessoas, ele ou ela não tem o direito de permanecer calado. Tem a ver precisamente com a obrigação de intervir que o educador tem que assumir sem temor. Não há motivo para que um educador tenha vergonha disso.

"Aprendi muito com a paternidade"

Paulo: Lembro que aprendi muito com a paternidade.

Myles: Eu também.

Paulo: E aprendi muito observando como a Elza era mãe. Lembro em casa, Elza e eu nunca dizíamos não sem explicar a razão. Nunca. Se eu dissesse não, tinha que ter alguma razão. Olha, não quero dar a vocês a impressão de que sou um racionalista. Não, não é verdade, porque na verdade sou um ser bastante emocional, cheio de sentimentos e sem qualquer temor de expressá-los. O que quero dizer é que por trás do *não* e do *sim* há um argumento e um desacordo e em todos os tipos de argumento e desacordos existem muitas coisas para serem ditas. Eu não digo não simplesmente porque amo você; eu digo não porque tenho algumas razões para dizer não. Por que não ensinar as crianças a começarem a procurar as razões, os fatos, os eventos, porque sempre existem razões. Eu tinha que explicar todas as vezes *porque* alguma coisa não era possível.

Em segundo lugar, cada vez que era possível que meus filhos, sem arriscarem suas vidas, aprendessem fazendo, eu preferia que o fizessem. E depois eu conversava com eles sobre isso. Sendo pai e mãe eu e Elza estávamos sempre, é interessante, envolvidos no processo de refletir com nossos filhos. Espero que nunca tenham ficado cansados com nossos ensinamentos. Eu estava sempre ensinando a eles. Por isso é que eu nunca disse não e depois fiquei calado. Lembro que uma vez perdi minha paciência; não lembro onde estava. Cometi uma injustiça horrível com a Christina e ela ficou muito triste, imediatamente. Ela foi deitar e fui atrás dela. Dei-lhe um beijo e disse: "Vim aqui para pedir que você me perdoe. Eu estava errado". E ela sorriu com os lábios e com os olhos e me beijou e dormiu muito bem. Espero que, por causa disso, ela não precise de uma psicoterapeuta hoje em dia. Talvez eu tenha evitado esse gasto.

Myles: É maravilhoso o quanto a gente pode aprender. Eu poderia lhe dar uma porção de exemplos, mas um exemplo de aprendizado ainda está comigo e eu ainda faço uso dele. Nossos filhos cresce-

3. Ideias

ram nas montanhas, onde as pessoas às vezes batem nas crianças até com chicote. Chama-se isso de abuso físico e, é claro, nós não acreditávamos em abuso físico. Não acreditávamos ser certo dar surras em nossos filhos ou dar-lhes tapas aqui e ali. Queríamos ser carinhosos com eles, amá-los. Uma vez Thorsten tinha feito algo que eu não aprovava e conversei com ele e lhe disse que aquilo tinha me ferido, e como eu estava triste. Thorsten começou a chorar e me disse: "Por que é que você é tão ruim comigo? Por que você não faz como os outros pais e me bate logo e aí tudo acaba. Não seria tão ruim, não ia doer tanto". De repente eu entendi que ele preferia muito mais uma surra e terminar de uma vez com aquilo do que eu ficasse triste. Para ele, minha tristeza era mais incômoda do que se eu lhe desse uma surra. Como você imagina, isso mudou completamente minha maneira de pensar sobre brutalidade. Compreendi que eu estava sendo bruto tentando não ser bruto. Isso sempre me vem à mente quando leio sobre pais nas montanhas batendo em seus filhos e como são brutos. O que não dizem é que as crianças se aconchegam no colo do pai, até mesmo antes de esse ter lavado seu rosto depois de voltar da mina. Ela abraça e beija seu pai porque sabe que existe amor ali. Eles fariam o mesmo erro que eu fiz, sabe? Mudou completamente minha maneira de ver as coisas, porque a brutalidade pode ser outra coisa que não física. Aquilo foi uma verdadeira lição que Thorsten me ensinou. Uma verdadeira lição.

Terceiro: Ele começou a apanhar depois disso?

Myles: Estou falando sério, aprende-se tanto com os filhos sobre como lidar com os problemas. Depois que a Zilphia morreu, Thorsten e Charis começaram a cooperar em segredo. Vieram a mim um dia e disseram: "Você sabe, é tão fantástico ter você como pai, e significa tanto para nós todas as coisas que você faz na Highlander, coisas nas quais você acredita, as pessoas debatendo as coisas e votando nelas. Você diz que crê em pessoas negras e brancas vivendo juntas, e você faz aquilo em que acredita". Eles continuaram com essa cantilena de que tinham tanta sorte de ter um pai como eu, e eu estava pensando comigo mesmo qual seria a próxima coisa, que é que estavam armando. Aí eles disseram:

O caminho se faz caminhando

"Achamos que devemos votar sobre tudo que fazemos". Era dois a um, não é, e eu disse: "Bom, será ótimo se pudermos fazer isso. Que é que vocês estão imaginando?" "A gente vem falando em tirar umas férias e você fica dizendo que não podemos ter férias. Acho que devemos votar." Eu disse: "Vocês podem votar sobre as férias e decidir ter férias, mas depois vocês têm que me ajudar a conseguir o dinheiro para pagar as férias e me ajudar a organizar meu horário para que eu tenha tempo de tirar férias, e aí tiramos as férias. Mas vocês vão ter que assumir algumas das responsabilidades de implementar a decisão. Vocês podem tomar as decisões que queiram para vocês mesmos sem fazer isso, mas não podem tomar a decisão por outra pessoa. Vocês não podem decidir sobre o que outras pessoas têm que fazer".

Tive que lidar com o problema de tomar decisões por outros de uma maneira muito importante com as crianças. Até que ponto podemos ir e como fazê-lo em termos de botar a democracia para funcionar e deixar que as pessoas tomem decisões? Meus filhos me educaram de inúmeras maneiras. Algumas dessas maneiras eu passei adiante.

Paulo: É. Eu acho que talvez a lição principal que eu aprendi trabalhando com meus filhos e filhas foi como era importante para seu desenvolvimento que nós, Elza e eu, entendêssemos desde o começo a necessidade de limites. Sem limites é impossível que a liberdade se torne liberdade e também é impossível para a autoridade realizar sua obrigação, que é precisamente a de estruturar limites. Mas, uma vez mais, sua pergunta. Você vê como o problema que você trouxe para nossa discussão é importante, Myles, e eu sei que você trouxe esse problema para a discussão porque você o vivenciou na América Latina, como eu. Isto é, precisamos de limites, e ao vivenciar a necessidade de limites, também vivenciamos o respeito pela liberdade e a necessidade de exercer autoridade. Sem a autoridade do pai e da mãe, as crianças não podem crescer bem. Isso não é um problema de quatro vezes quatro é dezesseis no sistema decimal. Estou falando agora com a certeza da experiência. A mesma coisa é verdade: sem os limites do professor e da professora, os alunos e alunas não podem saber. Isto é, o pro-

3. Ideias

fessor tem que impor os limites. Por exemplo, como é possível para um professor ensinar, se os alunos entram e saem da sala quando querem em nome da "democracia"? O que ocorre se o professor não é capaz de dizer no primeiro dia: "Não, é impossível. Vocês entram na hora certa e saem na hora certa como eu faço". Que respeito os alunos podem ter por um professor que nunca chega na hora e que nunca dá aula porque ele ou ela está sempre tentando pactuar com os alunos com o objetivo de *não* dar a aula? Um professor que propõe aos alunos às escondidas, que não venham na próxima aula, não tem qualquer direito de exigir respeito, porque ela ou ele perdeu o limite de sua autoridade. A liberdade não pode respeitar esse tipo de autoridade e ele destrói o relacionamento. Você entende? Acho que isso é muito importante. A mesma coisa ocorre no relacionamento entre, por exemplo, o poder na sociedade e nós mesmos.

Myles: Há um outro lado para essa coisa de limites. Os limites com bastante frequência têm o efeito contrário. Eles inibem o crescimento e o desenvolvimento. Se você usa essa ideia de limites, você tem também que pensar como as pessoas aceitam limites que nem sequer existem – como na universidade. Os professores lá não ousam questionar o sistema capitalista. Não ousam levantar questões sobre a administração. Acham que se o fizerem vão perder o emprego. Para a maioria deles, isso nem é verdade. A maioria deles poderia conseguir de alguma maneira, poderia fazer muito mais do que acham que podem fazer. Seus limites não estão tão restritos, tão próximos deles como eles pensam. Por isso, eu sugiro sempre que as pessoas testem para ver até que ponto podem esticar esses limites e fazer isso de uma maneira relativamente tranquila, uma espécie de projeto-piloto para ver até que ponto podem ir. Acho que a maioria das pessoas irá descobrir que pode ir muito mais longe em uma instituição grande e burocrática que depende principalmente de boletins e notas. Os administradores não examinam muito a sala de aula enquanto acharem que as coisas estão de acordo (com as regras). Portanto eu acho que há muito mais espaço em todas as áreas. Na Highlander, às vezes somos demasiados precavidos e não ampliamos os limites o suficiente. Poderíamos ir mais longe.

O caminho se faz caminhando

Já me criticaram por defender que as pessoas ampliem seus limites, porque às vezes as pessoas são descobertas. Às vezes, as pessoas são demitidas. Às vezes, perdem seus empregos por ampliarem os limites demasiado longe, mas é uma experiência interessante. Assim, descobrem que não queriam mais ficar dentro daqueles limites que estavam empurrando. Quando as pessoas descobrem que é possível sobreviver fora daqueles limites, ficam muito mais felizes. Não querem se sentir atadas. Portanto eu acho que podemos encorajar as pessoas a ampliar seus limites o mais longe possível e, se tiverem problemas por causa disso, tudo bem; afinal, isso não é tão ruim assim se é o que elas queriam fazer.

4
A prática educacional

"Quanto mais as pessoas se tornam elas mesmas, melhor será a democracia"

Paulo: A educação sempre implica programa, conteúdo, método, objetivos e outras coisas mais, como eu disse ontem. Para mim, o nível de participação dos alunos no processo de organização do currículo sempre foi uma questão política e não exclusivamente uma questão educacional. Sei que essa questão tem que ter respostas diferentes em lugares e épocas diferentes. Quanto mais as pessoas participarem do processo de sua própria educação, maior será sua participação no processo de definir que tipo de produção produzir, e para que e por que, e maior será também sua participação no seu próprio desenvolvimento. Quanto mais as pessoas se tornarem elas mesmas, melhor será a democracia. Quanto menos perguntarmos às pessoas o que desejam e a respeito de suas expectativas, menor será a democracia.

Myles: Eu uso perguntas mais do que qualquer outra coisa. Eles não consideram as perguntas como intervenção porque não se dão conta de que a razão pela qual você fez a pergunta é porque você sabe algo. O que você sabe é o corpo do material que você está tentando fazer que as pessoas considerem, mas em vez de dar uma conferência sobre o assunto, você faz uma pergunta à luz daquele

O caminho se faz caminhando

material. Em vez de *você* ficar no alto da montanha, você os coloca no alto da montanha. Acho que existe muita confusão nas mentes dos acadêmicos com relação ao que se está querendo dizer quando se diz que é preciso intervir.

Paulo: É, é ótimo que você tenha dito isso, porque eu uso intervenção exatamente da mesma maneira que você.

Myles: É, eu sei disso, mas é melhor que você tente explicar isso um pouco mais, porque senão outras pessoas podem não entender bem o que você quer dizer.

Terceiro: Myles, naqueles primeiros dias, como é que você via o seu papel? Como é que você desenvolveu sua técnica de intervenção? O que é que você fez?

Myles: Bem, minha posição é igual à do Paulo, ou seja, que nós temos a responsabilidade, se temos algum conhecimento ou alguma ideia, de compartilhar isso com as pessoas. Se temos uma convicção, temos a responsabilidade de agir de acordo com aquela convicção sempre que for possível, e se estivermos trabalhando com educação, agimos de acordo com ela em um contexto educacional.
Eu reagi contra a maneira como fui educado na escola, que considero como sendo deseducação. Eu achava que tinha que haver uma maneira melhor. Sempre ressenti ser humilhado por professores que exibiam seu conhecimento e presumiam que eu não tinha nenhum. A verdade nesse caso é que eu estive em situações assim quando estava no colégio em Brazil (Tennessee), onde eu sabia mais que o professor e, pior ainda, sabia que sabia mais que o professor. Comecei, então, a experimentar com maneiras de transmitir minhas ideias sem ter que humilhar as pessoas, tentando fazer com que elas pensassem e analisassem suas próprias experiências. Com isso, redescobri o que se sabe há muito tempo, ou seja, que uma das melhores maneiras de educar é fazer perguntas. Nada de novo. Só que isso não é praticado muito extensivamente na vida acadêmica. Suponho que os acadêmicos podem dar uma conferência sobre o assunto, mas não podem pô-lo em prática. Então descobri que se eu sei alguma coisa suficientemente bem, posso encontrar um meio de introduzir esse assunto na discussão

4. A *prática educacional*

que está ocorrendo, no momento exato, para fazer com que as pessoas o considerem. Se elas quiserem continuar o tema, você faz novas perguntas que surgirem daquela situação. Você pode transmitir todas suas ideias simplesmente fazendo perguntas e, ao mesmo tempo, estar ajudando as pessoas a crescerem e não a ficarem dependentes de você. Para mim, é apenas um meio mais eficiente de transmitir ideias.

Terceiro: Então a ideia passa a ser ideia delas.

Myles: Passa a ser delas porque elas são as que vêm até a ideia, não porque eu disse isso ou devido a alguma autoridade; a ideia faz sentido. E faz sentido porque está relacionada ao processo e ao pensamento que elas estão desenvolvendo.

Terceiro: É um tanto ou quanto subversivo, não é?

Myles: Bem, suponho que sim, se você diz que ser subversivo é tentar transmitir suas ideias. Eu nunca hesitei em dizer a qualquer pessoa o que eu penso a respeito de qualquer coisa se elas me perguntarem. Não vejo motivo para lhes dizer antes que elas estejam preparadas para ouvir, mas quando fazem uma pergunta é porque estão preparadas para ouvir. Simplesmente não vejo nenhuma razão para desperdiçar energia tentando forçar alguma coisa nas pessoas. Temos um provérbio aqui. Vocês provavelmente têm provérbios semelhantes em sua cultura no Brasil. Dizemos que se pode levar um cavalo até a água, mas não se pode forçá-lo a bebê-la.

Paulo: É.

Myles: Esse é um problema que, no mundo acadêmico, eles abordam dando pancadas na cabeça do cavalo e batendo nele até que forçam sua cabeça no tanque e, então, para evitar que as pancadas continuem, ele tentará beber água. Meu sistema é fazer com que ele tenha sede, porque então irá beber voluntariamente.

Paulo: É verdade.

Terceiro: Mas Myles, você teve que adquirir alguma prática para chegar a um ponto em que você sempre sabe como lidar com essas questões.

O caminho se faz caminhando

Myles: E como!

Terceiro: Vamos falar um pouco sobre isso.

Myles: Veja bem, quando eu falo alguma coisa assim, vocês pensam que eu nasci com uma barba branca, como se eu tivesse nascido como sou hoje.

Terceiro: É um pouco confuso, porque você disse também que não acredita em experimentar usando pessoas.

Myles: Não usando pessoas, mas junto com as pessoas. Você experimenta junto com as pessoas e não as usando. Há uma grande diferença. Elas estão por dentro do experimento. Elas estão por dentro do processo. A que altura a gente passa a ser bom em alguma coisa? Eu tinha uma reputação de ser bom em facilitar discussões, mas não tinha essa reputação nos primeiros anos da escola, quando estávamos tentando descobrir como usar nosso conhecimento acadêmico trabalhando com pessoas.

Por exemplo, sempre tivemos a prática, na Highlander, no tempo em que eu era diretor, de fazer com que os funcionários estivessem familiarizados com a área em que estávamos trabalhando. Havia duas maneiras de fazer isso. Respondíamos a um pedido de ajuda de um aluno ou passeávamos pela região para descobrir o que estava acontecendo. Precisávamos saber o que estava ocorrendo nos campos econômico, social e cultural de onde estávamos trabalhando, mas não chegávamos na escola e dávamos uma conferência sobre o assunto ou escrevíamos um livro sobre ele. Usávamos esse conhecimento para ter ideias que servissem de base para fazer perguntas e orientar discussões. Portanto, você tinha que ter bastante conhecimento; tinha que saber sobre o assunto. Tinha que saber mais do que as pessoas que você estava ensinando, ou não teria nada para contribuir. Mas não tinha que saber mais sobre onde eles estavam em seu desenvolvimento. Elas sabiam mais do que você sobre isso. Você também não tinha que saber mais sobre as experiências delas. Elas eram autoridades mundiais em suas próprias experiências e você tinha que valorizar isso, apreciar isso.

4. A *prática educacional*

A Highlander tem uma fita de vídeo de uma oficina na qual Mike Clark, o diretor naquela época, faz uma pergunta e aquela única pergunta vira a oficina de cabeça para baixo e a leva em uma direção completamente diferente. Bem, isso foi uma breve pergunta, mas Mike tinha anos de experiência na área, e dessa experiência ele extraiu a pergunta. Isso é o que quero dizer com usar seu conteúdo. Use sua familiaridade com o assunto, mas use-a como base. Primeiro é questão de ter uma convicção de que essa é a maneira correta de lidar com pessoas, de que é preciso respeitá-las e deixar que desenvolvam seu próprio pensamento sem que você tente pensar por elas. Mas como fazer isso? Você tem que praticar até que você descubra que sabe como fazê-lo e, a partir daí, é como qualquer outra coisa. Como um músico que está aprendendo, senta-se ao piano e começa a tocar. Simplesmente começa. É uma coisa natural. Não é preciso pensar muito sobre o assunto. Com intuição você diz, simplesmente: "Bem, que é que eu posso fazer aqui?" E aquilo mais ou menos surge, mas é uma questão de prática. É prática.

Paulo: Com relação a essa questão de não respeitar o conhecimento, o sentido comum das pessoas, semana passada eu estava em Recife dirigindo um seminário para um grupo de educadores e estávamos discutindo justamente essa questão de respeitar o conhecimento das pessoas. Uma professora nos contou uma história muito interessante. Ela disse que a aprendizagem acadêmica, o fato de ser um acadêmico, não é uma coisa ruim. É apenas uma questão de que tipo de acadêmico ser. Um aluno foi a uma região de pescadores para fazer pesquisa e encontrou um pescador que voltava da pesca. O acadêmico perguntou: "Você sabe quem é o presidente do país?" O pescador disse: "Não, não sei". E o acadêmico: "Você sabe o nome do governador do Estado?" O pescador disse: "Infelizmente não". O acadêmico, então, perdendo a paciência, disse: "Mas pelo menos você sabe o nome do prefeito?" E o pescador disse: "Não, também não sei, mas aproveitando essa coisa de perguntar nomes de pessoas, gostaria de perguntar ao senhor: 'O senhor sabe o nome deste peixe?'" O acadêmico disse que não. "Mas este outro aqui o senhor sabe, não é?" O acadêmico, mais uma vez, disse que não. "Mas este terceiro aqui o senhor sabe, não sabe?" E o acadêmico disse: "Não, também não sei". Então disse o pescador: "O senhor vê? Cada um com sua ignorância".

Myles: Há uma história da montanha, o mesmo enredo, mas uma história diferente, de um caixeiro-viajante aqui das montanhas. O caixeiro se perdeu e não sabia que direção seguir. Encontrou o menininho na estrada, e lhe perguntou: "Oi, meu filho, você sabe o caminho para Knoxville?" O menino disse: "Não senhor". Bem, disse o homem, "Você sabe o caminho para Gatlinburg?" "Não senhor". Bem, disse ele, "Você sabe o caminho para Sevierville?" "Não senhor". E o caixeiro disse: "Menino, você não sabe muita coisa, sabe?" "Não senhor, mas eu não estou perdido!"

Terceiro: Parece-me que vocês, em suas conversas, ficam voltando à questão do relacionamento delicado entre ensinar, aprender e dar conhecimento. Paulo fala sobre ir além do conhecimento que as pessoas trazem. Suponho que você também faça isso. Paulo articula um meio de ir além do conhecimento das pessoas e Myles articula um meio de começar com o conhecimento das pessoas; então, em algum ponto entre os dois, há uma prática que ambos têm.

Myles: Tenho uma filosofia pessoal que acho que o mundo deveria ser o que a vida deveria ser. Mas, como eu disse ontem, não tenho quaisquer direitos que não devam ser feitos universais e se eu posso entender que isso tem qualquer validade e autenticidade, então outras pessoas também podem. Começo com essa premissa e a pergunta, então, é como expor as pessoas, como incentivá-las até o ponto em que cheguem a examinar o assunto? Esse é o objetivo total daquilo que, a meu ver, a Highlander é. Você fica com a experiência das pessoas e a experiência está crescendo bem ali, naquilo que eu chamo de um círculo de aprendizes, em uma situação de oficina. Elas estão se desenvolvendo porque aprenderam com seus colegas. Aprenderam não o que sabiam, e sim aquilo que sabiam que não sabiam. Aprenderam algo com as perguntas que você fez. Você conseguiu que elas pensassem, então, bem ali, diante de seus olhos, a experiência delas vai se modificando. Você não está falando da experiência que elas trouxeram consigo. Você está falando da experiência que lhes é dada na oficina e, em uns pou-

4. A *prática educacional*

cos dias, aquela experiência pode expandir enormemente. Mas se você romper a conexão entre o ponto de partida, a experiência delas e aquilo que elas mesmas sabem, se você chegar em um ponto onde aquilo que elas sabem não pode ajudá-las a entender o que você está dizendo, então você as perde. Aí você atinge os limites externos da possibilidade de ter qualquer relacionamento com o aprendizado daquelas pessoas. Por isso, é preciso ter muito cuidado ao analisar um grupo para saber se os membros desse grupo realmente estão prontos para falar sobre a Grécia antiga, se aquilo ajuda a esclarecer o assunto, ou se eles estão prontos para discutir o que está acontecendo na Patagônia ou no Brasil, ou o que ocorreu na União Soviética. A informação que traz essas coisas pode ser um filme ou pode até ser uma discussão, porque isso ainda é parte da experiência deles. Sua experiência não é só aquela com a qual eles vieram. Se ficássemos só nisso, não valeria a pena começar.

De acordo com minha experiência, se você fizer tudo isso cuidadosamente e não for além dos participantes em nenhum dos passos, é possível ir muito rápido e ampliar a experiência dos participantes em um período muito curto. Mas é preciso sempre lembrar que se você romper aquela conexão, de alguma coisa não estar mais disponível à experiência deles, aí eles não a compreenderão, e a oficina não lhes será útil. Nesses casos, passa a ser uma questão de ouvir um especialista que lhes diz o que fazer; e eles vão para casa e tentam fazer aquilo sem entender o que estão fazendo ou até sem pensar que precisam entendê-lo. Isso não funciona.

Nunca me senti limitado por esse processo. Sinto-me liberado por ele. Dessa maneira sinto que posso levantar questões de alcance muito mais longo e questões muito mais profundas, muito mais radicais e muito mais revolucionárias do que se estivesse apenas discursando e tentando explicar-lhes coisas. Uso esse método como um meio de colocar mais coisas e não menos coisas. Não sinto que esteja pisando nas pessoas quando tento fazer com que partilhem minhas ideias. Não tenho nenhum problema de culpa a respeito disso. Acho que é minha responsabilidade dividir aquilo em que acredito, não só em discussões, mas na maneira em que vivo e na maneira em que dirijo oficinas, na maneira em que a Highlander é dirigida e na maneira que a vida é.

O caminho se faz caminhando

Rosa Parks descreve sua experiência na Highlander e não diz nada sobre coisas factuais que ela tenha aprendido. Não fala nada sobre temas que tenham sido discutidos. Não fala nada sobre integração. Mas diz que o motivo pelo qual a Highlander significou tanto para ela e encorajou-a a agir como ela agiu, foi que, na Highlander, ela encontrou *respeito* como negra e conheceu pessoas brancas em quem podia *confiar*. Portanto, não falamos apenas por meio de palavras e debates, mas falamos através da maneira que nossos programas são executados. Se você acredita em alguma coisa, tem que praticá-la. As pessoas costumavam vir à Highlander quando no Sul havia poucos lugares – se é que havia algum – onde a igualdade social fosse aceita. Nós partilhávamos isso fazendo e não falando sobre o assunto. Não tínhamos que fazer discursos sobre o tema. Não tínhamos nem que fazer perguntas sobre ele. Mas fazíamos. Por isso, está tudo relacionado com fazer tudo aquilo que você puder para partilhar suas ideias. Não existe tal coisa como ser meramente um coordenador ou um facilitador, como se você não soubesse nada. Que diabos faria você ali se não sabe nada? Então saia do caminho e deixe alguém que saiba alguma coisa, que acredite em alguma coisa, ocupar aquele espaço.

Terceiro: Existem exemplos específicos daquele equilíbrio delicado entre extrair o conhecimento das pessoas e ir além desse conhecimento, como Paulo diz, e como é que isso se reflete na prática? Em teoria, isso é algo que as pessoas entendem, mas na prática cotidiana é muitas vezes difícil aceitá-lo e saber exatamente como fazê-lo.

Myles: É bastante evidente que não podemos transferir uma instituição, como também é bastante evidente para mim que você não pode pegar uma escola comunitária dinamarquesa e enfiá-la nas montanhas do leste do Tennessee, da mesma forma que não é possível pegar uma faia, cortá-la acima do chão e botá-la de pé no chão outra vez nos Estados Unidos e fazê-la crescer. Quando chegamos a esse nível de transferência, ajudar alguém a pular de um entendimento para outro, torna-se então bastante complicado estabelecer a diferença entre o que é ajudar as pessoas a desenvolve-

4. A *prática educacional*

rem sua compreensão e desdobrar o que já está lá. Há um momento em que você tem que se perguntar se essa ideia realmente é adequada. Será que essa ideia irá ajudar o processo de crescimento? Esse é um problema que sempre me incomodou, exatamente até que ponto podemos ir, na tentativa de esticar a experiência das pessoas sem romper a linha. Na educação radical as pessoas que dizem ser freireanas a meu ver cometem muitos erros, presumindo coisas sobre a experiência e o conhecimento das pessoas.

Paulo: Acho que esse é um dos pontos principais sobre o qual os educadores e educadoras precisam estar conscientes. Se alguém é um educador, isso significa que essa pessoa está envolvida com um processo ou com algum tipo de atuação com outras pessoas que são denominadas seus alunos e alunas. Esses educadores podem, por exemplo, estar trabalhando em uma escola onde ele ou ela tem uma prática sistematizada. Ele ou ela tem um certo currículo a seguir e ensina um conteúdo específico aos alunos e alunas. Parece que não, mas o mesmo se aplica a um educador que trabalha fora da escola, fora do subsistema da educação. Por exemplo, um educador na Highlander não tem necessariamente um currículo, em seu significado mais amplo. O educador da Highlander não tem necessariamente uma lista de temas sobre os quais falar, para explicar aos alunos e alunas. Apesar disso, há algo que a meu ver é impossível e isso é a ausência de algum conteúdo sobre o qual falar. O que deve ser a diferença principal é que, na experiência da Highlander, o conteúdo emerge da análise, do pensamento daqueles e daquelas que estão envolvidos no processo de educação – isto é, não exclusivamente do educador que escolhe o que ele ou ela acha melhor para os alunos, mas também daqueles e daquelas que vêm participar. É como se eles estivessem subitamente em um círculo, como essa casa[1], afastando-se um pouco de sua própria experiência a fim de entender as razões pelas quais eles ou elas estão tendo esse tipo de experiência. Isso significa que também neste ambiente, o educa-

---

1. O salão principal de reuniões na Highlander é circular. Cadeiras de balanço, uma lareira e uma vista espetacular das Montanhas Smoky fornecem um ambiente extremamente confortável para oficinas.

dor, embora ele ou ela seja diferente de um educador de uma escola pública, não transfere conhecimento para o grupo de pessoas que vêm aqui. Pelo que sei do pensamento e da prática de Myles, com sua equipe aqui, vejo que em todos os momentos fundamentais da história da Highlander – nos anos de 1930, nos anos de 1950, nos anos de 1960, nos anos de 1970, em todos os momentos – os educadores aqui foram educadores, mas aceitaram também *ser educados*. Isto é, entenderam, mesmo que não tivessem lido Marx, o que Marx queria dizer quando disse que "o próprio educador precisa ser educado".

Myles: Isso mesmo. Bernice Robinson, a primeira professora da Escola de Cidadania, disse que a coisa mais importante que ela fez foi dizer, na primeira vez que as pessoas se reuniram: "Olhem, eu não sou professora. Estou aqui para aprender com vocês". Ela não tirou isso de Marx. Ela o tirou de sua própria experiência como mulher negra.

Paulo: Mas o que é fantástico, Myles, na história dessa experiência, é que, aprendendo com aqueles que vêm aqui, vocês também lhes ensinaram que deve ser possível que educadores aprendam com seus alunos. Ambos estão envolvidos no processo em que ambos crescem. Educadores têm algum conhecimento sistematizado que os alunos ainda não têm necessariamente [...]. E agora acho que estou me aproximando da questão.

Terceiro: Esgueirando-se sorrateiramente até ela.

Paulo: É, essa é minha maneira de trabalhar, de pensar. Primeiro tento fazer um círculo para que a questão não possa fugir.
Quando os alunos vêm, é claro, eles trazem com eles, dentro deles, em seu corpo, em suas vidas, eles trazem suas esperanças, desespero, expectativas, conhecimento, que obtiveram vivendo, lutando ou se frustrando. Não há dúvida de que eles não vêm até aqui de mãos vazias. Chegam carregados de coisas. Na maioria dos casos trazem consigo suas opiniões sobre o mundo, sobre a vida. Trazem consigo seu conhecimento em nível de senso comum e têm o direito de ir além desse nível de conhecimento. Ao mesmo tempo – quero que isso fique bem claro, a fim de evitar ser enten-

4. A prática educacional

dido como se estivesse caindo em um certo cientificismo – existem níveis de conhecimento sobre os fatos que eles já sabem, que revelam outras maneiras de saber, que podem nos dar um conhecimento muito mais preciso dos fatos. Esse é um direito que as pessoas têm, e a que chamo de direito de saber melhor aquilo que elas já sabem. Saber melhor significa precisamente ir além do *senso comum* a fim de começar a descobrir a *razão de ser* dos fatos.

Neste momento, posso contar uma pequena história. Há um mês atrás eu estava conversando em casa com um de meus amigos, um dos diretores do instituto da classe trabalhadora sobre o qual falei anteriormente. No fim de um curso sobre vidas de operários, um jovem disse: "Quando cheguei aqui tinha certeza que já sabia muitas coisas sobre essas questões, mas não tinha tanta clareza sobre as razões para elas existirem como tenho agora". O que esse jovem operário quis dizer é exatamente a pergunta central que você fez. Isto é, como, começando de onde as pessoas estão, ir com elas além desses níveis de conhecimento sem *transferir* o conhecimento. A questão não é vir para a sala de aula e fazer lindos discursos analisando, por exemplo, a autoridade política do país, e sim como aproveitar a leitura da realidade que as pessoas já estão fazendo, a fim de fazer com que seja possível para os alunos chegarem a uma leitura diferente e muito *mais profunda* da realidade.

A questão não é impor leituras aos estudantes, mesmo que sejam estudantes universitários, mas como reunir, de uma maneira crítica, de uma maneira dialética, a leitura dos textos relacionados aos contextos e o entendimento dos contextos que pode ser ampliado com a ajuda da leitura dos textos. Essa também é a questão: Como fazer essa caminhada com pessoas que estão começando de um entendimento mais ou menos ingênuo da realidade? Começando das experiências das pessoas, e não de nosso entendimento do mundo, não significa que não queremos que as pessoas venham conosco a fim de nos passarem depois. Esse movimento para mim é um dos papéis mais importantes de um educador progressista, e nem sempre é assim tão fácil.

Acho que temos que criar em nós mesmos, através da análise crítica de nossa prática, algumas qualidades, algumas virtudes como educadores. Uma delas, por exemplo, é a qualidade de se tornar cada vez mais aberto para sentir o sentimento dos outros, para se tornar tão sensível que possamos adivinhar o que o grupo, ou uma pessoa, está pensando naquele momento. Essas coisas não podem ser ensinadas como conteúdo. Essas coisas têm que ser aprendidas através do exemplo de um bom professor.

Myles: Isso é um problema assim como podemos ter um corpo de conhecimento e de entendimento e resistir à tentação de interpretar erroneamente os interesses das pessoas porque estamos buscando uma oportunidade para descarregar esse grande fardo de ouro que armazenamos.

Paulo: Não fazer isso, Myles, é uma das outras virtudes.

Myles: Mas isso nos cega, às vezes, me parece, para observar a atuação das pessoas, a linguagem não verbal, porque nós pensamos verbalmente e estamos buscando apenas reações verbais e não lemos nenhuma outra coisa.

Paulo: Os corpos.

Myles: Não queremos ver isso porque não nos encorajaria a concordar que eles estão conosco. Esse é um verdadeiro problema contra o qual tenho que lutar. Observei que tenho dois papéis, um que você poderia chamar de um educador em relação à situação e outro como uma pessoa que tem experiência subjetiva que gostaria de partilhar com os demais, conhecimento que adquiri de uma maneira ou de outra. Tenho que manter essas duas coisas separadas, mas, em meu entusiasmo, às vezes misturo as duas.

Uma das coisas que descobri é que se um dos membros de um grupo de pessoas com problemas semelhantes faz uma pergunta, então existe uma forte possibilidade de que a pergunta irá refletir algo do pensamento de seus companheiros. Mesmo que não o faça, todos os membros do círculo vão ouvir a resposta àquela pergunta, porque foi um dos seus companheiros que a fez. Eles podem identificar-se com o questionador. Isso é uma dica de que há alguma coisa interessante na pergunta. Além de perguntas, descobri que me sinto seguro em uma discussão em que as pessoas realmente dizem qual a percepção que têm da situação. Aí eu sei onde estou. Mas sempre existem gradações, da certeza até a

4. A *prática educacional*

suposição, a tentação de adivinhar em benefício de sua subjetividade, de *sua* experiência em vez da experiência *deles*. Como é que você lida com isso?

Paulo: Sim. Há um outro obstáculo para tal atitude, com relação ao objeto do conhecimento e com relação aos alunos como sujeitos cognoscentes, que é a ideologia dominante introjetada pelos alunos, sejam eles operários ou estudantes universitários. Isto é, eles chegam absolutamente convencidos de que o professor tem que lhes *dar* uma aula.

Myles: Os professores têm as respostas.

Paulo: Você nota isso? Eles vêm apenas para receber as respostas para qualquer pergunta que fizeram antes. Como você disse, isso é um obstáculo – como enfrentar um grupo de estudantes que, ao perceber que você está interessado em saber o que eles sabem, acha que você é incapaz. É claro que os alunos [...]

Myles: [...] veem você como uma figura de autoridade.

Paulo: Pois é. Eles esperam que você vá dar a primeira aula no velho estilo e você diz que não, eu gostaria primeiro que todos vocês falassem um pouco sobre esse mesmo conteúdo que deverão estudar esse semestre. E com isso, um dos alunos diz para si mesmo, esse professor não tem capacidade, principalmente se o professor for jovem. Vários professores e professoras recém-graduados me disseram que eram forçados a começar imediatamente dando uma lista de livros e falando muito, porque os alunos se sentiam inseguros. Eu acho que nesses casos, o professor, entendendo a situação, deve ser 50% professor tradicional e 50% professor democrático a fim de começar a questionar os estudantes para que eles também mudem um pouco.

Com respeito a grupos populares, acho que se eles não tiveram muita experiência do sistema escolar, a situação é um pouco diferente. É claro que eles podem ter medo porque pensam que o educador é um dito intelectual e eles não se veem como intelectuais. Eles não entendem isso. Acham que não têm cultura porque o homem ou a mulher com cultura tem primeiro que frequentar uma

O caminho se faz caminhando

universidade. Então é necessário exercer essa disciplina da qual você falou, a disciplina de controlar um segundo gosto intelectual que todos nós, intelectuais, temos, que é falar sobre aquilo que pensamos que sabemos. Nas obras de Amílcar Cabral há algo muito interessante que às vezes surge muito claramente, que é a dialética entre paciência e impaciência. Baseando-me em Amílcar eu sempre digo que, com efeito, devemos trabalhar "impacientemente pacientes". Há um momento em que podemos ir um pouco adiante e dizer alguma coisa, e outro em que temos que ouvir mais as pessoas.

Myles: É. Às vezes eu penso sobre isso em termos de uma imagem. Você tenta esticar as mentes das pessoas e seu entendimento, mas se você for rápido demais você rompe a conexão. Mas se você deixar isso de lado, o pensamento deles não se expandirá. Na educação popular, minha experiência é que operários e pobres todos vêm com uma expectativa. Como lhes disseram que podiam aprender alguma coisa, e o que vão aprender é a resposta para seus problemas, eles esperam um especialista com respostas. Mesmo que não tenham estado na escola por muito tempo, foram socializados pela própria sociedade a procurar um especialista. Por isso eu começo reconhecendo que essa é a razão pela qual eles vieram. Depois eu digo, vocês sabem, vocês têm muitos problemas. E eu uso isso como um ponto de partida, para dizer assim, para lhes pedir que falem sobre sua experiência. Vamos ver o que está em sua experiência que não está na experiência dos especialistas.

Você prepara o cenário para fazer algo com o qual eles se sentem desconfortáveis. Você sabe que eles estão desconfortáveis com isso, e você tem que buscar um meio de fazer com que eles se sintam confortáveis confiando em si mesmos um pouquinho e confiando em seus companheiros também um pouquinho. Eles ouvem Mary falar alguma coisa e Susie pensa: "Bom, se eles escutaram a Mary, talvez me escutem. É um processo lento, mas assim que as pessoas se sentem confortáveis com a situação, começam a ver que você não vai desempenhar o papel de um especialista, exceto no sentido de que você é o especialista em *como* eles vão aprender, não *naquilo* que vão aprender. É um processo lento e cansativo, mas parece funcionar".

4. A *prática educacional*

Confesso que, às vezes, em certas situações, tive que fazer o que você disse, Paulo, fazer parte do antigo e parte do novo. Lembro uma vez aqui em Tennessee, eu estava tentando ajudar um grupo de lavradores a se organizar em uma cooperativa, e eles anunciaram que eu vinha falar nessa escola rural. Eu sabia que sua expectativa era que eu fosse falar como um especialista. Eu sabia também que se eu não falasse e dissesse: "Vamos discutir esses assuntos", eles iam dizer: "Esse sujeito não sabe nada". Então pensei comigo mesmo, o que eu preciso fazer é um discurso porque não quero perder o interesse que eles vêm acumulando, mas não vou poder mudá-los instantaneamente. Então fiz um discurso, o melhor que podia. Depois que o discurso terminou, enquanto ainda estavam todos lá, eu disse: "Vamos discutir esse discurso. Vamos discutir o que eu disse". Isso era ainda um passo distante, mas próximo o suficiente das expectativas deles e pude obter cooperação. Assim, a discussão terminou sem que tivéssemos resolvido muitos dos problemas que eu tinha levantado. Eles ficaram analisando o que eu tinha dito, mas não consegui que eles falassem sobre suas próprias experiências porque ainda estavam olhando para o especialista. Antes de sair eu disse: "Seria interessante se pudéssemos falar sobre sua experiência. Falamos da minha experiência, agora vamos falar da de vocês. Podemos voltar semana que vem? E vocês vão ser os oradores". Dessa forma eu consegui começar com eles. Nunca tive que fazer outro discurso. Realmente, às vezes é preciso fazer concessões desse tipo.

"A Highlander é uma tapeçaria de muitas cores"

Terceiro: Myles, eu gostaria de mais alguns exemplos daquilo que o Paulo estava falando, em termos da prática com educação popular. Sei que com as escolas do trabalho, por exemplo, na Highlander, daríamos aula sobre o funcionamento do Legislativo ou de como fazer um pequeno jornal e coisas assim bem específicas que, eu sei, foram solicitadas. Com o movimento de direitos civis foi diferente. Você poderia falar sobre como você chegou a esses dois lugares diferentes? Ou talvez não fossem lugares em nada diferentes. Como é que você decidiu o que fazer em seu trabalho com o movimento trabalhista? E depois, qual foi a diferença no caso do movimento de direitos civis, se é que houve diferença?

Myles: Não, o período trabalhista foi a primeira experiência que realmente tivemos com um tipo de programa estruturado. Tínhamos que começar com aquilo que eles consideravam ser seus problemas. Nossa tarefa era desenvolver uma liderança local para os novos sindicatos industriais e ajudar aos novos funcionários do sindicato local a entender melhor sua função. Isso era o que eles queriam. Ora, o que nós queríamos, além disso, era ajudá-los a entender que deveriam trabalhar com uma comunidade maior. Que deveriam trabalhar com lavradores, lidar com integração, ser parte do mundo. Tínhamos nossa própria pauta.

Na prática, e tanto quanto possível, tentávamos fazer as coisas como eles esperavam que fizéssemos, porque isso era relevante para solucionar seus problemas. Da maneira que a Highlander era administrada, fazíamos aquilo que julgávamos importante. Duas coisas assim de imediato: uma era que a Highlander é integrada, portanto não tínhamos que falar sobre esse problema, apenas agíamos. E dois, baseávamos todo nosso pensamento na premissa de que as pessoas aprendem o que fazem. Não aquilo sobre o qual conversam, mas aquilo que fazem. Então, fazíamos nosso discurso sobre igualdade social sem dizer nada, apenas fazendo.

Acreditávamos também que era preciso que eles fossem bons funcionários dos sindicatos e que muitos deles seriam organizadores. Portanto tinham que aprender a pensar, a tomar decisões – não aprender truques, não aprender técnicas, e sim aprender a *pensar*. Por isso, em uma tentativa de ajudá-los a entender a importância de aprender a pensar, fazíamos com que eles, sem restrições, ficassem encarregados da organização da semana ou das duas semanas em que estavam lá. Tinham que tomar todas as decisões sobre tudo: aulas, professores, visitantes, temas. Eles resistiam a isso com toda sua força porque, como nunca tinham tido oportunidade de tomar decisões em uma "escola", achavam que isso era nossa responsabilidade. Eu abordava o problema fazendo com que cada grupo, no final da sessão, dissesse: isso é o que aprendemos aqui, e isso é o que propomos que o *próximo* grupo faça.

4. A prática educacional

Achamos que podemos partilhar o que aprendemos com eles e isso é o que propomos que façam. Fazíamos isso em todas as sessões. Quando o novo grupo chegava, eu dizia: "Isso é o que o último grupo propôs que vocês façam. Como vocês não tiveram nenhuma experiência de tomadas de decisão sobre essas coisas, tudo isso é novidade para vocês. O primeiro dia vamos começar fazendo o que pessoas como vocês acharam que seria uma boa coisa. Depois do primeiro dia, à noite, organizaremos a próxima semana ou as duas próximas semanas. Vamos estabelecer comitês – porque tentávamos fazer com que se acostumassem a usar comitês nos sindicatos – sobre relações públicas, sobre disciplina, sobre temas, sobre oradores visitantes, sobre relações com a comunidade, sobre administrar uma cooperativa – porque estávamos tentando fazer com que eles também entendessem o elemento econômico, além de sindicatos". Portanto, passamos tudo isso para eles, e tudo ficou sob seu controle total. Ou seja, eles exercitavam esse controle. Eles podiam reconhecer o programa pelo que já tinham ouvido sobre ele e, como era também bastante parecido com escolarização, não lhes parecia demasiado estranho. É preciso ter uma estrutura com a qual os participantes se sintam à vontade, até que eles comecem a ter alguma coisa da qual se desviar ou a qual adicionar sua contribuição. De qualquer forma, o que eles faziam não iria mudar muito as coisas de uma sessão para a outra. O cronograma era preparado por pessoas como eles, e eles reconheciam sua autenticidade. Apenas faziam algumas adaptações e mudanças à medida que iam progredindo.

Chamamos uma pessoa para ensinar sobre o conselho trabalhista (*National Labor Relations Board*, Conselho Nacional de Relações Trabalhistas) que lhes deu bastante material para leitura. Os alunos disseram: "Hei, espera aí. Queremos discutir isso com você. Queremos lhe perguntar umas coisas". O visitante disse: "Está tudo no livro. Procure aí". O aluno respondeu: "Então não precisamos de você. Basta você nos dar os livros e ir embora. Não precisamos de você se você não sabe o que está neles. Se vamos ter que ler os livros, então você volta para Washington e nos sentamos aqui e lemos". Assim é que eles lidavam com oradores visitantes. Não tinham medo de ninguém e nós ficávamos satisfeitos

O caminho se faz caminhando

com isso, porque eles estavam começando a controlar a situação. Diziam o que tínhamos que fazer o tempo todo.

Para lidar com agravos, a Zilphia era uma das melhores. Ela usava muito teatro para ensinar como lidar com agravos e mantinha os alunos interessados, desempenhando papéis. Tudo isso era antes da moda de simulação, antes mesmo que isso tivesse um nome, mas era a mesma coisa! O processo, a maneira como ela trabalhava, e a maneira como eu trabalhava era uma coisa que tínhamos em comum. Nós não só falávamos sobre como fazer um agravo oficial e como escrevê-lo; nós fazíamos tudo, atuávamos a cena inteira. Os alunos precisavam saber a técnica para escrever uma reivindicação, se soubessem escrever de um modo geral; e precisavam também saber que tinham que ter argumentos. Mesmo assim, dizíamos: "Isso não fará você ganhar. O que faz ganhar um agravo é ter um grupo forte de trabalhadores em seu departamento. Se você tiver o apoio dos trabalhadores, essa é a maneira de resolver suas reivindicações".

Mas como conseguir o apoio dos trabalhadores? Nas suas fábricas, vocês têm negros, mulheres, pessoas mais velhas. Explicávamos porque eles tinham que envolver todo o mundo e não podiam discriminar. Para conseguir resolver um agravo é preciso ter o poder da união de todos. Nós até usamos argumentos de resolução de agravos, que normalmente é uma coisa técnica, como base para educar as pessoas sobre democracia. Em tudo que fazíamos esses elementos surgiam. Em uma aula sobre problemas do sindicato, os alunos traziam problemas que eles tinham e os discutíamos. E eu já sabia os problemas que tinham porque sempre lidava com os mesmos tipos de pessoas, repetidamente. Eu sabia mais sobre seus problemas que eles mesmos, mas eu não lhes dizia isso. Eu nunca, nunca escrevi um problema no quadro-negro ou listei um problema que eles não tivessem listado, mesmo sabendo que era um de seus problemas. Nem fazia o que vejo algumas pessoas fazendo hoje, colocar o que eles diziam com minhas próprias palavras, revisando para ficar mais claro. Já vi isso acontecer nesses programas de treinamento, quando alguém diz alguma coisa e o professor escreve a mesma coisa outra vez para fazer mais sentido. Isso é uma humilhação para o trabalhador, editar sua maneira

4. A prática educacional

de expressar as coisas. Então os trabalhadores expressavam seus problemas. Primeiro eu perguntava: "O que é que vocês já sabem sobre esse problema?" Então eles diziam: "Não sabemos nada". "OK, vocês sabem como sobreviver, vocês estão aqui. Seu sindicato mandou vocês aqui. Eles acharam que vocês têm alguma capacidade de liderança." Eu insistia para que eles expressassem o que sabiam e logo eles descobriam que, com um pouco de esforço e muito constrangimento, havia algumas coisas que eles podiam articular. Eles não precisavam de jogos ou brincadeiras. Uma coisa que eles conhecem bem é sua própria experiência. Eles não precisam homogeneizá-la com a experiência de outras pessoas. Eles querem falar de sua própria experiência. Aí, outras pessoas entravam na conversa e diziam: "Nossa [...], eu tive uma experiência relacionada com isso". Em pouco tempo você consegue que todas as experiências comecem a surgir, ao redor da experiência daquela primeira pessoa, porque aquela era uma experiência autêntica, não uma experiência sintética. Autêntica. E todo o mundo reconhece autenticidade. Os trabalhadores reconhecem autenticidade. Os acadêmicos, muitas vezes, não querem autenticidade. Querem algum tipo de síntese que afaste a experiência um pouquinho, para que ela possa ser mais suportável para eles, suponho. Mas os trabalhadores reconhecem que isso é autêntico.

Depois que todos tinham podido ouvir o debate sobre os problemas dos demais, fazíamos perguntas do tipo: "Com relação àquilo que vocês aprenderam que já sabiam – mas que antes não sabiam que sabiam – e com base na experiência de seus companheiros, qual é, na sua opinião, a melhor maneira de lidar com esses problemas?" Era tão enriquecedor, me entende, fazer com que uma pessoa saiba que sabia alguma coisa. Segundo, saber que seus companheiros também sabiam alguma coisa e que nenhum deles precisava vir a mim, o especialista, para que eu lhes desse as respostas. Depois eles faziam planos: era assim que iriam abordar tal problema quando voltassem para casa.

Era assim que toda a escola trabalhista era administrada. Ensinávamos muitas coisas que os alunos precisavam saber. Precisavam fazer discursos. Precisavam conhecer a lei parlamentar, na qual eu não acredito, mas que era necessária para eles. Mas também precisavam, achávamos nós, muitas outras coisas. Tentávamos envolver todos eles em atividades de canto, de teatro, de dançar, de rir e de contar histórias, porque isso é parte de sua vida. É mais uma abordagem holista da educação, e não uma coleção de segmentos isolados. A forma como as pessoas vivem era mais importante que qualquer aula ou tema que estivéssemos abordando. Essa experiência é extremamente importante. Elas tinham aquela experiência de aprendizado, tomando decisões, vivendo de uma maneira não segregada, desfrutando de seus sentidos mais de que de suas mentes. Era essa experiência que provavelmente valia mais que quaisquer coisas factuais que eles aprendiam, embora estejamos certos de que aprenderam também coisas factuais.

Isso não quer dizer que não acrescentássemos novidades àquelas coisas. Quando conseguíamos que as pessoas falassem sobre um problema e não tinham qualquer solução no próprio grupo, o que muitas vezes ocorre, então íamos fora do grupo e introduzíamos ideias e experiências relacionadas ao problema. Trabalhadores em outros lugares, em outros países, e em outras épocas, tudo é relevante se estiver relacionado ao problema em foco. As mentes se abrem, querendo saber todas essas coisas. Faziam perguntas. Como é que o movimento trabalhista começou na Inglaterra? O que provocou a revolução na Rússia? Por que é que as pessoas nos chamam de comunistas quando nos organizamos? Lembro que uma vez eu disse: "Peguem a enciclopédia e leiam sobre o que é comunismo", e eles disseram: "Está na enciclopédia?" Pensavam que era alguma coisa que a associação manufatureira tinha inventado! Leram a definição e discutiram o assunto. Eles tiveram uma "aula de enciclopédia", mas isso foi uma extensão daquela experiência. Eu não lhes disse: "Agora vocês precisam saber o que é comunismo". Se eu tivesse dito isso, eles não teriam nem feito o esforço para ler sobre o assunto.

Podemos usar exemplos atuais. O pessoal da Bumpass Cove, por exemplo. Quando vieram pela primeira vez não sabiam que poderiam saber o que produtos químicos tóxicos faziam às pessoas. Achavam que isso era algo sobre o qual eles precisariam consultar os funcionários da área de saúde ou os da empresa. Mesmo sabendo que os funcionários da empresa lhes mentiriam, não lhes ocor-

4. A prática educacional

reu pensar que eles próprios teriam meios de descobrir isso sozinhos. Quando perguntaram o que eram essas substâncias químicas, Juliet Merrifield, que estava trabalhando com eles, disse: "Bem, vamos até a biblioteca procurar – exatamente como eu tinha procurado comunismo". No fim, como no filme[2], eles acabaram fazendo sua própria lista. Quando começaram, não sabiam que poderiam vir a saber essas coisas, porque a oportunidade de saber sobre substâncias químicas e seus efeitos lhes tinha sido negada. Achavam que isso era domínio dos especialistas.

Paulo: Ouvindo você falar, Myles, senti-me desafiado a fazer algumas reflexões sobre um dos pontos.

Myles: Ótimo. Isso é o que eu queria que você fizesse.

Paulo: É claro que estou de acordo com essa visão global que você nos dá. A primeira reflexão, que é boa para ser sublinhada, é como a tarefa do educador, é *difícil*. Não importa onde esse educador trabalhe, a grande dificuldade – ou a grande aventura – é como fazer da educação algo que, sendo séria, rigorosa, metódica, e tendo um processo, também cria felicidade e alegria.

Myles: Alegria. Sim – felicidade, alegria.

Paulo: Essa dificuldade é como dar aos alunos um exemplo de que, trabalhando sobre a prática, sobre a experiência pessoal, necessariamente vamos além do que fazemos. Por exemplo, se eu sei, de uma maneira crítica, o que eu fiz ao plantar sementes, se eu sei o que fiz durante o ato de plantar, se eu consigo a razão de ser disso, é claro que vou mais além do que fiz. Eu tinha uma espécie de guarda-chuva, uma estrutura de conhecimento que não estava tão clara naquele momento. Começando pelo que aprendi inicialmente, descobri muitas possíveis extensões do conhecimento que de outra forma estariam quase invisíveis.

Depois, voltando à questão da alegria, da seriedade. Temo, Myles – e talvez eu não seja tão humilde ao dizer que estou certo de que você concorda comigo – que um dos perigos que enfrentamos

---

2. Lucy Massie Phenix, produtora, *You Got to Move: Stories of Change in the South* (Nova York: Icarus Films, 1985).

O caminho se faz caminhando

como educadores é pensar que a prática de educar, de ensinar, deve ser reduzida apenas à alegria. À felicidade. Daí o educador e educadora não poderiam fazer qualquer tipo de exigência aos estudantes para que sejam mais rigorosos ao estudar, porque o professor não pode cortar o direito dos alunos de serem felizes. Isso transforma a prática da educação em um tipo de diversão. O outro risco é ser tão sério que a seriedade lute contra a felicidade. Nesse caso, em vez de ter uma prática infantil, você tem um rosto muito rígido de uma figura velha e desesperada! Isso faz sentido? Eu não gosto de ensinar assim; mas muitos educadores o fazem.

Por exemplo, para mim é muito difícil começar a estudar. Estudar não é uma tarefa livre. Não é um dom. Estudar é trabalhoso, duro, difícil. Mas dentro da dificuldade, a felicidade começa a ser gerada. Em um determinado momento, subitamente ficamos totalmente felizes com os resultados, que surgem por termos sido sérios e rigorosos. Então, para mim, um dos problemas que temos como educadores na nossa linha de trabalho é nunca, nunca perder essa complexidade de nossa ação e como nunca perder até mesmo um único ingrediente dessa prática. Não consigo entender uma escola que faz as crianças ficarem tristes por ter que ir à escola. Uma escola assim é ruim. Mas também não aceito uma escola em que as crianças passam o tempo todo só brincando. Essa escola também é ruim. A boa escola é aquela na qual ao estudar, eu também tenho o prazer de brincar. Eu aprendi como ter disciplina intelectual. Olha, ser disciplinado, democraticamente, é algo que faz parte da vida. É vital, para mim, ter alguma disciplina intelectual a fim de obter conhecimento, a fim de saber mais.

Há ainda um outro ponto sobre o qual eu gostaria de fazer um comentário. Myles disse algo muito importante quando enfatizou a questão de pensar. É absolutamente necessário ensinar como pensar de uma maneira crítica, mas – não sei se Myles concorda comigo – é impossível para mim, nesse tipo de educação, ensinar como pensar se não estivermos ensinando alguma coisa, algum conteúdo para os alunos. O que quero dizer é que é impossível ensinar a pensar só pensando. Isto é, tenho que ensinar como pensar, pensando sobre alguma coisa e depois sabendo alguma coisa. Mas isso é precisamente o que este centro da Highlander

4. A prática educacional

vem fazendo nos últimos cinquenta anos. Myles nos contou a respeito de perguntar às pessoas se o conselho dos peritos funcionou no passado, então por que vocês estão aqui agora? Se vocês estão aqui agora é porque não ficaram satisfeitos com os resultados da outra maneira de trabalhar, então por que não selecionar esse caminho? Por que não caminhar por outra estrada? Quando Myles fez essas perguntas, sem dúvida eles foram envolvidos por suas perguntas e seu discurso – não só pensamento, mas ação. Havia algum conteúdo naquilo. Ele estava apenas despertando suas memórias com relação a algum conhecimento e a experiências concretas. O *conteúdo* estava lá, embora não tão fácil de ver, às vezes. Por causa disso, foi possível desafiar o grupo a pensar de uma maneira diferente e também a entender a necessidade de obter um novo caminho. A aceitação de fazer algo diferente tem que ver com o entendimento de uma experiência anterior na qual houve temas que foram discutidos. O que Myles fez foi dar um toque na memória deles sobre um tema e depois refazer o caminho.

Acho que é realmente impossível ensinar como pensar mais criticamente apenas fazendo um discurso sobre pensamento crítico. É absolutamente indispensável dar um testemunho, por exemplo, de pensar criticamente aos estudantes. Essa é a razão pela qual a experiência aqui tem sido tão boa. Aqui vocês sempre tiveram um tema que vocês discutiram junto com as pessoas e, ao satisfazer algumas das necessidades dos alunos e alunas, as pessoas foram necessariamente mais além do tema propriamente dito.

Myles: Sempre fizemos essas coisas de maneira imperfeita. Sempre.

Paulo: Todos nós trabalhamos de maneira imperfeita.

Myles: Sempre. Acho que nunca fiz uma oficina na qual eu não tenha pensado depois, meu Deus, eu não devia ter feito isso de jeito algum. Ou, se eu tivesse pensado rápido o bastante, teria ajudado as pessoas a entenderem isso ou aquilo a partir de sua experiência. Até hoje, nunca tive a satisfação de dizer: isso foi um trabalho perfeito, muito bem. Eu aprendi algo nesse trabalho, espero fazer melhor na próxima vez, mas sempre tenho que continuar aprendendo coisas diferentes.

O caminho se faz caminhando

Eu diria, como um parêntese, eu comecei quando era mais orientado para livros, ensinando em um curso sobre como pensar! Alguém tinha um livrinho sobre como pensar, e eu achava que a forma de ensinar as pessoas a pensarem era ensiná-las o que estava naquele livro.

Terceiro: Você ensinou isso na Highlander?

Myles: Foi. No primeiro ano. Isso foi quando realmente estávamos aprendendo. A partir daquele momento não achei o livro mais tão útil para ser usado como cartilha. Comecei a usar o texto das experiências das pessoas depois disso. Mas lembro muito bem como comecei, sem saber que essas pessoas não tinham que aprender pelo mesmo método que era ensinado na escola. Nessa época eu não sabia, para usar um exemplo sobre o qual já conversamos, que as pessoas que vinham aqui em busca de especialistas na realidade tinham a resposta para o problema através de sua própria experiência. Nós já avançamos muito, nesse sentido, mas, é claro, ainda temos muito chão a percorrer.

Terceiro: Com relação ao que você estava falando sobre nunca fazer qualquer coisa perfeitamente, me parece que raramente aprendi tanto como quando, trabalhando para a Highlander, refletíamos sobre uma oficina depois que a havíamos feito, sobre o que tínhamos feito certo e sobre o que tínhamos feito errado. Gostaria de ouvir você falar sobre seu próprio crescimento como educador, ao lado de seus colegas educadores na Highlander e como esse processo se desenvolveu com o passar dos anos.

Myles: Veja bem, todos nós começamos com formações acadêmicas semelhantes. Éramos todos filosoficamente socialistas e, portanto, tínhamos metas semelhantes. Por isso tínhamos que aprender juntos e com isso não quero dizer que não era desigual. Algumas pessoas aprendem mais rápido e melhor que outras, e alguns aprendem alguma coisa que os outros não aprenderam, mas éramos colegas e portanto a comunicação entre nós era fácil. Fize-

4. A prática educacional

mos algumas avaliações como as que você está falando. Se você examinar os registros antigos, como você provavelmente o fez, verá todos os tipos de análises longas daquilo que estávamos fazendo, sobre o que acreditávamos, e o que estava errado. Passávamos muito tempo sendo muito críticos, e estimulávamos a crítica externa. Estávamos tentando conseguir toda a ajuda que podíamos para pensar sobre os problemas porque tínhamos uma sensação bastante clara de que não sabíamos o que estávamos fazendo. Ficávamos verdadeiramente constrangidos com nossa ineficiência. Quando encorajávamos a crítica, a recebíamos. Lembro que alguém disse que eu era cruel. Eu estava lidando com um grupo de jovens e uma das moças chorou porque disse que eu a tinha feito muito infeliz e que eu deveria fazer as pessoas felizes, não fazê-las sofrer. Eu pensei, bom, eram adolescentes. Quando crescem fisicamente têm alegria e dor. Na verdade têm dores. O crescimento é um processo doloroso, mas eles têm a alegria de serem jovens. Quero dizer que o que estou fazendo com a mente é o mesmo que a natureza faz com o corpo. Não é diferente. Acho que devemos esticar as pessoas até seus limites e nossos limites. Mas esses tipos de crítica surgiam. Depois havia críticas da esquerda, de que nós não estávamos fazendo discursos suficientes dizendo às pessoas em que acreditar, e nós mesmos não tínhamos a crença correta. E da direita, dizendo que éramos revolucionários, que estávamos subvertendo o sistema. Alguém nos criticou por obter dinheiro dos capitalistas e ainda assim lutar contra o capitalismo; diziam que estávamos mordendo a mão que nos alimentava. Eu disse: "Quem mais pode nos alimentar? Em uma sociedade capitalista não há outro lugar de onde o dinheiro possa vir. O dinheiro tem que vir do sistema e das pessoas que identificamos com a produção daquela riqueza. Obtemos o dinheiro onde o dinheiro está e o usamos onde as pessoas estão". O que nos tinha criticado disse: "Mas não se sentem constrangidos de morder a mão que alimentou vocês?" E eu disse que não, eu tinha prazer em ir roendo até o ombro. Isso foi em um programa de TV. A imagem de um capitalista com um braço só me perseguiu durante anos!

O caminho se faz caminhando

Tínhamos que lidar com tudo que é tipo de problema e isso era parte da educação. O problema é que simplesmente não estávamos envolvidos na mecânica da educação. Isso nunca foi um elemento predominante na Highlander. Falamos mais sobre isso aqui do que em anos. Não falávamos, fazíamos. Saí profundamente convencido de que nada, nenhuma metodologia ou técnica sequer se aproximava em importância da maneira como eu fazia as coisas, em termos de como eu ensinava outras pessoas. Se eu deixasse de ter prazer em aprender, não poderia ajudar os demais a terem prazer em aprender.

Paulo: Sim, é claro.

Myles: E a gente sabe que o que faz tem que ser compatível. Se eu acredito na igualdade social, mas não a pratico, então o que eu digo é vazio. É preciso ter esse tipo de coerência. É por isso que estou menos interessado em metodologia ou técnicas do que em um processo que envolve a pessoa total, envolve visão, envolve realidades totais. Penso em meu avô, que era um homem das montanhas e analfabeto, e embora não pudesse escrever seu nome tinha uma mente incrível. Ele costumava dizer: "Filho, você está falando sobre todas essas ideias e sua carruagem está atrelada a uma estrela, mas você não pode carregá-la com nada que não esteja aqui na terra. Eu sei que é preciso tê-las atreladas a uma estrela – e ele também o sabia –, mas é preciso também tê-las no chão, onde algo prático pode ser feito. É preciso atar o prático com o visionário".
Acho que se eu tivesse que apontar aquilo que considero uma boa educação, uma boa educação *radical*, não seria nada acerca de métodos ou técnicas. Seria amar as pessoas primeiro. Se você não faz isso, dizia Che Guevara, então não vale a pena ser um revolucionário. Concordo com isso. E isso significa todas as pessoas em todos os lugares, não só sua família, ou seus conterrâneos ou pessoas de sua mesma cor. E querer para elas o que você quer para você mesmo. E a seguir vem o respeito pela capacidade que as pessoas têm de aprender, de agir e de formular sua própria vida. É preciso ter confiança de que as pessoas podem fazer isso. As pessoas me questionam sobre isso. Dizem elas: "Como é que você

4. A prática educacional

pode saber isso?" Bem, eu tive algumas experiências boas. Passei por dois movimentos sociais, o movimento do sindicato industrial e o movimento de direitos civis. Eu sei que as pessoas podem aprender porque eu sei que as pessoas podem fazer as coisas e sei que podem morrer por aquilo em que acreditam. Sei que quando as pessoas se envolvem, se dispõem a fazer qualquer coisa que elas acreditam ser correta. Não estou teorizando sobre isso, e tenho mais sorte que a maioria das pessoas – acho que é porque muitas pessoas não sabem as coisas que eu sei, tendo-as vivenciado e sido parte delas. Acho que nossa tarefa é tentar descobrir meios de ajudar as pessoas a tomarem suas vidas em suas próprias mãos.

A terceira coisa se desenvolve a partir do carinho pelas pessoas e do respeito por sua capacidade de fazer coisas, e é por isso que é importante valorizar suas experiências. Não se pode *dizer* que se respeita as pessoas e não se respeita suas experiências. Esses são os tipos de elementos que a meu ver são importantes, e não a metodologia e as técnicas. A Highlander é um bom exemplo disso como uma entidade educacional. É difícil falar sobre a Highlander. Ela não pode ser descrita como uma organização porque não foi concebida em termos de departamentos e de uma maneira mecânica. É mais como um organismo, e por isso é difícil de descrever. É um mosaico ou uma tapeçaria. Em 1932, quando usávamos cores, um certo tipo de cor predominava. Mas tarde, outra cor surgia e fundia-se com as outras. À medida que a Highlander vai mudando os grupos de cores também mudam, mas sempre se misturam algumas cores antigas e algumas novas. Nada nunca se perde. Ora, duas cores podem ter se misturado e espera-se que sempre exista algo novo sendo introduzido, portanto a tapeçaria ainda está sendo feita. A Highlander é uma espécie de tapeçaria de muitas cores, algumas se fundem e outras não combinam, mas você sabe que a tapeçaria está viva. Durante um período histórico, as pessoas *conhecem* aquele período. Conhecíamos o período da Depressão quando começamos a Highlander. Conhecíamos tanto os alunos como os ativistas. Éramos todos líderes estudantis e ativistas antes de começar a Highlander, por isso trouxemos isso para o berço da Highlander. Mais tarde, veio o movimento de direitos civis e esse também veio para a Highlander e coloriu muitas coisas. Deliberadamente, nós nos lançamos e nos envolvemos nos direitos civis, e isso trouxe mudanças para o processo. Na verdade, até mudou a composição dos funcionários. Passamos a ter mais pessoas negras. Mudou a composição da diretoria. Movimentos mudam de acordo com o que acontece e como as coisas são organizadas.

Mais tarde tivemos todos esses períodos monótonos, o que eu chamo de período organizacional, como aquele em que estamos agora, e tivemos aquele tipo de período "eu" em que as pessoas pensavam que a consciência estava limitada a sua própria consciência, algo dentro delas. Suponho que algumas pessoas pensavam que começaria ali e dali se espalharia para a sociedade, mas a maior parte daquela consciência ficou por ali mesmo, sem continuidade, segundo o que pude descobrir. Se começa ali, ali fica. Precisamos ter pessoas na Highlander que vêm desses períodos, para trazer novas formas de fazer as coisas. Queremos e acolhemos com alegria novas formas de fazer as coisas.

Outra coisa sobre a qual começamos a falar bem nos primeiros dias antes da fundação da Highlander é que ela devia ser internacional. Éramos parte do mundo, embora tivéssemos que começar regionalmente. Isso tem entrado e saído da história da Highlander durante todos esses anos e, no momento, está desempenhando um papel maior, porque a Highlander está muito mais consciente do Terceiro Mundo. Nós nos vemos como parte do Terceiro Mundo. Helen Lewis[3] diz que os lugares onde estamos trabalhando são as periferias dentro da periferia. São os terceiros mundos dentro do Terceiro Mundo, a área abandonada. Esse conceito nos ligou com as pessoas do mundo todo. Essa é uma das cores que sempre traspassou nossa tapeçaria. Às vezes ela fica brilhante, às vezes empalidece. No momento é importante. As pessoas que vêm para a Highlander trazem novos *insights*, mas sempre há ainda uma parte do antigo, ainda parte da mesma tapeçaria.

---

3. LEWIS, H.M.; JOHNSON, L. & ASKINS, D. *Colonialism in Modern América*: The Appalachian Case. Boone, N.C.: Appalachian Consortium Press, 1978.

4. A prática educacional

"Os conflitos são a parteira da consciência"

Terceiro: Antes, você mencionou o conceito de responsabilidade, mas, ao mesmo tempo, o conceito da não neutralidade, da escolha política. Sou um educador. Fui educado pela Harvard. Ao mesmo tempo, tenho um ponto de vista político. O problema é como partilhar, como disse Myles, partilhar meu ponto de vista sem impô-lo, sem manipular as pessoas. Em termos práticos é uma linha muito difícil.

Paulo: Eu acho que esse problema é realmente muito importante e merece ser discutido. Enquanto tendo, por um lado, de respeitar as expectativas e escolhas dos alunos e das alunas, o educador e educadora também têm a obrigação de não serem neutros, como você disse. O educador ou educadora como um intelectual tem que intervir. Não pode ser um mero facilitador. Tem que se afirmar. Acho que essa questão é mais ou menos como o problema da prática e sua teoria. Você diria que envolve também a questão da autoridade do professor, a liberdade dos alunos, a escolha do professor, a escolha do aluno, o papel que o professor tem que ensinar, o papel que o professor tem de responder perguntas, de fazer perguntas, de escolher os problemas? Às vezes o professor tem o papel de dirigir ou o papel de falar, mas tem também a obrigação de transformar o falar *para* em falar *com*, por exemplo.
Então, para muitas pessoas, ir além de alguns riscos que nós sempre temos nesse relacionamento é algo que não está claro. Por exemplo, um dos erros que podemos cometer em nome da liberdade dos alunos e das alunas é se eu, como professor, paralisar minha ação e minha obrigação de ensinar. Em última análise, eu deixaria os alunos sozinhos, e isso seria cair em uma espécie de irresponsabilidade. Nesse momento, temeroso de assumir a autoridade, eu perco a autoridade. A autoridade é necessária para o processo educacional e também necessária para a liberdade dos alunos e a minha própria. O professor é absolutamente necessário. O que é ruim, o que não é necessário, é o autoritarismo, mas não a autoridade.
Se eu fizer isso, se eu cair nessa espécie de irresponsabilidade, em vez de gerar liberdade, eu gero abuso de liberdade, e com isso não cumpro minha responsabilidade de ensinar.

O caminho se faz caminhando

O outro erro é esmagar a liberdade e exacerbar a autoridade do professor. Nesse caso, você não terá mais liberdade e sim autoritarismo, e o professor passa a ser aquele que ensina. O professor é quem sabe. O professor é quem guia. O professor é quem faz *tudo*. E os alunos, precisamente porque os alunos precisam ser formados, apenas deixam seus corpos e suas almas expostos às mãos do professor, como se fossem o barro para o artista, para ser moldado. O professor é, é claro, um artista, mas ser um artista não significa que ele ou ela pode fazer o perfil, pode moldar os alunos. O que o educador deve fazer quando ensina é possibilitar os alunos a se tornarem eles mesmos. E ao fazer isso, ele ou ela vive a experiência de relacionar democraticamente como autoridade com a liberdade dos alunos.

É a mesma questão, por exemplo, que temos no relacionamento entre as lideranças e as massas, entre a liderança de um partido progressista e as grandes massas. Qual é o papel da liderança? Não é apenas olhar as massas. O papel da liderança é também dirigir as massas ao mesmo tempo em que aprende com elas e nunca lhes impor alguma coisa. Até eu aceito que, em determinados momentos, tanto professores como líderes políticos têm que tomar a iniciativa a fim de fazer algo que é necessário e que não é possível deixar para amanhã. Mas para mim, de qualquer modo, no dia seguinte, o professor – ou a liderança – terá de explicar as razões pelas quais foi necessário tomar a iniciativa. Em última análise, para mim, é impossível tomar a iniciativa sem explicar por que isso é necessário.

Devido à importância dessa questão, eu achei que devia voltar, Myles, a esse ponto em nossa conversa. Segundo o que eu entendi com relação à maneira como a Highlander opera, aqui o respeito pelas comunidades não implica a ausência de responsabilidade por parte dos educadores. Mas temos que reconhecer que não é fácil. E também temos que presumir que os educadores têm de tomar a iniciativa.

Terceiro: Myles, posso acrescentar mais uma coisa a isso? Ocorreu-me, Paulo, que você sempre fala de educação do nível primário até a universidade, incluindo o tipo de educação comunitária que a Highlander faz. Myles, você fala sobre educação para adul-

4. A prática educacional

tos para mudança social, trabalhando com as pessoas nas comunidades, e me pergunto se isso faz qualquer diferença na maneira que vocês abordam essa questão específica?

Myles: Sim, eu acho que faz. Eu considero a educação como uma educação desde o berço até a sepultura. Eu uso o termo educação para contrastar com escolaridade. Decidi, antes de a Highlander começar, que eu queria trabalhar com adultos, e as razões eram que, ao crescer, os oradores em formaturas sempre fazem o mesmo discurso, afirmando que os jovens são os futuros líderes deste país. Que é a responsabilidade dos jovens fazer deste país um país decente e solucionar esses problemas. E eu descobri o que todos os demais também descobriram, que eles nunca tiveram a menor intenção de deixar as pessoas com as quais falavam fazer fosse o que fosse com relação à sociedade. É uma espécie de discurso de pacificação. Os adultos dirigem a sociedade. Os alunos *não* dirigem a sociedade. Na verdade, eles podem falar muito pouco até mesmo nas escolas, quanto mais na sociedade, na sociedade como um todo. Com isso, eu decidi que queria lidar com as pessoas que tinham o poder – se quisessem usá-lo – para mudar a sociedade, porque eu estava interessado em mudar a sociedade. Quando começamos a *Highlander Folk School* em Monteagle, aquele pensamento foi confirmado por uma conversa que tive com uma mulher maravilhosa, May Justus, que era uma vizinha e mais tarde um dos membros do Conselho. Ela já publicou cinquenta e sete livros infantis. Ela tem um *record* de publicação maior até que o seu, Paulo! Você só tem dezesseis? Ela tem cinquenta e sete! Mas os dela são para crianças, e são bem fininhos.

May Justus veio para aquela comunidade isolada de montanha uns dez anos antes de a Highlander ter começado, ou até antes. E ela teria sido uma professora modelo. Ela era uma mulher das montanhas que veio do condado vizinho lá naquela região, lá nas colinas. Ela tinha uma imaginação incrível e um grande amor pelas crianças e pelo magistério. Ela foi professora de meus filhos, Thorsten e Charis. May me disse como, no primário, as crianças tinham realmente um grande entusiasmo pela vida e como ela os ajudava, dentro dos limites da escola, a ter princípios, ajudando-os a amar, a ter ambição de fazer alguma coisa. Depois, com lágri-

O caminho se faz caminhando

mas nos olhos, ela disse que a comunidade os tragava e eram absorvidos pela letargia da comunidade, pela impotência da comunidade. A comunidade apagava tudo que ela tinha conseguido fazê-los entender na escola. Em outras palavras, o que ela estava dizendo é que a comunidade é poderosa. A sociedade de adultos é poderosa.

Eu poderia dar dezenas de ilustrações, mas meu argumento é que cheguei à conclusão de que queria trabalhar com as pessoas que, se escolhessem – e eu ia tentar ajudá-las a escolher –, tinham poder para mudar a sociedade.

Não que eu não aprecie e valorize outros tipos de educação, outros níveis de educação. Apenas escolhi trabalhar com as pessoas que, histórica e praticamente, estão em uma posição de mudar a sociedade se decidirem fazê-lo. Minha ideia era ajudar as pessoas a decidirem mudar a sociedade e estar com as pessoas que estavam em uma posição de fazer isso. Levei isso um passo mais à frente. Não estava interessado em educação de massa como um sistema de educação. Estava interessado em experimentar com formas de trabalhar com líderes comunitários emergentes ou líderes organizacionais, para tentar ajudar essas pessoas a terem uma visão e algum entendimento de como agir para realizar aquela visão, para que elas depois voltassem para suas comunidades e divulgassem aquelas ideias. Não tinha nenhuma intenção de entrar nas comunidades dos outros como um especialista para solucionar problemas e depois deixar que aquelas pessoas dessem continuidade. Eu achava que a maneira de trabalhar era identificar as pessoas que tinham potencial para liderança e usar aquela abordagem simples e muito direta.

Decidi trabalhar com organizações que, pelo que eu sabia, tinham um potencial, um potencial para reformas estruturais que guiariam os movimentos sociais e estariam à frente de mudanças revolucionárias. Eu sempre estava procurando organizações que não tivessem como objetivo reforçar o sistema e sim que, até onde eu podia descobrir, tinham o objetivo de mudar o sistema. No entanto, eu não estava procurando pessoas que fossem revolucionárias, porque eu não teria tido ninguém com quem trabalhar. Eu procurava pessoas cujas organizações tinham um potencial para ir de reformas limitadas a reformas estruturais. Era um grupo muito

4. A prática educacional

selecionado. Primeiro, selecionei adultos. Depois, dentro desse grupo, selecionei pessoas que tinham potencial para fornecerem liderança para mudança estrutural e que tinham uma visão de um futuro diferente – diferente da visão daqueles que se diziam neutros e que apoiavam o *status quo*.

Esse era meu raciocínio, e nunca enfrentei a dicotomia de não ser capaz de partilhar o que eu tinha com as pessoas por medo de ser um propagandista, porque meu sentimento era que não existe essa coisa que chamam de neutralidade. As pessoas que usam essa etiqueta são pessoas que, na maioria das vezes sem saber, dedicam-se a apoiar o *status quo*. Presumir que eles não impõem ideias às pessoas é uma proposta que não posso aceitar. Elas tinham uma vantagem sobre aqueles entre nós que querem mudar a sociedade porque elas eram parte da sociedade. As pessoas já estão na sociedade que defendem, na sociedade pela qual lutam, por isso aprendem fazendo o tipo de coisa que os chamados neutros querem que façam. Nós não temos essa vantagem. Nunca me senti assim tão poderoso, achando que estava dominando as pessoas quando partilhava minhas ideias com elas.

Paulo: Mas, Myles, para mim esse tipo de problema pode não estar na sua ou na minha prática, mas esse tipo de problema prático realmente existe para muitos educadores.

Myles: É, eu sei.

Paulo: Às vezes, as coisas não estão claras para eles e para elas. Alguns preferem esconder sua decisão autoritária com um discurso que não esclarece o problema. Essa é a razão pela qual eu achei muito interessante que Myles tivesse colocado essa questão na conversa entre nós. É claro que não é um problema para você e para seus educadores e educadoras, mas pode ser um problema para muitas outras pessoas neste país e na América Latina. Algumas dessas pessoas podem ser autoritárias, aquelas que dizem: "Mas a experiência da Highlander é *laisser-faire*. É uma espécie de vida em paz, deixando as pessoas sozinhas, sem interferir com elas". Mas é por isso que é preciso discutir essa questão teoricamente.

O caminho se faz caminhando

Myles: Bem, não estou dizendo que não é importante discuti-la. Só estou dizendo que nós entendemos que as pessoas que se dizem neutras e nos chamam de propagandistas porque não somos neutros, também não são neutras. São apenas ignorantes. Não sabem que são defensoras do *status quo*. Não sabem que essa é sua tarefa. Não sabem que a instituição é dedicada a perpetuar um sistema e eles estão servindo a uma instituição. Apesar disso, essas pessoas têm influência.

Paulo: Muitas vezes, Myles, eles sabem bem que não são neutros, mas é necessário para eles e elas insistirem que são.

Terceiro: Gostaria de voltar à questão de manipulação. Vocês disseram que existe uma diferença clara entre ter autoridade e autoritarismo. Estou tentando identificar as várias maneiras pelas quais as pessoas obtêm a autoridade que possuem. Gostaria de saber que autoridade vocês acham que é autoridade legítima?

Paulo: Vamos olhar isso de uma maneira prática. Primeiramente, tomemos como exemplo a situação no lar, no relacionamento entre o pai, a mãe e as crianças. Tenho certeza, certeza absoluta de que se o pai, porque ama seus filhos, deixa que eles façam o que querem e nunca lhes mostra que existem limites dentro dos quais vivemos, criamos e crescemos, então o pai não assume diante de seus filhos a responsabilidade que ele tem de guiá-los e de orientá-los. O que é filosoficamente maravilhoso, eu acho, é ver como, aparentemente começando a partir da influência externa, em um determinado momento essa disciplina começa da própria criança, de seu interior. Isto é, essa é a estrada na qual caminhamos, algo que vem de fora se transforma em autonomia, em algo que vem de dentro. Esse é o resultado.

É interessante observar a etimologia da educação. Significa precisamente um movimento que vai de fora para dentro e depois vem de dentro para fora. Então a experiência desse movimento na vida é a experiência do relacionamento entre autoridade e liberdade. É um desastre quando pai e mãe brigam entre si e não são capazes de dar uma compreensão do mundo a seus filhos. Não estou dizendo que pai e mãe nunca devam discutir, porque acredito em conflitos. Os conflitos são a parteira da consciência. Não estou dizendo que

4. A prática educacional

pais não devam nunca brigar; precisam brigar de vez em quando. Não são iguais e não poderiam ser, mas não são antagonistas se estão vivendo juntos. Só são antagonistas se perdem o amor.

Ora, se vamos do lar para a sala de aula é a mesma coisa. A natureza continua a ser a mesma. Isto é, o professor não é o pai, nem o tio. O professor é o professor. Ele ou ela tem uma personalidade específica. Ele é o professor e não um tio, nem pai ou mãe, mas tem autoridade. Isso significa que ele ou ela tem algum espaço no qual tem de realizar algumas obrigações necessárias do ponto de vista do desenvolvimento das crianças. Se o professor não trabalha assim, se ele é demasiado hesitante, se ele ou ela não é competente, se ele ou ela não mostra aos alunos que tem estabilidade e segurança de um ponto de vista emocional e intelectual, é difícil ensinar. Como é possível ensinar sem revelar aos alunos e às alunas que tenho medo, que estou inseguro? Minha insegurança destrói minha necessária autoridade com os alunos. Mas o outro lado é como, ao assumir a obrigação de ter autoridade, de viver a autoridade, equilibrar a autoridade necessária com o espaço de liberdade das crianças. Então o professor tem que deixar que as crianças saibam que ele ou ela também luta por sua liberdade em uma outra dimensão da vida – por exemplo, para conseguir um salário melhor. Os alunos têm que aprender com o professor que professores também lutam para se libertarem.

Para mim é impossível separar ensinar de educar. Ao educar, eu ensino. Ao ensinar, eu educo. Mas às vezes é possível observar alguns comportamentos estranhos nos quais há aparentemente uma separação entre uma coisa e a outra. Talvez um aluno diga ao outro, lembrando-se dos dias escolares: "Você lembra do Professor Peters?" "Lembro sim. Ele sabia dar umas ótimas aulas de matemática, mas não mais que isso." Entendem? É difícil para os alunos terem uma boa lembrança de um professor que nunca assumiu sua autoridade, de um professor que nunca estabeleceu limites.

Terceiro: Você fala como se uma compreensão de mundo fosse algo importante em um pai ou mãe e em um professor. O desenvolvimento de autonomia é parte de sua compreensão do mundo?

Paulo: É.

O caminho se faz caminhando

Terceiro: E se a compreensão de mundo não for a mesma? E se o professor não acreditar em autonomia para o aluno ou os pais não acreditarem em autonomia? Em outras palavras, esse é um valor que é muito importante para você e muito importante para o Myles. Myles fala sobre dar poder às pessoas. Fala sobre como escolher líderes que vão fazer a diferença. Assim, quando vocês falam sobre como as pessoas têm autoridade, entendo vocês dizerem que ter uma compreensão de mundo é muito importante, mas entendo outra coisa mais. Entendo que essa compreensão tem que ser específica.

Paulo: É. Eu insisto tanto na claridade dos pais e dos professores com relação a sua compreensão, com relação ao que eles pensam sobre o mundo, sobre o presente, sobre o futuro. Para mim isso deve fazer parte da formação permanente do educador. Sua pergunta foi como enfrentar e como não romper o relacionamento entre autoridade e liberdade – ou seja, como partilhar. Há ocasiões em que é quase impossível partilhar. Por exemplo, como é possível que eu partilhe minha compreensão de mundo com um reacionário convicto? Não posso. Mas talvez eu possa partilhar com ele ou ela algum *conhecimento* sobre a realidade e ao fazê-lo talvez eu possa mudá-lo ou mudá-la do ponto de vista de minha compreensão.

Não sei se estou me afastando muito de sua pergunta, mas é muito interessante ver como é possível converter indivíduos da classe dominante – mas nunca a classe dominante como classe. Você me entende? É muito interessante. E é por isso que eu acho que seminários e oficinas como as que vocês têm aqui por mais de cinquenta anos são uma fonte tão importante. Posso compreender, Myles, quantas pessoas no decorrer desses anos todos tiveram a oportunidade de se converterem como indivíduos – mas como uma classe, nunca. Por exemplo, Marx; Marx se converteu. Fidel Castro se converteu. Che Guevara se converteu. Espero que nós estejamos nos convertendo.

Por causa disso, a segurança do educador também é importante – sua capacidade de amar, de entender os outros mesmo sem aceitar a posição desses outros, e a capacidade de não se zangar só porque

4. A *prática educacional*

o outro é diferente. E não dizer: "É impossível falar com você porque você é diferente de mim". Isto é, quanto mais seguro você for, quanto mais clara for sua compreensão de mundo, tanto mais você saberá que está aprendendo a pôr a compreensão em prática. Você sabe que está muito longe de realizar seu sonho, mas se não fizer alguma coisa hoje, irá se tornar um obstáculo para centenas de pessoas que ainda não nasceram. A ação dessas pessoas no século vindouro depende de nossa ação hoje. Acho que esse tipo de educador tem que ter isso bem claro.

Para mim, é impossível apenas pensar em meu sonho sem pensar sobre aqueles e aquelas que ainda não estão no mundo. Tenho que ter esse sentimento estranho de amar aqueles que ainda não chegaram, a fim de preparar o mundo para eles e elas. É uma prática coletiva e isso significa que a presença daqueles que estão vivos hoje é importante. Os que vierem amanhã começarão a agir, precisamente tomando aquilo que nós fizemos como ponto de partida. Assim é que a história pode ser feita. Marx disse que os homens fazem a história começando de alguma realidade na qual eles se encontram, a partir da realidade que lhes dão. Nós estamos agora lidando com o presente a fim de criar o futuro. Estamos criando o futuro pela formação do presente. Estamos criando o *futuro presente* para a nova geração, do qual eles farão história. Por essas razões, eu acho que é absolutamente indispensável que educadores sejam seguros, capazes e tenham uma capacidade para amar e ter curiosidade.

Myles: Curiosidade é muito importante, eu acho, e acho também que muito da educação, a começar pela educação na infância, ou é destinada a matar a curiosidade ou de alguma forma ocorre assim. Quando você estava falando, fiquei lembrando que quando Charis e Thorsten eram pequenos, nós tínhamos um barco no lago e é claro, para as crianças, passear de barco simplesmente ficava acima de qualquer coisa no mundo. Além disso, havia uma ribanceira na beira da montanha onde, se a pessoa caísse, poderia quebrar o pescoço, mas era um lugar onde as pessoas gostavam de ir. Essas eram as duas coisas que meus filhos mais queriam fazer. Mas é

O caminho se faz caminhando

claro, há um problema. Como fazermos para evitar que nossas crianças se afoguem em um barco ou caiam de uma ribanceira? Há duas maneiras de lidar com esse problema. Uma é livrar-se do barco e construir uma cerca em volta da ribanceira. Isso resolveria os dois problemas. Nós nem sempre concordávamos em tudo, como é normal entre marido e mulher, mas Zilphia e eu decidimos não solucionar o problema removendo-o e sim impondo certas restrições a Thorsten e Charis que faria com que eles removessem o barco e construíssem uma cerca dentro deles mesmos. Fomos criticados por dizer a eles: "Existem limites. Vocês não podem fazer isso". Alguns de nossos amigos defensores de uma educação liberal diziam que não devíamos dizer não. Nós dissemos: "Bom, nós amamos nossos filhos. Vamos discipliná-los para que aprendam internamente a não fazer aquilo". Isso foi uma escolha deliberada.

Meu argumento é que as pessoas que se livram do barco, tiram o incentivo para que as crianças aprendam a nadar a fim de poder passear de barco. Aleijam as crianças impedindo-as de ter controle e de tomar decisões. As pessoas que se livram do barco e constroem cercas, esquecem de acabar com as restrições quando as crianças crescem o suficiente para não precisar delas. Na vida adulta o mesmo acontece. Você sabe que existem pessoas a quem nunca é permitido fazer as coisas que *poderiam* fazer. Ajude as pessoas a se desenvolverem internamente. Eu apliquei essa maneira de pensar em inúmeras situações. Acho que, quando educadores vão a uma organização ou a uma comunidade como especialistas externos com as respostas, estão tirando o barco ou construindo a cerca. Não estão deixando que as pessoas tenham que lidar com seus próprios problemas e fazem delas aleijadas ao não permitirem que elas tomem suas próprias decisões.

Veja bem, estou voltando àquilo que ele perguntou. Você diz às pessoas aquilo que é bom para elas, ou você deixa que elas se debatam por aí e descubram a resposta por conta própria, talvez as ajudando apenas a explorar as possibilidades? Você constrói situações em que elas possam aprender, mas usa essas situações como uma experiência de aprendizado e não como uma experiência de ouvir o que alguém disse?

4. A prática educacional

Paulo: O que eu queria dizer, Myles, é que, no processo de ajudar as pessoas a descobrirem, existe ensinamento, sem dúvida alguma.

Myles: É ensinar, certamente.

Paulo: Para mim é impossível ajudar alguém sem ensiná-lo ou ensiná-la algo com o qual eles possam começar a fazer a mesma coisa sozinhos. Esse é meu testemunho de respeito por eles e elas. É uma maneira coerente de ensinar. Não necessariamente de ensinar um determinado conteúdo ou [...]

Myles: Ou um fato.

Paulo: Mas imediatamente eu preciso também ensinar algum conteúdo, me entende? Concordo com você. Minha escolha é como a sua, mas, ao tentar fazer o que você fez – em um lugar diferente, cultura diferente, história diferente –, talvez seja necessário o mesmo esforço. Eu sempre estive ensinando. Mesmo que eu estivesse apenas debaixo de uma árvore falando com algumas pessoas. Para mim isso é muito importante. Tenho que admitir isso, me entende? Não tenho nada contra ensinar. Mas tenho muitas coisas contra ensinar de uma forma autoritária.

Terceiro: Quando a maioria das pessoas fala sobre ensinar, elas falam de conteúdo como se o conteúdo tivesse um poder de realidade que é maior que o indivíduo. Você presume que aquilo que está ensinando é verdade, ou você está sempre aberto para a possibilidade de que esteja errado e que a pessoa a quem você está ensinando possa estar certa?

Paulo: Claro que estou. Estou constantemente aberto, justamente por causa dos limites do ato de saber. Estou certo de que o saber é histórico, que é impossível *saber* sem a história dos seres humanos. Mas não quero discutir essa questão teologicamente. Isso significa que é na experiência social da história que nós, como seres humanos, criamos um novo conhecimento. Se o conhecimento pode ser superado, se o conhecimento de ontem não faz necessariamente sentido hoje, então eu preciso de outro conhecimento. Isso significa que o conhecimento tem *historicidade*. Isto é, o conhecimento nunca é estático. Está sempre em um processo.

O caminho se faz caminhando

Então, se eu reconheço minha posição como um sujeito cognoscível, como um sujeito capaz de saber, minha primeira posição tem que ser de humildade diante do próprio processo de saber e diante do processo de aprender em que eu, como professor, e os alunos, como alunos, estamos envolvidos em um determinado momento, em uma determinada aula. Sou humilde não porque queira ser agradável. Não aceito ser humilde por razões táticas.

Terceiro: Mas autenticamente.

Paulo: Sim, sou humilde porque sou incompleto. Só por isso. Não porque eu preciso que as pessoas me amem, embora eu precise que as pessoas me amem, mas não tenho que preparar nenhum tipo de armadilha para obter esse amor. Me entende? Então, se eu compreender esse processo, estou aberto, absolutamente aberto, todas as vezes, para aprender com os alunos e as alunas. Às vezes, estamos errados em nossa compreensão da realidade. Estamos errados até em nossa compreensão do conhecimento. Não sei se isso faz sentido, mas às vezes estamos errados no processo de *reconhecer*. Por exemplo, um aluno diz, de repente: "Professor, acho que o senhor está errado. Isso não é assim. A pergunta é diferente". Então ele ou ela lhe satisfaz. Tive experiências assim, e é necessário aceitar isso imediatamente e adotar uma nova maneira de falar sobre o assunto. É claro, à medida que você pertence à outra geração, que você foi sério no processo de ensinar – à medida que você lê, que você estuda, que você desenvolve sua curiosidade –, você tem mais possibilidade de esclarecer a busca dos alunos que os próprios alunos têm. Com menos experiência intelectual, eles e elas têm menos chance, mas isso não significa que não existe possibilidade de que nos ajudem.

Por isso, uma das virtudes que eu acho que nós educadores e educadoras temos que criar – porque tenho certeza também de que não recebemos virtudes como dons; fazemos as virtudes não intelectualmente, mas através da prática – uma das virtudes que temos que criar em nós mesmos como educadores progressistas é a virtude da humildade.

4. A prática educacional

Terceiro: Myles, a razão pela qual eu fiz essa pergunta ao Paulo é que você disse algo que poderia parecer muito autoritário, que foi: "Quando sei que alguma coisa é boa para as pessoas deveria fazer algo a respeito disso".

Paulo: Essa é uma ótima questão.

Myles: Quando eu digo fazer algo a respeito disso, o que faço sobre isso é tentar expor as pessoas a certas experiências, a certos modos de pensar, que as levará a examinar aquilo em que creio. Acho que, quando elas derem uma olhada naquilo, há uma chance de que possam chegar à mesma conclusão. Mas terão que chegar àquela conclusão *por si mesmas*. E se eu realmente acreditar naquilo que eu quero que as pessoas acreditem, não lhes falo nada sobre isso. Não digo, como uma figura autoritária, você tem que acreditar nisso. Eu acho que estou muito ciente de como as pessoas aprendem para fazer uma coisa assim. Ao contrário, tento descobrir meios de expô-las a processos de aprendizado que as levarão finalmente a examinar minha conclusão. Isso é tudo que posso fazer. Uma vez que elas examinarem a conclusão, se não a aceitarem, então não há mais nada que eu possa fazer.

Terceiro: E sobre a noção, porém, de que através da experiência de trabalhar com elas você pode decidir que aquilo em que você crê está errado, e que elas podem ter uma percepção daquilo melhor que a sua?

Myles: Bem, eu acho que você tem que dividir aquilo em princípios. Quando eu digo o que eu creio, estou falando de princípios tais como amor e democracia, em que as pessoas controlam suas vidas.

Terceiro: Sua compreensão de mundo.

Myles: Minha compreensão de mundo. A estratégia para minha compreensão de mundo, as abordagens e processos, aprendi com outras pessoas. Estou sempre aprendendo novas maneiras de fazer as coisas, mas francamente, realmente não mudei minha compreensão de um modo geral. Minha visão está tão distante, em termos de uma meta, que não ocorreu nada que pudesse tê-la mudado. Por exemplo, minha visão foi clarificada politicamente durante a

O caminho se faz caminhando

Depressão, quando nos deparamos com o capitalismo caindo aos pedaços. Havia uma alternativa socialista e uma fascista, uma alternativa autoritária e uma democrática. À época eu escolhi, com base naquela experiência e pelas minhas crenças religiosas e éticas, optar pela solução democrática dos problemas, não por uma solução autoritária. Isso está cristalizado em um princípio. Creio na democracia *versus* autoritarismo. Isso não mudou. O que sim, mudou, é uma compreensão do sistema capitalista. Se você vai mudar o sistema, tem que entendê-lo e eu o entendia menos do que entendo agora. Aprendi muito sobre como trabalhar com as pessoas, aprendi muito sobre aquilo que chamo de subvalores. Os princípios básicos que quero partilhar com as pessoas foram modificados, ampliados – não restritos – e se tornaram mais concretos em minha imaginação. Sustento esses princípios mais firmemente do que o fazia antes e então, essa compreensão, essa meta de longo prazo é o que eu quero partilhar.

Quanto ao processo de chegar lá, todos têm que trabalhar essas coisas sozinhos. Creio que existem muitas verdades, muitas inverdades, muitas maneiras corretas de fazer as coisas e muitas maneiras erradas de fazê-las. Eu já repeti muitas vezes que qualquer tipo de problema tem cinco ou seis soluções boas e cinco ou seis soluções ruins. O que tento fazer é conseguir que as pessoas escolham uma das boas soluções e não uma das ruins, mas sem influenciar qual delas, porque isso vai depender da maneira como as pessoas funcionam, quais são seus contextos. Pessoas que cresceram depois de mim, que tiveram um passado diferente, chegaram a suas conclusões através de processos diferentes, mas seus processos são tão valiosos quanto os meus. Não questiono isso.

5
Educação e mudança social

"É preciso contrabandear a educação"

Terceiro: A educação é política, mas a política é educacional? Em nossa experiência, se você estiver começando como a Highlander faz, fora da sala de aula formal, se você está começando com grupos envolvidos na mudança social, nesse caso [...]

Paulo: É política.

Terceiro: Então onde é que a educação se encaixa na luta política?

Myles: Essa pergunta é muito interessante, sobretudo com a premissa de Paulo. Acho que todos nós na Highlander começamos com a ideia de que iríamos fazer educação de adultos. Chamamos nosso trabalho de educação de adultos. Nos consideramos educadores. Deliberadamente escolhemos fazer nossa educação fora do sistema escolar. À época, houve muita discussão sobre se devíamos tentar reformar a educação, que era o que nos interessava, trabalhando no interior do sistema, porque se você trabalhasse fora do sistema, não poderia influenciá-lo. Nós concluímos que reformas internas no sistema apenas reforçavam o sistema ou eram cooptadas pelo sistema. Os reformadores não mudavam o sistema, apenas o faziam mais aprazível, justificando-o, o faziam mais humano, mais inteligente. Não queríamos dar essa contribuição para o

O caminho se faz caminhando

sistema escolar. Mas sabíamos que se trabalhássemos fora do sistema, não seríamos reconhecidos como educadores, porque um educador, por definição, era alguém dentro do sistema escolar. Apesar disso, decidimos trabalhar fora do sistema e sermos completamente livres para fazer o que julgássemos que fosse a coisa certa a fazer em termos de metas que estabelecíamos para nós mesmos e para as pessoas para quem trabalhávamos. Se fôssemos ou não reconhecidos, ou até se fôssemos criticados, isso não afetaria nossa posição. Dissemos que chegaríamos mais longe tentando experimentar. Íamos experimentar com maneiras de fazer educação social e realizaríamos esse experimento fora do sistema com maior validade do que poderíamos no interior do sistema, porque não tínhamos que nos amoldar a nada. Ninguém podia nos dizer o que fazer. Poderíamos fazer nossos próprios erros, inventar nosso próprio processo.

Não nos surpreendemos quando não fomos considerados educadores. Ao contrário, nos condenavam como agitadores ou propagandistas, essas as condenações mais leves e na maior parte das vezes nos chamavam de comunistas ou anarquistas, ou seja lá quais fossem as palavras ofensivas que as pessoas pudessem descobrir à época. O que é interessante, no entanto, é que as pessoas dentro do sistema educacional, quase que unanimamente, disseram que a Highlander não tinha nada a ver com educação. Diziam que organizávamos, que fazíamos propaganda. Mesmo as pessoas que financiavam e sustentavam a Highlander não diziam que nós estávamos envolvidos com educação. Elas simplesmente gostavam daquilo que fazíamos, mas não era educação. E a verdade é que pouquíssimas pessoas nos Estados Unidos estavam chamando aquilo que fazíamos de educação. Praticamente nenhuma instituição educacional nos convidava a falar sobre educação. Éramos convidados a falar sobre organização, direitos civis, problemas internacionais – mas não sobre educação. Não éramos educadores.

Paulo: Vocês eram ativistas.

Myles: É, éramos ativistas. Não éramos neutros. Não éramos "educadores". A mudança ocorreu e acho que já lhe escrevi sobre isso depois que o governo brasileiro deu um presente para os Estados

5. Educação e mudança social

Unidos expulsando Paulo Freire do Brasil. Paulo veio para Harvard e começou a falar sobre a experiência de aprendizado. Começou a falar sobre educação fora da escola.

Paulo: Sim.

Myles: E, para surpresa geral, as pessoas começaram a olhar a seu redor e a dizer: "Bem, pode ser que haja alguma coisa fora das escolas que possamos chamar de educação". E foi só aí que as pessoas começaram a dizer que a Highlander estava fazendo educação. Posso praticamente dizer o dia em que aconteceu isso. Posso dizer o dia. Alguém que estava escrevendo um livro sobre Paulo me perguntou, vários anos atrás, a meu ver, qual seria a maior contribuição de Paulo para os Estados Unidos e eu lhes disse que, no que me dizia respeito, sua maior contribuição tinha sido conseguir que as pessoas nos círculos acadêmicos reconhecessem que existe uma coisa chamada educação experimental. Portanto, eu acho que a primeira vez que a Highlander foi reconhecida a ponto de termos sido convidados a falar sobre educação foi depois que Paulo tornou esse tipo de educação respeitável por ser um professor em Harvard.

Terceiro: Mas vocês tinham feito as Escolas de Cidadania e você as chamava de "escolas" e, além disso, estavam envolvidos nos movimentos internacionais de educação de adultos.

Myles: Nós sempre chamávamos o que fazíamos de educação. O que estou dizendo é que as pessoas envolvidas com a educação formal nunca chamavam aquilo de educação. Para nós, aquele era o melhor tipo de educação. Não tínhamos qualquer problema com isso, mas não éramos reconhecidos pelos acadêmicos como educadores. Quando fizemos nossas Escolas de Cidadania, nos anos de 1950, elas eram reconhecidas como um meio bem-sucedido de ensinar as pessoas a ler e a escrever. Escreviam artigos sobre isso, falavam disso e todos sabiam que as pessoas estavam aprendendo a ler e a escrever. Mas mesmo assim não chamavam isso de educação porque a Highlander estava fazendo aquilo fora do sistema. Esse é meu argumento. Que a palavra educação não inclui aprendizado fora da escola. Isso nunca nos incomodou muito no sentido

O caminho se faz caminhando

de que não éramos dependentes da aceitação deles – mas isso não quer dizer que não gostaríamos de ter sua boa vontade nem que não tivemos muita boa vontade de sua parte.

Paulo: Mas Myles, eu gostaria de voltar um pouco atrás para focalizar a questão de trabalhar dentro e fora do sistema. Acho que se nos perguntarmos o que queremos dizer com "sistema", descobriremos que com isso estamos nos referindo ao sistema *educacional*. Com efeito, estamos falando de um subsistema em relação ao grande sistema, ao sistema produtivo, ao sistema político, ao sistema estrutural. Por exemplo, como um educador fantástico, você estava sempre criando esses espaços extraordinários – políticos, culturais e educacionais dentro do sistema – como você fez desde os anos de 1930 com a Highlander. Se considerarmos isso em relação ao sistema, é claro que descobriremos que o que você fazia estava fora do subsistema da educação, mas estava dentro do sistema como um todo.

Myles: Eu estou falando sobre o sistema escolar. Estou falando sobre o sistema de escolarização, não o sistema social.

Paulo: Eu sei, mas para mim, Myles, ainda há um outro aspecto. O ideal é lutar contra o sistema ocupando as duas frentes, a frente interna ao sistema escolar e a externa a esse mesmo sistema. É claro, temos muito espaço fora do sistema escolar, muito mais espaço para trabalhar, para tomar decisões, para escolher. Temos mais espaço fora do sistema, mas podemos também criar espaço dentro do subsistema, ou seja, do sistema escolar, a fim de ocupar um espaço. Isto é, acho que, politicamente, todas as vezes que pudermos ocupar alguma posição dentro do subsistema, devemos fazê-lo. Mas, tanto quanto possível, devemos tentar estabelecer bons relacionamentos com a experiência das pessoas fora do sistema, para ajudar naquilo que estamos tentando fazer internamente. A intimidade do sistema escolar é tão burocratizada que às vezes nos desesperamos; isto é, depois de dois, três, quatro, dez anos de trabalho, ainda não vemos resultados finais de nossos esforços e começamos a não acreditar mais. Mesmo reconhecendo que fora do sistema escolar há mais espaço, acho que é necessário

5. Educação e mudança social

inventar meios de trabalhar junto com eles ou até trabalhar dentro do sistema. Não é fácil.

Myles: AF, "Antes de Freire" não só não entrávamos nas universidades, mas às vezes eles expulsavam qualquer um que apoiasse a Highlander. Portanto, essa é uma grande mudança política. Suas ideias sobre educação ajudaram a criar espaço para esse tipo de trabalho neste país.

No início, quando a Highlander começou, havia muita fermentação radical. O país estava em um período de fluxo, era um período muito criativo, acho que talvez o período mais criativo que vivenciei. Havia uma meia dúzia de colégios experimentais começando naquela época. Havia o *Bard*, o *Sarah Lawrence*, mais tarde o *Black Mountain* e, ainda um pouco mais tarde, o *Goddard*. A Highlander começou mais ou menos na mesma época. E como éramos todos experimentais e novos, não éramos reconhecidos, tínhamos um bom relacionamento. Três ou quatro dessas escolas enviavam alguns de seus professores para a Highlander para orientação, ou seus alunos, todos os anos. Tínhamos um bom relacionamento pelos primeiros anos lá, até que eles começaram a ficar um pouco arrogantes e cautelosos e se envolveram mais no mundo acadêmico. Havia professores que davam bastante apoio à Highlander nos anos de 1930 e continuaram a fazê-lo. Mas não conseguiam nem que suas instituições me deixassem falar lá, e olha que eles eram chefes de departamento. Não vou dizer que não tínhamos amigos. Estou apenas dizendo que as instituições, exceto aquelas instituições que mencionei, não tinham nenhum espaço para a Highlander.

Devo dizer também que sempre houve indivíduos nas universidades de todos os Estados Unidos e Canadá com quem trabalhávamos confortavelmente. Mas estou falando sobre o fato de eu ser convidado publicamente e de eles anunciarem minha visita. Isso não acontecia. Eles costumavam me convidar, mas não queriam que ninguém soubesse até que eu tivesse ido embora e depois negavam que eu tivesse estado lá.

Enquanto isso, nós estávamos trabalhando com indivíduos e os ajudando, mais ou menos, a subverterem o sistema. Estávamos sempre fazendo isso. Éramos sempre acusados – e com razão, sabe? – de, trabalhando com as pessoas, tentar subvertê-las. Aqui nas montanhas, nós tivemos pessoas que trabalhavam ilegalmente, contrabandistas, pessoas que faziam uísque ilegal e o vendiam. Não pagam impostos, e em inglês são chamados de *bootleggers*. O que eles faziam, antigamente, era botar garrafas de meio litro de uísque dentro da própria bota e, quando se aproximavam de alguém que iria comprar o uísque, enfiavam a mão na bota, tiravam o uísque e o vendiam. Por isso, a frase que eu sempre uso quando falo é "Precisamos contrabandear a educação". Temos que descobrir uma maneira de contrabandeá-la. É ilegal, realmente, porque não é correto, mas é preciso fazer isso de algum jeito. Trabalhávamos com muitas pessoas que contrabandeavam a educação. Isso sempre ocorreu. Não quero dar a impressão de que ficamos isolados ou de que não tínhamos apoio financeiro. Só não éramos reconhecidos como "educação".

Terceiro: Bom, vocês dois, nos dois lugares, foram exilados, certo? A diferença é que na América Latina eles exilam fisicamente, empurrando com as armas. Aqui nos Estados Unidos o exílio toma outra forma, congelando suas ideias ou fechando suas portas. A velha Highlander – sabe? – não era aqui neste local. Foi ocupada e destruída pelo Estado em 1959 por causa do trabalho educacional durante a época de McCarthy. Então o que me impressiona realmente é que o que vocês vêm dizendo é que o sistema, o sistema em geral, descobriu uma maneira de exilar as duas formas de educação e agora parece haver algum novo espaço se abrindo nas duas situações. E algum reconhecimento: vocês dois receberam prêmios. Ficamos preocupados, às vezes, será que estamos ficando demasiado "legítimos"? Será que isso significa que nossas ideias, nosso trabalho, estão sendo cooptados, que não são mais alternativos? Será que o sucesso significa que não somos mais subversivos o bastante?

Paulo: Não, não. Em primeiro lugar, com relação a essa pergunta, que é muito importante, sobre cooptação: é claro que é impossível que o poder exista sem tentar cooptar o outro lado, o lado que ainda não tem poder. Você me entende? Isso faz parte da luta. Tentar

5. Educação e mudança social

cooptar é uma espécie de luta em nome daqueles que têm o poder de fazer isso. É uma tática; é um momento da luta. É muito interessante porque existem pessoas que continuam a dizer que não deveria haver luta; que, acima de tudo, deveríamos nos dar bem. Se falamos de luta de classes, então, muitas pessoas começam a ficar com medo, mas realidade é assim mesmo. Cooptação é um momento tático da luta.

Em segundo lugar, para não ser cooptado, pelo menos para que não haja qualquer possibilidade de você sê-lo por algum poder que o queira fazer, é preciso que você não faça nada. A escolha é entre não fazer nada a fim de não ser cooptado, ou fazer algo mesmo correndo o risco de estar sujeito a tentativas. Prefiro ser um objeto de cooptação. No momento atual, o que tenho que fazer é lutar para entender a cooptação como um momento da luta, e voltar minha atenção para essas tentativas.

Outra coisa. Pensando sobre a história de uma sociedade: não é porque estou na casa dele, mas considero a contribuição de Myles para a história como sendo muito, muito maior – não digo que eu também não tive alguma, sei que dei alguma contribuição, portanto isso não é falsa modéstia. Myles tornou-se o que é lutando, e não o oposto. Em algum momento de sua luta, algumas, talvez a maior parte de suas ideias eram consideradas como algo absolutamente impossível até de pensar, quanto mais de aceitar. Ele começou, por exemplo, a discussão sobre pôr em prática a luta contra o racismo quando isso era uma espécie de cataclisma, um terremoto. Ilegal. Nesse lugar aqui, na Highlander, que também é história, ele foi desobediente, não foi?

Eu fiz algo no Brasil nos anos de 1950 e de 1960 que também foi considerado um absurdo: dizer que camponeses e camponesas analfabetos tinham o direito de votar. O Brasil tinha sido sempre governado por intelectuais. Mas o que ocorre é que historicamente a mudança chegou, e alguma dessa mudança chegou precisamente devido a uma luta como aquela que Myles lutou aqui. O que ele disse, trinta ou quarenta anos atrás, poderia levar à prisão, à repressão e à discriminação. Hoje, embora não sejam aceitas to-

O caminho se faz caminhando

talmente, suas ideias começam a se tornar óbvias. Então isso significa que, política e historicamente falando, o espaço está começando a aumentar. Então temos mais metros e às vezes até alguns quilômetros onde caminhar. Essa é a questão, porque se não fosse possível mudar a compreensão dos fatos, seria impossível trabalhar, e portanto não é porque nós mudamos. É porque nossa luta, a luta de muitos, muitos outros e muitas outras, provocou uma mudança jurídica. Também se constatou que a luta de outros povos funcionou, por exemplo, no Brasil, na América Latina, em geral antes de Cuba. A outra coisa foi trabalhar depois de Cuba. Uma coisa era lutar antes da Nicarágua, a outra é lutar hoje. Eu sei, eu entendo, por exemplo, o que significa para esse povo maravilhoso da Nicarágua ter feito o que fizeram e continuar fazendo o que estão fazendo. A Nicarágua, na medida em que o povo nicaraguense agarrou sua história com as próprias mãos, começou também a reinventar sua sociedade. O povo na Nicarágua está nos ajudando no Brasil, estão nos ajudando como latino-americanos e estão ajudando vocês à medida que vocês também os estão ajudando. Isso é uma forma de luta aqui; por um lado, vocês deram apoio à Nicarágua. Por outro, vocês causaram uma impressão em um espaço fora do país, me entende, e isso é história. A mudança é dentro e fora. Você pergunta se mudamos muito, se fomos ou não cooptados. O que ocorreu a meu ver também é história. Isso não significa que temos o direito de parar. As pessoas que continuaram a lutar enquanto eu estava no exílio possibilitaram minha volta para o Brasil. Não foi o fato de eu estar fora do Brasil; não foi meu exílio que me enviou de volta ao Brasil. Foi o papel daqueles que ficaram no Brasil, a luta deles, que me trouxe e trouxe outros de volta ao Brasil, mas um Brasil diferente, historicamente falando – apesar das circunstâncias ruins que ainda temos no Brasil hoje.

Myles: Que oportunidades você tem, com essa aceitação, de influenciar partes do Brasil diferentes daquela onde você está? Quero dizer, que tipo de alcance é possível no momento?

5. Educação e mudança social

Paulo: Não quero enfatizar a importância do meu trabalho. Já reconheci o trabalho de muitos outros educadores brasileiros que diferem de mim. Mas posso lhes dizer que cada vez mais, em partes diferentes do Brasil, pessoas estão trabalhando e me recriando, me reinventando, adaptando algumas das ideias que eu defendi até hoje, adaptando-as às novas circunstâncias do país e colocando essas ideias em prática. Recentemente, por exemplo, passei quatro dias no Recife. Estive trabalhando três dias com uma equipe de educadores e educadoras. Os repórteres da televisão e de jornais me perguntaram, em uma entrevista, como eu estava me sentindo naquele momento, porque tinha sido expulso do Estado e agora o governo do Estado é o mesmo da época em que fui expulso em 1964. O governador foi reeleito. Claro que eu disse que é um motivo para eu estar feliz, para me sentir bem, não orgulhoso, mas feliz. Vejo muitos lugares no Brasil hoje, no norte do país, no sul do país, onde existem muitos, muitos trabalhos com minhas ideias. Me permitiram entrar no país. Isso é bom.

Myles: Quantas mudanças ocorreram desde aqueles primeiros dias, nos grupos de comunidades de base? Sei que quando estive há uns dez anos no Rio, em São Paulo e em Recife, havia muita atividade, especialmente entre muitos dos padres e bispos. Conheci Dom Hélder Câmara (o arcebispo aposentado de Olinda e Recife) e o Cardeal Arns (então cardeal de São Paulo). Por meio deles conheci alguns dos padres que estavam nas áreas rurais, onde funcionários do governo tentaram fechar suas igrejas. Lembro que fui a uma igreja católica não muito distante de uma cidadezinha bem perto do Rio. A igreja estava cheia de flores quase até o altar, então perguntei ao padre onde é que as pessoas que vinham benzer-se sentavam e ele disse: "Ah, elas não vêm mais aqui. Esta igreja agora é para casamentos e coisas assim; não a usamos mais para missas". Eu perguntei: "É a sua igreja?" E ele disse: "Não, minha igreja é fora dessas comunidades, lá é que a igreja está agora". Ele estava usando sua igreja como um armazém. A maioria das pessoas – pessoas como esse padre, que estão trabalhando nesses grupos de comunidades de base ou trabalhando com os sindicados em uma época que era ilegal para os sindicados realiza-

O caminho se faz caminhando

rem assembleias ou entrar em greve –; essas pessoas foram obviamente influenciadas, direta ou indiretamente, por algumas das coisas que você tinha feito lá e no Chile. Não sei exatamente com que frequência isso ocorreu, mas sei que ocorreu, e me disseram que houve uma transmissão de ideias, é claro, adaptadas, reinterpretadas, como deveriam ser, mas algumas das ideias ainda estão lá. Quando você voltou, você teve alguma sensação de que isso tinha ocorrido e que ainda era um dos elementos do pensamento deles?

Paulo: Sim.

Myles: Quando você partiu, você deixou algo para trás – isso é o que estou tentando dizer.

Paulo: Sim, sim, é claro, e quando voltei ao Brasil pude perceber algumas mudanças históricas muito fortes e interessantes, algumas novidades – por exemplo, as comunidades de base cristãs. Historicamente, do ponto de vista *cristão*, isso é uma coisa muito antiga, mas historicamente, do ponto de vista *político*, era uma coisa muito nova no Brasil. Uma das novidades que encontrei é que os cristãos vinham às igrejas a fim de saber mais sobre sua situação com relação a sua fé. Era muito interessante ver como as pessoas, os camponeses e trabalhadores cristãos, não esqueceram. Nos lugares onde eles paravam só para ouvir os padres ler o Evangelho, começaram a ler o Evangelho sozinhos e a formarem algo assim como os círculos que existem na Escandinávia.

Myles: Círculos de estudo.

Paulo: Círculos de estudo. Começaram a ter também seus círculos de estudo, estudando, discutindo o Evangelho, e pensando sobre as circunstâncias políticas e sociais nas quais estavam reinterpretando o Evangelho. Ao fazer isso, descobriram a necessidade de mudar o país, e adquiriram uma nova consciência – uma consciência histórica e política da realidade. Ao mesmo tempo ensinaram aos padres como repensar toda aquela coisa de movimentos políticos e sociais. Dentro desse movimento, alguns padres e alguns educadores tinham lido meus escritos. Por exemplo, sei que quando não era possível, no Brasil, publicar *Pedagogia do oprimido*, muitas

5. Educação e mudança social

pessoas liam a edição italiana, a francesa, a espanhola. Essas edições se multiplicavam em cópias e isso deu origem a um livro clandestino. Geralmente um dos grandes problemas que os exilados têm é que não querem morrer, politicamente falando. Eu nunca morri porque não era exclusivamente um político. Nunca morri; sempre estive vivo no Brasil, devido aos livros e artigos e outras coisas mais. Seria um erro e uma falta de humildade se eu dissesse que fui instrumental no desenvolvimento das comunidades de base. Não, não fui. Mas também não posso dizer que não tive nenhum tipo de influência. Não, tive uma boa influência, mas dentro dos limites da minha capacidade de influenciar. É isso.

Myles: Quando visitei o Brasil anteriormente, fiquei interessado em seus sindicatos. É claro que os sindicatos não podiam se reunir a não ser que fosse uma reunião oficial, o que significou que os sindicatos foram organizados em uma espécie de sindicalismo. Todos os metalúrgicos em toda a área estavam em um único sindicato local, de dez a doze mil pessoas, e eles só tinham quatro ou cinco representantes na fábrica. Havia talvez umas vinte fábricas, portanto a maioria das fábricas não tinha qualquer representação. Mas havia uma espécie de movimento não oficial fora dos sindicatos oficiais. Havia as pessoas com quem os padres estavam trabalhando e, na verdade, muitos de seus planos, protestos e até greves eram planejados nas comunidades de base. Eles rezavam um pouquinho, liam um pouquinho do Evangelho e depois se concentravam no trabalho.

Paulo: Olha, eu acho que a consciência política da classe trabalhadora no Brasil de hoje ganhou clareza; é muito interessante como muitas dimensões da classe trabalhadora estão percebendo o processo político e social. Não quero dizer que já há uma participação muito boa do ponto de vista da mobilização, da organização, mas talvez eu possa dizer sem risco de errar que, sobretudo nos centros urbanos como São Paulo, temos uma grande parte da classe trabalhadora nos sindicatos, movimentos que começam a entender aspectos fundamentais da história. Por exemplo, acho que no processo de luta sobre o qual falamos antes – não necessariamente com armas, mas a luta devido às diferenças nos interesses antagô-

O caminho se faz caminhando

nicos – há uma diferença qualitativa quando os líderes da classe trabalhadora descobrem algo que é muito óbvio, isto é, descobrem que a educação que as classes dominantes oferecem para a classe trabalhadora é necessariamente a educação que reproduz a própria classe trabalhadora. Olha, não quero dizer que, em todos os casos, a educação que a classe dominante oferece à classe trabalhadora reproduz a classe trabalhadora como ela é. É possível que algumas vezes a educação não obtenha esse resultado, mas a intenção *ideológica* da classe dominante não poderia ser outra. Se fosse outra, não poderíamos mais entender as contradições na vida social. Mas, para mim, esse momento de uma nova compreensão é um momento muito importante na luta da classe trabalhadora.

Neste momento é um prazer para mim lhes dizer que mais ou menos em 1986 fui eleito presidente do conselho do Instituto de Cajamar. Cajamar é o nome da região. Alguns grupos de trabalhadores nessa região conseguiram um prédio que antes era um grande motel na estrada para Campinas. Nesse prédio maravilhoso eles criaram um instituto para formação ou treinamento da classe trabalhadora, de camponeses e trabalhadores urbanos, sob sua responsabilidade. Tiveram a ajuda de alguns intelectuais cuja escolha política coincidia com a deles e também de intelectuais que não acham que são donos da verdade para dá-la aos trabalhadores e trabalhadoras. Intelectuais que respeitam o processo de conhecer dos trabalhadores e trabalhadoras, e que querem crescer com os trabalhadores. Sou o presidente da instituição hoje. Ano que vem espero ser capaz de estar mais presente em seu trabalho e de fazer uma contribuição maior. Eles estão oferecendo seminários de fins de semana para a classe trabalhadora. As pessoas que vão para o instituto aprender podem viver na própria casa do instituto. É um prédio grande, com uns 120 quartos, há uma cozinha e eles têm diversão. Há professores e professoras que vêm da classe trabalhadora e há professores e professoras da universidade e eles organizam programas sobre a história do país, a história da classe trabalhadora no Brasil, da luta da classe trabalhadora, como entender criticamente a história no Brasil.

Assim, esse instituto está fazendo uma contribuição muito importante para o movimento da classe trabalhadora e para a luta do

5. Educação e mudança social

povo. É uma espécie de semente para uma universidade popular. Isto é, não se trata de transformar esse instituto em uma universidade menos eficiente que as universidades que já temos. Nem é o caso de copiar o modelo da universidade, o formalismo da universidade, mas isso é precisamente o que eu disse no começo de nossa conversa. É um centro que quer ser um contexto teórico *dentro* do qual os trabalhadores podem fazer uma reflexão crítica sobre o que fazem *fora* do contexto teórico. Isso é o que estão fazendo no contexto concreto ou até mesmo dentro do contexto sindical. Isto é, eles se distanciam, dentro do contexto teórico, da luta lá fora a fim de entendê-la melhor, de entender a razão para a luta e elaborar métodos melhores para essa luta, e como escolher. É essa necessidade de transformar a sociedade e como fazê-lo. Significa ser paciente, ou as palavras que eu prefiro, ser impacientemente paciente, no processo de lutar para mudar.

"As pessoas começam a agarrar sua história com as próprias mãos e, com isso, o papel da educação muda"

Paulo: Hoje, eu acho, Myles, há uma outra percepção que emerge no processo da luta, que é a percepção do direito que os trabalhadores e as trabalhadoras têm de expressar seu sofrimento. Não sei, talvez algum leitor deste livro que estamos falando hoje, diga: "Mas Paulo, não faz sentido. Isso não é nada, o direito de expressar a dor". Sim, eu acho que é um direito fantástico. E não só individualmente, mas também socialmente. Temos o direito de dizer que estamos sofrendo; temos o direito de expressar nossa dor. Quando Elza morreu, eu tive o direito de ficar em casa, sofrendo. A universidade entendeu que eu não poderia ir lá para dar um seminário. Mas eu me perguntei, durante aqueles dias tão difíceis para mim, quantos trabalhadores podem chorar *sua* perda. Quantos trabalhadores podem escolher fazer o que eu fiz quando lidei com minha perda, com a perda de Elza, com minha tristeza? Então, é um direito fundamental. É claro, antes de tudo temos que obter o direito de comer. É claro, temos que obter o direito de dormir, de viver em uma casa, e ainda estamos muito distante disso no Brasil. Mas temos que conseguir mais e mais espaço para direitos

O caminho se faz caminhando

como esse. Temos que ter o direito de comandar nossa educação, a educação que precisamos, e também temos que obter o direito de expressar nosso sofrimento, porque, veja, os trabalhadores sofrem. Você pode definir a vida dos trabalhadores, das pessoas pobres, como uma luta. Eles lutam para sobreviver. E em um determinado momento, então, você tem a necessidade de expressar esse direito, de viver esse direito. Não estamos ainda nesse nível, mas pelo menos os trabalhadores estão começando a lutar, a lutar para conseguir sua educação, para tomar parte dela em suas próprias mãos. Isso para mim é um momento muito novo na história política brasileira. Tem a ver também com a criação no Brasil de um partido dos trabalhadores (PT – Partido dos Trabalhadores) com liderança dos trabalhadores e a presença de muitos intelectuais. Espero que muitos de nós estejamos aprendendo como é difícil fazer história, e como é importante aprender que nós estamos sendo feitos pela história que fazemos no processo social dentro da história. Felizmente eu não sou ingenuamente otimista, idealista, mas sou, sim, criticamente otimista, com o processo de aprendizado que uma grande parte da classe trabalhadora demonstra hoje no Brasil.

Estamos à vista de um processo. Eu sempre digo que uma transformação profunda da sociedade nunca chega na segunda-feira do mês, de manhã. Nunca. Não, a transformação radical da sociedade é um processo, realmente, e ela vem como tal.

Myles: Eu digo normalmente que se pudermos fazer alguma coisa de um dia para o outro, então não vale a pena fazê-lo porque se é assim tão simples e tão fácil, essa coisa pode ocorrer por si só. Haverá inúmeras pessoas interessadas em fazer que ela ocorra. Mas problemas difíceis levam tempo e é preciso lutar com eles.

Terceiro: Essa luta é para colocar a educação nas mãos do povo? É isso talvez o que é mais significativo acerca da Nicarágua no seu caso, Paulo? Myles também já visitou a Nicarágua.

Paulo: É. Direi algo sobre isso e depois gostaria muito de ouvir Myles falar sobre a Nicarágua e o que ele pode fazer como questionador de outras pessoas. É muito, muito interessante. Tem a ver com algo que eu disse antes. A revolução na Nicarágua não

5. Educação e mudança social

aconteceu assim, em um instante. Isto é, o líder morreu em 1974 e a revolução subiu ao poder em 1979 e continua. Mas o que é interessante é ver como as coisas mudaram naquele país. Como a natureza do processo começou a mudar, a ganhar uma nova cara, uma nova qualidade. É claro, precisamente porque o evento é um fenômeno histórico, não pode ser explicado mecanicamente. Se pudéssemos mudar uma sociedade como a gente muda a posição dos móveis desta casa, seria fantástico. Seria apenas questão de força muscular, não é? Isto é, eu posso pegar essa cadeira e colocá-la ali. Podíamos mudar tudo aqui em dez minutos. A história não é assim. Leva tempo na história para fazermos história. Não podemos fazê-la hoje, mas a mudança vem de todas as direções e dimensões da vida da sociedade. Apesar disso é mais fácil em algumas "esquinas" das ruas "históricas da sociedade". É menos fácil em outras "esquinas". A "esquina" da educação não é tão fácil de mudar porque há material ideológico forte e pesado que foi transmitido, até mesmo para os revolucionários nicaraguenses. Por exemplo, há uma certa tradição autoritária ou um totalitarismo tradicional que esteve vivo há muitos anos, séculos antes da revolução, que tinha um convívio falso com os próprios revolucionários. Há, às vezes, uma certa contradição entre o discurso de um revolucionário e sua prática. Como educador, por exemplo, ele ou ela é muito mais tradicional e teme as possibilidades dos alunos e alunas mais que deveria. Poderiam acreditar muito mais na capacidade dos estudantes, do povo, mas temem a liberdade. Estão condicionados por um medo muito antigo, que é o medo da liberdade. Isso acontece e não se pode mudar por decreto um dos obstáculos para a criação da nova educação que é, precisamente, a presença, a presença *viva*, de todo esse tipo de ideologia.

É um momento de confronto essa transição, o momento de transição de uma sociedade velha para uma nova que ainda não existe, mas que está sendo criada com o enfrentamento dos fantasmas. Há muitos fantasmas na sociedade lutando contra o sonho de uma sociedade muito mais aberta. Geralmente as revoluções têm isso em comum. Não podemos decidir que esse período não pode existir. Temos que entender que ele existe historicamente, culturalmente, socialmente. Temos que lutar também. A luta não para quando a revolução está no poder. Começa apenas um novo tipo de luta, um novo tipo de luta que todas as sociedades já conheceram e estão conhecendo hoje. Então, o papel da educação também muda nesse novo período.

Mas o que eu quero dizer é que com as maiores dificuldades na "esquina" da educação da história, a sociedade, apesar de tudo, começa a mudar qualitativamente e as pessoas começam a sentir que os tempos de agora são diferentes dos tempos de antes. Então, as pessoas começam a entender que há um espaço novo criado pelo trabalho social, pelas transformações sociais que a sociedade está experimentando, está vivenciando. Isso significa o que eu disse antes. As pessoas começam a agarrar sua história com as próprias mãos, e então o papel da educação muda. Antes de chegarem ao poder, a educação era a educação *oficial*; o sistema educacional era uma tentativa de reproduzir a ideologia dominante da classe dominante. Os grupos revolucionários, os grupos progressistas, trabalharam com a educação a fim de desmistificar o papel oficial da educação. Agora a questão é não deixar que a nova educação se torne uma espécie de doutrinação, é tão política como a outra era política, mas agora com uma outra direção, com um outro sonho. Isto é, a ênfase agora, no processo de transição da revolução, é criar uma educação que aumente e amplifique o horizonte de entendimento crítico das pessoas, criar uma educação dedicada à liberdade. Tenho certeza de que essa é a opinião, a posição e a luta de Fernando Cardenal como ministro da Educação da Nicarágua. Tenho certeza de que Fernando tem que ser paciente também com alguma resistência da direita e da esquerda. Não estou dizendo que ele deve ficar no centro – não, ele tem que ser um homem de esquerda com esse tipo de resistência ideológica. Eu acho que isso é um dos imperativos com os quais a Nicarágua vive hoje, exigindo uma educação muito aberta e criativa, trabalhando para aumentar a certeza sobre o papel do povo no processo de criar, de transformar o poder e de conhecer sua sociedade, sua realidade, a fim de participar como jamais o povo participou antes.

Myles: O sistema educacional – não a educação popular, mas as próprias escolas – mudaram muito?

5. Educação e mudança social

Paulo: Não é fácil mudar. Tenho certeza de que se você fizer essa pergunta ao Fernando ele lhe dirá, muito seriamente, coisas como as que eu ouvi do Presidente Nyerere, por exemplo, nos anos de 1970 na Tanzânia. Quando falei com o presidente, ele costumava me dizer: "Paulo, não é fácil pôr em prática as coisas sobre as quais pensamos". Sim, não é fácil, mas não é impossível. Estou convencido disso.

A questão para a Nicarágua, bem assim como para Cuba, é como lidar com a resistência no dia depois que a revolução tomou o poder. Se fosse uma coisa mecânica, seria muito fácil, mas não é. Por exemplo, um dos medos que temos aqui como educadores é o medo de experimentar coisas novas, de nos expor a erros. Em última análise, temos verdadeira liberdade. Temos medo de arriscar. E é impossível, simplesmente impossível, criar sem arriscar. É absolutamente impossível, mas leva tempo começar a arriscar-se. Temos que ser livres; temos que ser livres para acreditar na liberdade. Você vê o paradoxo? Sem liberdade é difícil entender a liberdade. Por outro lado, lutamos pela liberdade até o ponto em que não temos liberdade, mas ao lutar pela liberdade descobrimos como a liberdade é linda e difícil de criar, mas temos que acreditar que é possível.

Não aceito que a escola por si só seja ruim. Precisamos ir mais além da compreensão metafísica da escola. Para mim, a escola é uma instituição social e histórica, e ao ser uma instituição social e histórica, a escola pode ser mudada. Mas a escola não pode ser mudada exclusivamente através de uma lei, mas sim por uma nova geração de professores e professoras, de educadores e educadoras que precisam ser preparados, treinados, formados.

Não gosto da palavra *training* – treinamento – em inglês. Talvez seja um preconceito meu, mas prefiro a palavra formação, *formation* em francês. A meu ver, uma das tarefas mais importantes para um governo revolucionário ou um governo progressista – porque não quero deixar fora dessa reflexão os povos que não tiveram uma revolução, como o meu – para educadores e políticos, é pensar seriamente sobre a formação dos educadores e educadoras. Mas entendendo a formação não como algo que fazemos em alguns fins de semana ou alguns semestres, mas formação como um processo permanente, e formação como sendo um exercício, um entendimento crítico daquilo que fazemos. Isto é, conseguir a prática que temos, a experiência que temos e depois refletir sobre aquela experiência e prática a fim de entender teoricamente o que significa. Devemos formar grupos ou equipes de supervisores para acompanhar de muito perto, como amigos, e como pessoas que sabem mais que os professores, a fim de questionar os professores sobre aquilo que estão fazendo. Então, através desse tipo de trabalho profundamente sério, através de um trabalho que é, ao mesmo tempo, gentil e pesado e sério e rigoroso, precisamos formar, reformular, formar permanentemente os professores sem manipulá-los.

Myles: Mas é bastante óbvio que a revolução, que eu saiba, não mudou nenhum sistema educacional ou qualquer outro que eu tenha sabido. Os sistemas educacionais ficaram muito parecidos com o que eram antes.

Paulo: É verdade.

Myles: Isso ocorreu em Cuba, ocorreu na Nicarágua.

Paulo: Mas, Myles, eu estive em Cuba em junho e passei quatro horas de uma manhã com a equipe nacional que está encarregada de transformar o sistema educacional, e gostei muito das questões que discutimos. Também conheci um físico, um excelente cientista que me disse que o Ministério da Educação cubano tinha convidado alguns cientistas para discutirem a educação em Cuba. E o ministro fez duas perguntas aos cientistas. A primeira foi o que, aos olhos dos cientistas, estava errado com o sistema educacional. E a segunda foi qual seria a sugestão deles? Eles disseram que a pior coisa no sistema era algum totalitarismo tradicional – isso é o que falávamos antes – e a melhor coisa a fazer seria, através do ensino dos conteúdos, desafiar os alunos a pensarem de uma maneira crítica. Poderia haver uma resposta melhor? Não. É apenas isso, mas também é história. Talvez se essas perguntas tivessem sido feitas dez anos atrás, um outro cientista não teria respondido dessa forma.

5. Educação e mudança social

Myles: Não quis dizer que eles não estão mudando. O que quis dizer é que a revolução não mudou automaticamente o sistema educacional em nenhum país que eu saiba. Abriu a possibilidade de mudança, mas não mudou o sistema educacional assim, simplesmente, como mudou outras coisas. Mudou o sistema de propriedade da terra, mudou o voto, mudou uma porção de coisas como resultado direto da revolução. Mas as escolas não mudaram automaticamente em nenhum lugar que eu conheça.

Paulo: É outro exemplo de como a transformação da sociedade, sendo histórica, não é mecânica. Não é uma questão simplesmente de querer fazer de uma maneira diferente. É claro, isso implica uma decisão política, mas implica também uma capacidade muito clara de utilizar o tempo para fazer mudanças. Você entende? As coisas podem ser ensinadas dentro da história, não antes do tempo, mas em tempo, no tempo. Há tempo para todas essas coisas.

Myles: Já que a revolução não muda o sistema educacional, o que é que se faz para mudá-lo? O que foi feito para mudá-lo? Esse processo é muito importante porque se as escolas não podem mudar quando você tem uma revolução, ou não mudam, então isso vai atrasar a realização da revolução. É terrivelmente importante, e a resposta não é dizer que na Nicarágua temos um movimento de educação popular, porque os pais ainda mandam seus filhos para as mesmas escolas. É ainda o lugar que faz parte da velha estrutura.

Eu sei que se vamos caminhar na direção de uma mudança social radical, temos que dar um passo adiante daquilo que estamos conversando aqui. Poderia ilustrar o que estou falando com uma experiência que tive quando fui convidado para ser um dos observadores das eleições oficiais na Nicarágua. Eles convidaram pessoas do mundo todo para estar lá e observar a eleição. Queriam que as pessoas vissem pessoalmente. Tínhamos um crachá que nos autorizava a ir a qualquer seção eleitoral na Nicarágua antes que abrissem para ver se não havia nenhuma urna já cheia. Podíamos ajudar a contar os votos. Podíamos estar presentes durante a votação. Eu fiz um pouco de todas essas coisas. Mas eu queria fazer mais do que meramente observar a eleição, porque eu sabia que as eleições iam ser honestas, e eu estava disposto a ser uma

O caminho se faz caminhando

testemunha desse fato. Pedi permissão para visitar as Testemunhas para a Paz na fronteira entre Sandino e a fronteira hondurenha. Passei aquele dia avistando Honduras a distância, em pequenas comunidades rurais, pequenas escolas onde a votação prosseguia. Na verdade, estávamos em uma parte tão isolada do país que eles não tinham conseguido entregar as cédulas. Nós levamos as cédulas para os locais, para que as pessoas pudessem votar. Fomos em um jipe de quatro rodas, e depois caminhamos. Tudo aquilo tinha sido devastado pelos *contras*, mas, naquela área, a educação popular progredia, sob as armas que podiam ser vistas a distância. Eu ficava olhando as montanhas porque, no alto daquelas montanhas, já era Honduras.

Nessa situação conheci três ou quatro educadores populares. Dois dias antes, eles tinham encontrado esse educador popular que vivia ali perto com a garganta cortada, era o que os *contras* faziam com educadores populares para avisar as pessoas que eles sabiam quem eram os educadores populares – não tão incidentalmente: a CIA disse ser responsável pela elaboração de políticas para os *contras*. Quando olhei para a sepultura daquele homem, uma sepultura simples onde os vizinhos tinham-no enterrado, com uma pequena cruz de madeira em cima, fiquei com lágrimas nos olhos e cheio de raiva, sabendo que nosso governo tinha sido o verdadeiro responsável pela morte daquele homem. Mas o fato que havia pessoas, mesmo a pouca distância daquela casa, que continuavam a fazer educação popular; significava que eles tinham ido muito mais além daquilo sobre que estivemos conversando até agora, em termos de eficiência e de alcance do povo. Davam suas vidas para isso.

E você sabe, estou levantando a questão: Poderemos progredir neste país? Será que o povo nos Apalaches, que está tão entusiasmado com a educação popular, e o que está acontecendo na Nicarágua, será que poderemos avançar para outro estágio além de meramente pensar que é uma ideia maravilhosa e estarmos dispostos a fazer sacrifícios? Não estou dizendo que isso é algo que vai acontecer amanhã, ou deveria acontecer amanhã, porque não há base para isso, mas se formos nessa direção, se chegarmos ao ponto em que estejamos dispostos a praticar atos de desobediên-

5. Educação e mudança social

cia civil [...]. Muitas pessoas nesta região já assinaram uma declaração dizendo que seriam capazes de tomar parte em atos de desobediência civil e irem presos por isso. Então estamos indo nessa direção, mas acho que temos que realmente acrescentar uma outra dimensão a isso que estivemos falando, e essa dimensão é a coragem dessas pessoas que continuam a fazer essa educação popular lá apesar do que nós estamos fazendo com elas. Essa é uma dimensão que acho que não temos aqui nos Apalaches ou na Highlander, mas uma na qual precisamos entrar se quisermos caminhar para algum tipo de transformação da sociedade. Essa é uma outra lição que eu gostaria que aprendêssemos com os educadores populares da Nicarágua.

Não tenho nenhum temor de que não ocorrerá. Já vi isso no movimento dos direitos civis. As pessoas com quem eu estava envolvido no movimento dos direitos civis que estavam dispostos a morrer por aquilo em que acreditavam, eu as tinha conhecido antes, cinco anos antes, e elas eram fúteis, verdadeiramente fúteis. Um movimento pode mudar as pessoas. Então, não estou desesperançado. Estou apenas dizendo que eu acho que temos que nos dar conta de que temos que estar preparados para ajudar as pessoas a irem adiante para aquele estágio, quando o momento chegar, e acho que as pessoas irão. Não acho que há qualquer dúvida disso. Já o fizeram nas lutas das minas de carvão e no sindicato. Não há nenhuma dúvida de que as pessoas estão dispostas a fazer isso. Esse é o lado da educação popular sobre o qual raramente ouvimos as pessoas falarem, mas gostaria de ter certeza de que nós entendemos que esse é o preço que algumas das pessoas têm que pagar e estão pagando.

Paulo: É um ponto muito sério e eu acho que temos de nos arriscar aqui nesta conversa a sermos considerados talvez como dois velhos cheios de ilusões e de esperanças, quando dizemos coisas como essas. Mas é importante chamar a atenção dos jovens para o fato de que ser progressista, por um lado, não significa ser ingênuo, mas tomar algumas decisões e então arriscar a preservação da revolução. Por outro lado, ser progressista significa aprofundar a conexão com as massas, significa respeitar a crença das pessoas, significa consultar as pessoas, significa começar pelas letras e palavras com as quais as pessoas estão começando o processo de educação. Todas essas coisas são como reconhecer que níveis de conhecimento as pessoas têm, a fim de criar um novo conhecimento e ajudar as pessoas a conhecerem melhor aquilo que já conhecem. Não é idealismo, é coerência. É um processo revolucionário.

Myles: Isso é muito profundo.

6
Reflexões

"Picos e vales, colinas e montanhas"

Paulo: E agora, Myles, gostaria de lhe fazer uma pergunta muito pessoal. Quais foram as razões principais que o colocaram nos caminhos desse tipo de luta, acreditando nos seres humanos de todas as raças? Você é um homem branco bonitão, alto e com olhos azuis, e você tinha todas as razões do mundo para não fazer o que fez, do ponto de vista do mundo. Quais foram algumas das razões? Talvez um forte desejo de amor? Talvez crenças religiosas? Talvez sua claridade política, suas ideias filosóficas? Fale um pouco sobre isso.

Myles: Bem, a coisa é que realmente não sei a resposta.

Paulo: Às vezes eu me faço a mesma pergunta, e também não sei.

Myles: Posso lembrar de alguns períodos que se destacam porque me reenergizaram ou me empurraram por um ângulo diferente. Não acho que quaisquer duas ou três razões explicariam totalmente. De algum modo, acho que foi uma combinação do interesse que meus pais tinham em educação e suas crenças religiosas não opressoras. Eles não eram o tipo de pessoa "carola", embora fossem à igreja – acho que tanto por razões sociais como por quaisquer outras razões, porque não havia outra coisa para fazer em uma cidadezinha a não ser ir à igreja e à escola, ou para os homens, sentar no salão do barbeiro e conversar. Mas havia valores envolvidos, valores educacionais, valores éticos, valores religiosos, valores sociais – não explícitos, mas presentes. E eu acho que a pobreza e a necessidade de trabalhar pode ter boas e más consequências. Algumas pessoas ficam secas e sentem que não há esperança. Pessoas desesperançadas viram bons fascistas. Mas, por alguma razão, eu fui educado positivamente por aquela experiência. Antes de ir para a escola secundária, eu já estava ciente de que, embora não nos sentíssemos pobres de espírito, passávamos privações. Não tínhamos dinheiro para comprar livros e meu irmão e eu – Delmas, meu irmão que morreu –, nós dois gostávamos de ler. Nós descobrimos que podíamos fazer um pedido de cinco livros por um dólar do catálogo da *Sears* e *Roebuck* e, se eles não tivessem os livros que você tinha pedido, mandavam outros livros. Se você não gostasse dos livros que eles tinham mandado, podia devolvê-los e, uma vez mais, eles lhe mandavam outros livros. Com isso, nós nunca gostamos de nenhum dos livros que eles nos mandaram. Usamos um dólar por dois anos. Só ficávamos mandando livros de volta. Não nos importava que livro nos mandassem e calculamos que era uma empresa tão grande que nunca iriam verificar. Mas, finalmente, eles descobriram e disseram que não mandariam mais nenhum livro pelo nosso dólar. Mas nos deram os livros.

Mas não, nós passávamos privações, exceto onde pudéssemos descobrir uma forma de "roer o braço" do sistema um pouquinho. Essa privação não era tanto uma privação de espírito e sim a de não ter uma dieta apropriada, de não poder comprar livros ou ter roupas para ir a eventos sociais. Por isso tínhamos que viver para nós mesmos, o que não era tão ruim assim. Minhas simpatias sempre foram voltadas para fora. Lembro muito bem que durante a universidade, quando eu estava trabalhando nas montanhas, nas Montanhas Cumberland, cerca de uns cento e trinta quilômetros daqui, havia um trem que passava pelas montanhas, através de gargantas e das encostas e das margens de rios. Uma viagem maravilhosa. Todas as vezes que eu tinha a oportunidade, gostava de fazer aquela viagem de trem. Ficava no espaço entre os vagões e abria a porta para poder ver lá fora, sentir a brisa e ver as montanhas passando. Costumava jogar um jogo. Imaginava que eu era

6. Reflexões

um gigante correndo sobre as montanhas, e tinha que ter cuidado onde colocava meu pé, porque tinha levantado o pé por causa de um pico e depois tinha que ficar de pé na encosta da próxima montanha. Era um tipo de jogo em que eu corria junto com o trem sobre as montanhas. Um dia, estava brincando disso quando, de repente, vi que havia uma casa bem lá, no meu caminho. Perdi o interesse no meu joguinho e comecei a olhar aquela casa tão próxima dos trilhos. Quando chegamos mais perto vi uma menina dos seus quinze anos de pé na varanda da casa, com um braço abraçando a coluna que segurava a varanda, pendurada ali olhando para o trem com o olhar mais perdido que eu acho que já vi na vida. Um olhar tão triste! Eu disse para mim mesmo, ela vê esse trem passar e para ela ele representa escapar dessa pobreza que a está ressecando. Nenhuma esperança. Nada. Nenhum futuro. Esse trem podia levá-la embora, mas ela não tem dinheiro para embarcar nele ou não saberia aonde ir se embarcasse nele. Comecei a chorar ali mesmo, porque era um quadro tão triste de desesperança. O quadro ficou na minha mente e ainda está na minha mente e eu ainda choro quando penso nele. Isso me ajudou a compreender a crueldade do sistema que arruinou aquilo que poderia ter sido uma vida maravilhosa. Isso contribuiu, de alguma forma, para minha determinação de tentar fazer algo sobre aquela situação.

Mas quando contei essa história para um amigo meu, ele disse: "Bom, você já ajudou uma moça e um rapaz que você encontrou nas montanhas a estudarem. Por que você não volta lá e encontra aquela menina e a leva para a escola?" Eu disse: "Não. Ela representa outra coisa para mim. Ela representa todas as pessoas que moram nas montanhas e fazer com que ela frequentasse a escola não resolveria o problema que ela faz surgir em minha mente. Não é uma solução individual. Não há uma solução individual para o problema dela. Existem muitas outras pessoas, exatamente como ela, que eu poderia ter visto. Até que eu possa começar a pensar em termos de como se pode lidar com mais de uma pessoa ao mesmo tempo numa base individual, não estarei dando uma resposta para aquele sentimento que tive". Sabe, aquele tipo de experiência foi importante.

O caminho se faz caminhando

Outra experiência que foi muito importante para mim, que me deu forças para continuar pensando como pensava, ocorreu no *Cumberland College*, onde eu estudava, no Lebanon, noTennessee. O presidente da fábrica de lã local era um fabricante muito reacionário, tão reacionário que começou uma organização de fabricantes do sul porque achou que a associação nacional de fabricantes era meio comunista. Essa é uma questão que eu quero registrar. Eu o convidei mais tarde para vir a Highlander e encontrar-se com um organizador trabalhista para realizar um debate sobre os sindicatos e ele escreveu para seus eleitores em sua organização dizendo que a *Highlander Folk School* era o maior insulto que jamais se vira à pureza anglo-saxã. Mas foi esse homem, presidente da fábrica de lã e membro do conselho do *Cumberland College*, que foi convidado para fazer um discurso na universidade no Dia do Trabalho, isso mais ou menos em 1926 ou 1927. No discurso, ele disse que esses agitadores do norte estavam vindo para cá tentando mobilizar as pessoas e abrindo sindicatos, e que tínhamos que mantê-los fora daqui. Disse que iam destruir o sul. Iam destruir a indústria, destruir os empregos das pessoas. E ele disse que Deus lhes tinha dado a responsabilidade, como donos de fábricas, de darem emprego para as pessoas e que dependia de nós decidir que empregos existiriam, quantas horas as pessoas deveriam trabalhar e quanto lhes pagaríamos. Bem, tendo vindo da classe trabalhadora, minha vontade era arrancá-lo da plataforma e dar-lhe uma surra! O que ele dizia era muito ofensivo!

Isso também teve uma boa influência sobre mim; realmente me afetou, com relação às minhas ideias sobre o sistema econômico. Poderia continuar lembrando experiências que foram me levando em uma direção determinada. Eu tinha essa sensação de que não eram indivíduos maus que causavam a pobreza e a injustiça; só que eu não colocava a sensação em algum tipo de contexto. Não sabia nada de Sociologia. Não sabia nada sobre Marx. Não tinha meios de analisar a coisa. Mesmo depois de ter terminado a universidade, um ano depois de formado, ainda fiquei trabalhando nas montanhas. Ainda estava lutando com essa questão de problemas sociais contra problemas individuais e moralidade individual *versus* moralidade social, como valores poderiam fazer parte do

6. Reflexões

sistema e como eles eram sempre rejeitados pelo sistema como se fossem uma doença infecciosa. Quando descobri a maneira marxista de analisar, uma forma sociológica de olhar as coisas, isso me deu algumas categorias para pensar. Antes eu não tinha nenhum tipo de estrutura. Tinha a sensibilidade correta, mas não tinha meios de dar nome a nada. Foi aí que descobri que era absolutamente necessário entender a natureza da sociedade. Se eu fosse mudá-la, se fosse tentar fazer alguma coisa sobre o assunto, tinha que entendê-la. Isso foi o começo de uma compreensão totalmente nova.

Antes disso, eu tinha a ideia de conseguir um emprego ensinando em um colégio na montanha. Várias universidades me ofereceram emprego até mesmo antes de eu me formar, porque tinha trabalhado nas montanhas. Eu estava presumindo que haveria meios de trabalhar dentro do sistema. Descobri que todas essas instituições, sem exceção, nunca levavam o aluno em consideração. Tinham sempre um programa enlatado que abriam e jogavam em cima das pessoas. Esse programa podia ser religioso ou vocacional, mas seu objetivo era encaixar as pessoas na concepção da universidade em vez de dar-lhes uma educação que fosse relacionada a elas próprias. Nenhum desses programas abordava questões econômicas e sociais. Poderiam estar na *Long Island* ou poderiam estar onde o diabo perdeu as botas. Aí foi quando eu disse: "Não vou tentar me enquadrar nessa situação. Vou tentar descobrir uma maneira melhor de fazer as coisas".

Todas essas contradições que eu via tinham que ser solucionadas. Acho que, mais importante do que a maneira como eu agi para solucioná-las, foi o sentimento que tinha se tornado parte de mim, o sentimento de que eu tinha que fazer algo sobre injustiça e que isso *não* poderia ser feito com base no indivíduo. Esse sentimento tornou-se tão parte de mim que nunca mais pensei nele depois disso. Por causa daquela pequena experiência no canteiro de trevos quando eu estava crescendo, eu não estava muito envolvido pessoalmente em pensar sobre eu mesmo. Eu estava começando a obter minhas satisfações pessoais do fato de estar lidando, de alguma maneira, com essa situação político-econômica. Para mim, era dali que eu tirava minha alegria, onde obtinha meu entusiasmo, onde me sentia recompensado. Então, não estava me matando de fome de jeito algum. Eu me alimentava o tempo todo. Meus interesses pessoais estavam sendo servidos; Myles Horton nunca foi negligenciado nesse processo. Nunca, nunca. Eu ficava incrivelmente entusiasmado e revigorado ao aprender coisas novas. Às vezes, aprendia alguma coisa e não podia dormir de noite, ficava muito excitado com aquilo que tinha aprendido. Para mim, isso era muita alegria, muito sentimento de realização. As pessoas me perguntavam por que eu nunca tinha tentado chegar lá dentro do sistema, obter reconhecimento, e minha resposta sempre foi porque eu estava lá, mas era no meu sistema, não no sistema do qual eles estavam falando. Eu tinha meu próprio sistema que me dava recompensa. Eu sempre disse que nunca competiria com qualquer outra pessoa a não ser Myles Horton. Todas as necessidades que em algum momento foram de grande importância para mim, eu podia me satisfazer com minha maneira de viver e de fazer as coisas, portanto nunca senti que tinha feito qualquer sacrifício.

No entanto, para mim seria um grande sacrifício ter que me render ao sistema. Isso sim seria um sacrifício, não fazer o que estou fazendo. Tive demasiado prazer, demasiada diversão fazendo o que fiz para receber crédito por isso. Sabe, Paulo fala todas essas coisas boas sobre mim e fico feliz de ele pensar assim, porque me alegra que ele valorize o que eu faço, mas sei que, por mais perspicaz e por mais generoso que o Paulo seja, não vai ser o Paulo, e sim a história que vai decidir se eu fiz ou não alguma coisa que valha a pena.

Paulo: Acho que compreendo isso. Em última análise, você é um homem que sente, ao mesmo tempo, paz, pelas coisas que você fez, é o contrário de estar em paz. Ansiedade, não é? Você sentiu simultaneamente paz e ansiedade.

Myles: E você, não?

Paulo: Sim.

Myles: É claro que sim.

Paulo: Porque, por um lado, você está mais ou menos certo de ter feito o melhor.

6. Reflexões

Myles: Estou no caminho certo. Tenho certeza de que estou no caminho certo. Não fui muito longe, mas estou no caminho certo.

Paulo: Por outro lado, você sabe que é possível fazer mais. Você não pode aceitar ficar imóvel porque acha que terminou. Você sente aquilo que é da própria natureza do ser humano – isto é, inacabado, constantemente buscando algo.

Myles: Quando a gente termina, a gente morreu.

Paulo: É. E talvez você não termine. Porque, apesar de tudo, você pode permanecer no pensamento daqueles e daquelas que o discutem e discutem seu trabalho. Hoje você falou muito sobre o passado, sobre as pessoas que não estão mais aqui, mas *você* está aqui.

Myles: Deixe-me dizer apenas mais uma coisa. Não tenho qualquer dúvida em usar tudo que posso aprender com você, e tenho a responsabilidade de aprender tudo que posso com você. Tento reconhecer a fonte, não porque acho que tenha obrigação de fazê-lo, e sim porque quero que as pessoas identifiquem a fonte dessa informação para seu próprio bem, para que elas se beneficiem daquele estoque imenso de conhecimento. Mas eu acho que todo conhecimento deveria estar em uma zona de livre-comércio. Seu conhecimento, meu conhecimento, o conhecimento de todo o mundo deveria ser aproveitado. Acho que as pessoas que se recusam a usar o conhecimento de outras pessoas estão cometendo um grande erro. Os que se recusam a partilhar seu conhecimento com outras pessoas estão cometendo um erro ainda maior, porque nós necessitamos disso tudo. Não tenho nenhum problema acerca das ideias que obtive de outras pessoas. Se eu acho que são úteis, eu as vou movendo cuidadosamente e as adoto como minhas.

Paulo: Myles, acho tudo isso tão bonito, a sua vida e a vida desta instituição, porque vemos os ciclos de trabalho. Nos anos de 1930, o compromisso era com os problemas dos sindicatos, que eram também educação e política. Depois vimos, como continuação daquilo, uma nova fonte, que é a questão da alfabetização, a questão da alfabetização associada às restrições do racismo. Isso o levou, e a instituição, anos mais tarde, à luta pelos direitos civis. Todos esses momentos diferentes indicam que você sempre estava

O caminho se faz caminhando

rodeando o problema da dignidade dos seres humanos – a questão da liberdade, os sonhos das pessoas, o respeito pelas pessoas – e, para você, é nessa dignidade que se molda a educação. Para você não existe educação a não ser essa. Você reconhece que existem muitas outras pessoas tentando precisamente usar a educação para trabalhar contra a dignidade, mas isso não é para você ou para nós. Agora acho que seria interessante ouvir você falar um pouco sobre os ciclos que constituem o caminho da Highlander, nos contando alguma coisa sobre os anos de 1930, os anos de 1950 e hoje.

Myles: Bem, isso é uma das maneiras que usei para falar sobre isso: a Highlander sempre esteve na parte montanhosa dos Estados Unidos e nossa história na Highlander sempre foi uma história de sobe e desce, picos e vales, colinas e montanhas. A história da Highlander é a mesma que a do sul. Nossa história é um reflexo daquilo que acontece no sul, no sentido em que a Highlander se envolveu nas coisas significantes que aconteceram no sul. Quando não havia nada acontecendo, então a Highlander não estava realizando quaisquer atividades do tipo de movimentos, porque não havia nenhum movimento. Acompanhávamos de muito perto o que ocorria com as pessoas.

Mas se apenas a acompanhássemos, não teríamos desempenhado um papel educacional. Sempre tentamos encontrar pequenos bolsões de progresso, pequenos bolsões de radicalismo, algo que era um pouco diferente da mera sobrevivência. Ao fazê-lo, quando uma situação começava a se formar, a Highlander já estava dentro daquele movimento e não esperando que ele acontecesse para depois tentar ser parte dele. Por exemplo, durante o período dos direitos civis, através das Escolas de Cidadania, oficinas e o fato de que a Highlander era um local integrado, muitos que se tornaram líderes do movimento de direitos civis tinham frequentado a Highlander, e a Highlander foi aceita como parte dele. Não éramos algo de fora, perguntando o que poderíamos fazer para ajudar, ou se poderíamos aproveitar a onda para pegá-la. Simplesmente presumia-se que os ativistas podiam contar com a Highlander e fazer uso dela. O mesmo ocorreu no começo do movimento dos sindicatos industriais.

6. Reflexões

Assim, os períodos de vale podem ser utilizados para matar o tempo e sobreviver ou podem ser usados para lançar as bases que nos permitirão estar dentro quando um movimento ocorre. Isso é que nos permite ter períodos de pico. Lembro tão bem quantas pessoas, educadores, pessoas de boa vontade, durante o período dos direitos civis, que correram depois que a onda começou, subiram na onda e passaram a ser parte do movimento. No entanto, o movimento estava sendo dirigido pelas pessoas de dentro e as recém-chegadas não podiam entrar porque ninguém as conhecia dentro, e não tinham tido tempo de ficarem conhecidas e de fazer com que as pessoas confiassem nelas. Era tarde demais. Em uma situação de crise você só lida com as pessoas nas quais pode confiar. Quando você está tentando construir para o futuro, esse é o período criativo. Sempre dei muito valor a esses períodos baixos, quando era realmente preciso lutar intelectualmente para tentar pescar o significado daquilo que estava ocorrendo, para encontrar os pequenos bolsões onde poderíamos trabalhar. Essa é a única maneira de ser um dia parte de uma luta, quando se sobe a colina, saindo do vale. Assim, a Highlander, a meu ver, era parte da vida das pessoas, estivessem elas no vale ou na colina. Durante os períodos baixos, o que chamamos de períodos organizacionais, períodos individualistas, não os períodos de movimento – as pessoas, não só nós, mas todas as pessoas – estão ansiosas por algo melhor. Tentando apanhar alguma coisa, tentando fazer alguma coisa. Hoje fiquei contente de ter a apresentação das atividades que estão sendo realizadas aqui, porque, na minha mente, algumas dessas atividades bem podem conter as sementes de uma mudança que vá dos serviços e reformas limitadas para as reformas estruturais. A razão pela qual eu digo que algumas dessas atividades podem conter aquela semente é porque existe bastante raiva em algumas delas: existe bastante compreensão de que o sistema jamais servirá para realizar seu objetivo; e porque, conscientes do fato de que estão contra o sistema e que estão tentando mudar o sistema, essas atividades podem se transformar em programas de mudanças estruturais. Por estar em um "período-vale", um período organizacional, não quer dizer que a Highlander tenha um papel menos importante. Significa, apenas um papel diferente, um papel mais difícil. A história da Highlander foi sempre para cima e para baixo, mas não importante e sem importância. Nunca teríamos a importância e o reconhecimento que temos hoje se não tivéssemos executado essas tarefas nos vales. Sempre nos baseamos em uma identificação com as pessoas. Quando as pessoas estão no alto, nós estamos no alto, espera-se que um pouquinho acima delas. Quando elas estão no baixo, nós estamos no baixo, mas também, espera-se, um pouquinho acima delas. Períodos baixos são um bom momento para identificar as técnicas e as maneiras de envolver as pessoas, maneiras de fazer com que as pessoas comecem a ter uma visão crítica. Em um período de movimento é tarde demais para parar depois que já estamos em movimento para fazer coisas desse tipo. As pessoas estão demasiado ocupadas fazendo outras coisas.

Sou melhor para identificar ideias em ação do que teorizar sobre elas e depois transferir meu pensamento para a ação. Não funciono assim. Opero com ideias experimentais, experimento com elas e depois, com aquela experiência em ação, finalmente chego a conclusões sobre aquilo que, eu acho, é a maneira correta de agir. Isso é um esforço para expressar o que aprendi da mesma maneira que uso para aprender – isto é, em ação, testando as ideias, vendo o que funciona e o que não funciona. E, é claro, o tempo todo há sempre uma teoria para tudo, antes de agir você sabe que existe uma conexão. Mas essas são pequenas teorias que finalmente formam uma teoria maior. Posso dizer que a teoria não saiu de minha cabeça. Saiu da ação. Saiu da interação, teoria, prática, reflexão, que você descreve tão bem. Esse é o resultado e não a causa. Ainda está submetido a mudanças constantes. Como é o caso da ação, eu clarifico minhas ideias através das coisas que aprendo trabalhando com as pessoas na ação.

"É preciso rir com as pessoas"

Myles: Paulo, do jeito que eu entendi a pergunta que você me fez, ela foi, de alguma maneira: "Como é que você se tornou Myles Horton?" Você gostaria de responder e falar sobre alguns meios pelos quais você se tornou Paulo Freire e sobre todos os muitos meios que você usou para reinventar sua vida através de suas experiências?

6. Reflexões

Paulo: Você começou dizendo que não foi fácil. Eu também digo que não foi fácil para mim, mas posso tentar falar algo sobre isso. Como no seu caso, eu também aprendi muito com as dificuldades. Na infância tive problemas relacionados com não comer o suficiente, e minha família sofreu – não muito, mas sofreu – com a Depressão de 1929. Quando criança, eu tive alguns problemas para entender o que eu estava estudando na escola primária. Todas essas coisas me ajudaram. Você está certo quando diz que às vezes uma situação como essa provoca reações más, outras vezes, reações boas; às vezes ajudam, às vezes não ajudam. No meu caso, sinto que ajudaram. Para mim, era muito interessante entender o que significava ter fome. Digo que nós sabemos o que significa ter fome quando não temos a possibilidade de comer, quando não vemos como solucionar o problema de estar com fome. Por exemplo, não saberei o que significa ter fome se estou com fome porque estou de dieta para ficar em forma. Nesse caso, não saberei o que significa ter fome, porque *posso* comer. É uma questão de querer ou não comer. Sabemos o que significa ter fome quando não sabemos como resolver o problema, e eu tive isso. Eu tive essa experiência, e me ajudou muito. Quando eu tinha 12 anos, morava fora de Recife. Partilhava meus dias com meninos que pertenciam à minha classe social e também com meninos da classe trabalhadora. De alguma forma, eu tive a experiência de mediá-los, porque eu tinha nascido em uma família de classe média. Do ponto de vista de estar com fome, eu estava mais próximo dos meninos da classe trabalhadora e podia entender bem as duas situações. Desde aquela época, embora eu não pudesse entender as razões verdadeiras, comecei a achar que alguma coisa estava errada. Talvez seja possível dizer que isso foi o começo do meu compromisso como educador lutando contra a injustiça. Talvez possa localizar esse começo em minha infância, porque foi ali que comecei a aprender que era importante lutar contra essas coisas. Eu não sabia lutar tão bem como sei hoje – embora também não saiba demasiado hoje! –, mas comecei a ficar aberto para esse tipo de aprendizado quando era criança. Tenho certeza disso.

Há uma outra coisa, eu acho, que é importante para mim quando tento me entender e entender minha maneira de agir, de lutar.

O caminho se faz caminhando

Lado a lado com a experiência de minha infância, como no caso de Myles, está a experiência de meus pais. Isto é, como eles se amavam e como nos deram, aos filhos, o exemplo de amar, de como nos amaram. Quando me lembro de minha infância, apesar das dificuldades que tínhamos para comer bem, para vestir-se bem, para estudar, eu me sentia emocionalmente inteiro. Eu tinha equilíbrio emocional, e tenho certeza que foi devido ao relacionamento que meus pais tinham conosco e entre eles mesmos. Estou totalmente convencido disso. Quanto maior for esse tipo de amor entre os pais, mais possível será para eles ajudarem seus filhos a crescerem de uma forma saudável. É claro, esse tipo de amor tem que ser construído. Não acredito no amor como um mero dom. Isto é, eu realmente tinha que amar Elza e ela realmente tinha que me amar, e nós tivemos que aprender como nos amarmos.

Myles: Tiveram que trabalhar o amor.

Paulo: Tivemos que trabalhar o amor. Quando nos casamos em 1944, lembro o tempo que passamos aprendendo como ultrapassar os conflitos sem negá-los. Isso é como aprender com os conflitos, como aprender a sermos nós mesmos, mas de maneiras diferentes. A questão para aqueles que se amam não é se aniquilar um ao outro. Não é essa a questão. A questão é como continuar eu sendo eu mesmo e Elza sendo ela mesma, um diferente do outro, mas, ainda assim, sendo algo que pertence aos dois. Em outras palavras, é possível sermos os artistas e criadores de uma existência comum, mas com respeito pela individualidade e preferências de cada pessoa. Eu não podia impor a Elza minha preferência, meu estilo, minha maneira de expressar meus sentimentos. Eu era muito mais extrovertido que Elza. Elza sentia tudo muito intensamente, mas eu tinha mais facilidade de expressar meus sentimentos. Eu tinha que respeitá-la e ela tinha que me respeitar. Me entende? Era uma experiência linda. Tenho certeza de que temos que aprender juntos, com paciência, com humildade, como construir uma vida em comum, porque quando nos casamos temos de criar um novo mundo. Não é mais o meu mundo. Não é mais o mundo dela. É o nosso mundo agora que precisa ser criado, e nosso mundo se transforma no mundo dos filhos que virão ao mundo devido a nossa

6. Reflexões

responsabilidade. Madalena nasceu há 41 anos, por causa do grande amor entre mim e Elza. Eu aprendi quando era criança que um espaço de amor é indispensável para o desenvolvimento das crianças. Quando me casei com Elza, eu já sabia isso, mas tinha que confirmar com Elza que criaríamos nossos filhos dessa maneira. Nós brigávamos bastante, não um contra o outro, mas para criar esse tipo de compreensão, para que as crianças pudessem ser elas mesmas. Todas essas coisas ocorreram ao mesmo tempo, mas, metodologicamente, eu as estou separando. A segunda influência, como eu disse, foi a harmonia e as contradições entre meu pai e minha mãe. Os dois eram pessoas do século passado[1], mas na primeira parte do século[2], já eram totalmente abertos. Eu nasci em 1921 e a maneira como nos educaram foi uma antecipação do ponto de vista pedagógico. Eles tinham ultrapassado aqueles padrões mais rígidos de conviver com crianças. Eu fui criado em um ambiente cálido e aberto, e isso me ajudou. Esse é o segundo fator que me ajudou a me entender e olha, estou dando ênfase a esses elementos e não a algum tipo de elemento intelectual, que também foram muito importantes para mim.

O terceiro elemento dentro desse ambiente foi o contexto religioso, o contexto cristão. Ao pensar nesse elemento de minha formação, acho interessante sublinhar dois aspectos. Um deles é a coerência que meus pais exigiam entre proclamar a fé e ter um comportamento coerente com essa fé. Por isso eu também comecei a exigir coerência. Lembro que quando eu tinha uns 6 anos, um dia estava falando com meu pai e minha mãe e protestei fortemente contra a maneira com que minha avó tinha tratado uma mulher negra em nossa casa – não com violência física, mas indubitavelmente com preconceito racial. Eu disse a minha mãe e a meu pai que não podia entender aquilo, talvez não com a linguagem formal que estou usando agora, mas o que eu estava enfatizando era a impossibilidade, para mim, de ser cristão e ao mesmo tempo estar discriminando contra outra pessoa por qualquer razão. Fiquei muito zangado. Lembro que minha mãe costumava me dizer, de-

---

1. Do século XIX, pois este livro foi falado em 1987 [Nota de Ana Maria Araújo Freire].

2. Do século XX [Nota de Ana Maria Araújo Freire].

O caminho se faz caminhando

pois da morte de meu pai, que meu pai sempre lhe dizia: "Esse menino vai se tornar um subversivo". Ele não dizia revolucionário. Costumava dizer subversivo. Eu gostava disso.

Myles: Muita perspicácia da parte dele.

Paulo: Pois é. E há um outro ponto com relação à religião que eu enfatizei algumas vezes em meus escritos, que era a tolerância de meu pai. Coerência e tolerância são virtudes. Por que falo sobre tolerância? Comecei a aprender o significado dessa virtude revolucionária com ele, quando eu ainda era criança. Por quê? Minha mãe tinha sido criada como católica, e ele era um espírita francês. Tinha uma visão diferente de Cristo. Ele preferia não ir à igreja. Não tinha nada a ver com a igreja, fosse essa católica ou protestante. Minha mãe tinha uma visão ampla do mundo. Filosoficamente, ele tinha outra piedade, mas ele a respeitava totalmente. Isso é muito importante, porque, como eu lhe disse, eles eram do século passado e viviam em uma cultura profundamente machista na qual as escolhas dos homens tinham que ser impostas às mulheres. Até hoje ainda é assim. É claro, a geração jovem no Brasil, felizmente, está lutando contra isso. Meu pai nunca impôs suas crenças à minha mãe ou a mim, mas nós discutíamos as ideias de ambos. É importante enfatizar isso, porque às vezes a pessoa que impõe pode ter uma espécie de comportamento ou atitude irresponsável, e para mim isso é péssimo. Em alguns casos, talvez não impor é pior que impor, porque se você impõe pode criar uma reação, mas se você não impõe, mas não faz nada, talvez não crie nenhum tipo de reação. É muito ruim do ponto de vista de formação. No caso de meu pai, não era assim. Ele não impunha nada, mas discutia conosco suas posições e depois as posições de minha mãe, por exemplo. Quando lembro como cresci em um clima de respeito, onde uma presença respeitava a outra presença, eu vejo que isso foi importante para meu desenvolvimento como educador. Para mim, não foi difícil entender que, como educador, eu devia respeitar os alunos, porque eu tinha sido respeitado por meu pai e pela minha mãe. Não foi difícil, por exemplo, saber que, ao tentar ensinar adultos a ler e a escrever, eu devia começar por suas palavras, porque meu pai e minha mãe me ensinaram, no quintal de nossa casa, a partir de minhas palavras e não das deles. Todas

6. Reflexões

essas coisas me ajudaram muito a teorizar muitas das coisas que eu vivi – algo que eu teria que fazer mais tarde, e ainda estou envolvido nesse processo.

Quando pela primeira vez fui me encontrar com camponeses e camponesas, trabalhadores e trabalhadoras nas favelas de Recife, para ensiná-los e aprender com eles, tenho que confessar que o fiz empurrado pela minha fé cristã. Sinto que existem pessoas que falam sobre Cristo com tanta facilidade. Há pessoas que dizem: "Ontem encontrei Cristo na esquina". Não, eu não encontro Cristo todos os dias. Só se Cristo está na multidão de pessoas miseráveis, exploradas, dominadas. Mas Cristo pessoalmente, Ele em pessoa, não é tão fácil encontrar. Tenho algum respeito por isso, mas tenho que dizer que fui, a primeira vez, como se tivesse sido enviado. Olha, eu sei que fui enviado, mas Cristo não fez isso pessoalmente comigo. Não quero dizer que eu tivesse tanto prestígio. Fui porque acreditava naquilo que ouvia e naquilo que tinha estudado. Não podia ficar parado. Achava que tinha que fazer alguma coisa, e o que ocorreu é que quanto mais eu ia até as áreas faveladas, quanto mais eu falava com o povo, mais eu aprendia com eles. Fiquei convencido de que o povo estava me enviando a Marx. As pessoas nunca me disseram: "Paulo, por favor, por que você não lê Marx?" Não. As pessoas nunca me disseram isso, mas sua realidade me dizia isso. A miséria da realidade. A opressão terrível, a exploração. Até a posição religiosa mágica das pessoas, entendendo a miséria como um tipo de teste que Deus lhes impunha para saber se continuavam a ser seus bons filhos – até isso me enviava a Marx. Isto é, eu tive que ir correndo até Marx. Daí eu comecei a ler Marx e a ler sobre Marx, e quanto mais o fazia mais me convencia de que nós realmente teríamos que mudar as estruturas da realidade, que deveríamos comprometer-nos totalmente com um processo global de transformação. Mas o que é interessante em meu caso – que não é o caso de todas as pessoas com um contexto semelhante ao meu – minhas "reuniões" com Marx nunca me sugeriram que parasse de ter reuniões com Cristo. Eu nunca disse a Marx: "Olha, Marx, realmente, Cristo era uma criança. Cristo era ingênuo". Por outro lado, também eu nunca disse a Cristo; "Olha, Marx foi um homem materialista e terrível". Sempre falei de ambos de uma maneira carinhosa. Veja bem, eu me sinto confortável nessa posição. Às vezes as pessoas me dizem que sou contraditório. Minha resposta é que tenho o direito de ser contraditório e, em segundo lugar, não me considero contraditório nisso. Não, para mim é totalmente claro. Foi muito importante para mim, foi e continua a ser. Se você me perguntar, então, se eu sou um homem religioso, vou dizer não, não sou um homem religioso. Eles entendem religioso como sendo igual à religião. Eu diria que sou um homem de fé. Tomo cuidado com isso. Sinto-me muito confortável com isso.

É claro, tive minhas experiências acadêmicas. Tinha minhas leituras e continuei a ter minhas leituras. Aprendi muito com Marx, mas nunca aceitei ser ensinado por Marx sem fazer também sérias perguntas. É preciso ter pensamento crítico. O pensamento não pode ser fechado, colocado dentro de alguma coisa. Não pode ser imobilizado; fazer isso seria ser terrivelmente contraditório com relação àquilo que penso e faço.

E, finalmente, para terminar esta confissão, eu diria, como Myles, que a maior fonte para todas as coisas juntas que me ajudaram são e foram meus relacionamentos com as pessoas.

Myles: O amor das pessoas.

Paulo: Amar as pessoas. É muito dialético. As primeiras fontes das quais falei foram importantes pra mim, mas ao ir às favelas e até aos camponeses, eu tinha que ser coerente com as razões pelas quais eu ia lá. Eu não tinha qualquer outra saída a não ser amar as pessoas – isto é, amar as pessoas, acreditar nas pessoas, mas não de uma forma ingênua. Para ser capaz de aceitar que todas essas coisas que as pessoas fazem são boas só porque as pessoas são pessoas? Não, as pessoas também cometem erros. Não sei muitas coisas, mas é necessário acreditar nas pessoas. É necessário rir com elas, porque se você não fizer isso não poderemos aprender com as pessoas e, ao não aprender com as pessoas, tampouco posso ensiná-las. É por isso que eu me sinto tão ligado a esta experiência aqui, este trabalho aqui na Highlander, e também porque me sinto tão confortável falando com o Myles. Em última análise, acho que nós somos parentes, somos filhos da mesma fonte.

Myles: É isso aí.

6. Reflexões

Paulo: Com diferenças que nos fazem melhores!

Myles: Vou ler um poeminha curto aqui. Você pode adivinhar quem escreveu. "Vá até as pessoas. Aprenda com elas. Viva com elas. Ame-as. Comece com aquilo que elas sabem. Construa com aquilo que elas têm. Mas o melhor líder, quando o trabalho estiver pronto, quando a tarefa estiver cumprida, as pessoas todas dirão, nós fizemos isso sozinhas." Quem escreveu isso? Quem poderia ter escrito isso?

Terceiro: Você poderia ter escrito isso. O Paulo poderia ter escrito isso.

Myles: Levou muito tempo até que as pessoas tivessem chegado a essas ideias, não é? Isso foi escrito em 604 a.C., por Lao Tzu. Não é uma maravilha? Isso é uma tradução, é claro, mas as ideias são exatamente aquelas sobre as quais Paulo e eu estivemos conversando. Isso é maravilhoso.

Epílogo

Myles: Você está satisfeito que fizemos tudo que podíamos fazer?

Paulo: Ah, sim. Eu posso estar totalmente errado, mas acho que será um livro muito bonito.

Myles: É. Não vejo nenhuma razão para termos mais discussões.

Paulo: Está mais ou menos estruturado.

Myles: Então, vamos tomar alguma coisa.

Paulo: Sim, vamos.

Conecte-se conosco:

 facebook.com/editoravozes

 @editoravozes

 @editora_vozes

 youtube.com/editoravozes

 +55 24 2233-9033

www.vozes.com.br

Conheça nossas lojas:
www.livrariavozes.com.br

Belo Horizonte – Brasília – Campinas – Cuiabá – Curitiba
Fortaleza – Juiz de Fora – Petrópolis – Recife – São Paulo

EDITORA VOZES LTDA.
Rua Frei Luís, 100 – Centro – Cep 25689-900 – Petrópolis, RJ
Tel.: (24) 2233-9000 – E-mail: vendas@vozes.com.br